E WELTWEIT

Kullamaa Sofi Oksanen

Moskau Ljudmila Ulitzkaja

Nooteboom, Bei Dao, Péter Nádas
go Schulze
e Timm
ann

General Toschewo
Georgi Gospodinov
rahasan

Schlomi
Sara Shilo

Seoul
Ko Un

Moeraki
Keri Hulme

*FÜR M.K.*

*SOLANGE  
ICH LEBE,  
KRIEGT MICH  
DER TOD  
NICHT*

*SOLANGE
ICH LEBE,
KRIEGT MICH
DER TOD
NICHT*

Friedhofsgänge mit Schriftstellern. Texte und Fotografien von Tobias Wenzel

**KNESEBECK**

Deutsche Originalausgabe

Copyright © 2013 von dem Knesebeck GmbH & Co. Verlag KG, München
Ein Unternehmen der La Martinière Groupe

*Gestaltung und Satz*
Birgit Schlegel, Nanna Funke, Klaus Böhm
gewerk design, Berlin
*Gesamtproduktion und Druck*
Lösch MedienManufaktur GmbH & Co. KG,
Waiblingen
Printed in Germany

ISBN 978-3-86873-634-2

Alle Rechte vorbehalten, auch auszugsweise.

www.knesebeck-verlag.de

# Inhalt

| | |
|---|---|
| 9 | Vorwort von Jussi Adler-Olsen |
| 12 | Héctor Abad |
| 18 | Jussi Adler-Olsen |
| 24 | Jorge Enrique Adoum |
| 30 | Lola Arias |
| 34 | Margaret Atwood |
| 38 | Nicholson Baker |
| 42 | Simon Beckett |
| 46 | Bei Dao |
| 50 | Tahar Ben Jelloun |
| 54 | T.C. Boyle |
| 58 | Félix Bruzzone |
| 62 | Alfredo Bryce Echenique |
| 68 | Lydia Davis |
| 72 | DBC Pierre |
| 78 | Jonathan Franzen |
| 84 | Cornelia Funke |
| 90 | Neil Gaiman |
| 96 | Georgi Gospodinov |
| 100 | Benoîte Groult |
| 108 | Pedro Juan Gutiérrez |
| 112 | Hallgrímur Helgason |
| 118 | Keri Hulme |
| 124 | Thomas Hürlimann |
| 128 | Siri Hustvedt |
| 132 | Dževad Karahasan |
| 138 | Dean Koontz |
| 144 | Ko Un |
| 150 | Donna Leon |
| 156 | Colum McCann |
| 160 | Péter Nádas |
| 166 | Cees Nooteboom |
| 172 | Sofi Oksanen |
| 178 | Joseph O'Neill |
| 182 | Annie Proulx |
| 190 | João Ubaldo Ribeiro |
| 196 | Ingo Schulze |
| 200 | Sara Shilo |
| 204 | Uwe Timm |
| 208 | Ljudmila Ulitzkaja |
| 214 | Nachwort von Tobias Wenzel |
| 218 | Literatur |

# Vorwort
# von Jussi Adler-Olsen

Aus dem Dänischen von Sigrid Engeler

**ALLERØD,
8. FEBRUAR 2013**

Vor etwa zwei Jahren interviewte mich in Köln der Journalist Tobias Wenzel für eine Radiosendung. Ich war beeindruckt von seiner sprühenden Energie und seiner geistigen Präsenz, und mein Interesse war sofort geweckt, als er mir sein ehrgeiziges und höchst ungewöhnliches Projekt vorstellte: Er hatte den Wunsch, überall auf der Welt Autoren auf Friedhöfe zu begleiten und sie in ihrer jeweiligen Begegnung mit Tod und Vergänglichkeit zu porträtieren. »Wenn ich Sie dafür begeistern kann«, erklärte er, »komme ich gern zu Ihnen nach Dänemark.«

Dann erzählte er mir von seinen vielen Reisen und beschrieb mir die außergewöhnliche und inzwischen unübliche, aber faszinierende Technik des Fotografierens, die er anwendete. Die Beispiele, die er mir vorlegte – Schwarz-Weiß-Aufnahmen mit starken Kontrasten –, überzeugten mich auf der Stelle: Zu einem derart interessanten und in jeder Hinsicht anspruchsvollen Projekt konnte ich nicht nein sagen.

Viele, sehr viele Monate vergingen. Geduldig überließ Tobias Wenzel mir die Entscheidung, wann der richtige Zeitpunkt, die richtige Gelegenheit gekommen wären. Oft fragte ich mich, warum ich mich eigentlich so spontan und ohne Zögern von diesem Liebhaber-Projekt hatte einwickeln lassen. Aber in meinem

Innern wusste ich, dass es wichtig war, mich darauf einzulassen.

Der Tod lässt sich ja nicht einfach beiseiteschieben.

Wenn ich an meinen eigenen Tod denke, bin ich traurig. Nicht so sehr wegen der physischen Vergänglichkeit, sondern weil mich meine Lieben sehr vermissen werden – so wie ich es selbst in meinem nicht ganz kurzen Leben bei Verlusten viele Male erlebt habe. Allein der Gedanke, dass ich in den Herzen geliebter Menschen eine Lücke hinterlassen werde, bewegt mich zu Tränen.

Seit meinem dritten Lebensjahr habe ich Menschen verloren, die mir nahestanden, habe den Schmerz um ihren Tod erfahren und die Frage kennengelernt, wann der Tod wohl wen von uns trifft und wie es nach ihm weitergeht – für die Verstorbenen und für mich als Hinterbliebenen. Als ich zum ersten Mal einer Beerdigung beiwohnte, war ich erst drei Jahre alt. Ich bin meinen Eltern bis heute dankbar, dass sie mich damals und auch später zu allen Beerdigungen mitnahmen, bei denen unsere Familie zu dem Verstorbenen in einer Beziehung stand.

Durch die Rituale der Trauerfeier – das Treffen vor der Kirche, die traurigen Gesichter, das Kondolieren, der teilnahmsvolle Händedruck, die kirchliche Zeremonie – lernte ich schon früh, das Unausweichliche zu akzeptieren. Auch die Kirchenlieder trugen dazu bei, der Klang der Stimmen, denen man die Rührung anhörte, die ungewohnte Resonanz der Kirche, die still zum Auge geführten Taschentücher, die Andacht. Der Sarg vor dem Altar, umgeben von Blumen, machte den Grund der Trauer sichtbar und begreiflich. Inmitten des Geschehens ruhte in seiner unwiderruflich letzten Kammer der Tote mit über der Brust gefalteten Händen als stummer Teilnehmer. Die respektvoll dunkel gekleideten Menschen, die gesenkten Köpfe und der stille Gang hinter dem Sarg auf dem Weg zum endgültigen Abschied verbreiteten ein Gefühl unbeschreiblichen Friedens.

Wie oft habe ich wohl in die dunkle Grube geblickt. Wie oft habe ich zwischen den Menschen mit gefalteten oder übereinandergelegten Händen gestanden und meiner Trauer nachgegeben, wenn ich zugesehen oder daran mitgewirkt habe, dass der Sarg mit einem lieben Menschen ins Grab gesenkt wurde. Wie oft habe ich voll Dankbarkeit gedacht, dass uns mit diesen Gräbern Orte geschenkt werden, an denen wir die Erinnerung und die tiefe Liebe zu den Verstorbenen wachhalten können.

Hier auf dem Friedhof bedeutete für mich der Ausdruck *Leben nach dem Tod* nicht mehr nur unendliche Leere. Der Grabstein mit den ordentlich geharkten Kieselsteinen bot einen freundlichen Ort der Begegnung zwischen mir und dem Verstorbenen. Einen Ort, an dem man sich mit allen Sinnen mit dem unausweichlichen Schicksal allen Lebens konfrontiert sah und an dem man sich dem Gedenken an das, was man im Leben füreinander gewesen war, öffnen konnte. Einen Ort, an dem man in stillem Gedenken eine Nähe zu den Verstorbenen spüren konnte, die sich vor anonymen Gemeinschaftsgräbern nicht ohne weiteres einstellt.

Akzeptanz und Gewissheit im Angesicht des Todes erwarb ich mir also schon als Heranwachsender. Mein Interesse für Stätten der Andacht hat im Laufe der Jahre zugenommen und gilt nicht nur den mir Nahestehenden, sondern auch ihren Vorausgegangenen und Zeitgenossen.

Selten versäume ich auf Reisen, einen lokalen Friedhof zu besuchen. Die Gräber erzählen überall eine ganz eigene Geschichte und wecken meine Fantasie und Neugier. Grabsteine und ihre Inschriften sind wesentliche Teile einer Ruhestätte, an denen sich viel über die Lebensbedingungen der Verstorbenen in den verschiedenen Zeitaltern ablesen lässt. Man lernt, wie alt die Menschen im Durchschnitt wurden, welche Namen zu welcher Zeit beliebt waren, wie lange der Tod Ehegatten getrennt hat, man erfährt etwas über den Schmerz beim Tod eines Kindes, über regionale Traditionen. Manchmal sieht man Fotos der Verstorbenen, andernorts werden Gräber mit Gegenständen geschmückt, die vielleicht im Leben des Toten wichtig waren. An manchen Orten wird man mit der Tatsache konfrontiert, dass auch Gräber nur eine begrenzte Lebensdauer haben: Ganz unverhohlen hatte man zum Beispiel auf Chios Gebeine aus ausgehobenen Gräbern am Rande des Friedhofs aufgehäuft.

Dies alles sind Zeugnisse von vorangegangenen Existenzen.

Auf Friedhöfen finde ich Seelenfrieden. Oftmals aus dem einfachen Grund, dass hinter ihren Mauern nicht die Hektik der Welt herrscht, aber eher noch, weil mir der Friedhof ein Gefühl der Gemeinschaft mit den Verstorbenen gibt und mich so von der Sorge befreit, dem Tod einsam gegenüberzustehen, wenn es einmal so weit ist.

Als mich Tobias Wenzel fragte, ob ich an diesem besonderen und schwierigen Buch mitwirken wollte, zögerte ich, wie gesagt, keinen Augenblick. Das Zögern begann erst nach meiner Zusage. Welches Grab sollte ich mit ihm aufsuchen? Sollte es Sørens Grab sein? Søren war der junge Mann, den ich als meinen großen Bruder betrachtet hatte und der bei einem Verkehrsunfall ums Leben gekommen war, als ich sechzehn war. Sollte es das Grab meiner Urgroßeltern und Großeltern väterlicherseits sein, viele Jahre der symbolische Sammelpunkt der Großfamilie, deren Mitglieder anlässlich der Feste der älteren Generation aus allen Teilen des Landes in den kleinen Ort zurückkehrten? Sollte es das Grab meiner Großeltern mütterlicherseits sein oder das meines kleinen Cousins Ib, des einzigen Kindes meiner Tante und meines Onkels? Als Zehnjähriger wurde er vor den Augen seiner Eltern auf dem Fahrrad überfahren. Alle diese Schicksale waren mir auf einmal so nah, drängten sich mir für Tobias Wenzels Projekt auf. Am liebsten hätte ich sie alle wie zu einem letzten Gruß besucht. Aber das Schicksal wollte natürlich, dass meine Wahl auf das Grab meiner Eltern fiel.

1996 starb mein Vater, fast 87-jährig, und an Neujahr 2011 im Alter von 96 Jahren meine Mutter. Beide waren wunderbare, kluge und liebevolle Menschen, und mit ihrem Tod verlor ich das, was unsere Beziehung am meisten ausgemacht hatte – ihre bedingungslose Liebe.

Gewiss ist es schwer, ohne die Liebe des Ehepartners, allein mit der Erinnerung an die vergangene Partnerschaft weiterleben zu müssen. Aber der Verlust der Eltern und ihrer Liebe und mit ihm der Erinnerung an die Jahre des eigenen Lebens, bevor man sich seiner selbst bewusst war, und nicht zuletzt der Verlust ihres nie versiegenden Interesses an einem, hinterlässt eine nicht zu schließende Lücke. Es ist wahr, wenn die nächsten Angehörigen sterben, stirbt immer auch ein Stück von einem selbst.

In dieser Situation vermittelt das Grab Trost. Und manches Mal erwachen hier nicht nur Erlebnisse aus der vergangenen Zeit wieder zum Leben, sondern können mit viel Ruhe unerwartet Erinnerungen an die liebevolle Zuneigung dieser Menschen lebendig werden, die man für immer verloren zu haben glaubte.

Mir war klar, wenn ich für Tobias Wenzels Projekt das Grab meiner Eltern wählte, könnte das für mich zu einer großen Herausforderung werden.

Aber warum?, könnte man nun fragen, wo ich mich in meinem Verhältnis zu Tod, Friedhof und Gräbern doch als sehr abgeklärt darstelle.

Wenn ich in anderen Zusammenhängen porträtiert und fotografiert werde, bin ich entweder allein oder zusammen mit meiner wundervollen Frau. Diese Fototermine finden in der Regel unter Rücksprache mit allen Beteiligten statt.

In diesem Fall jedoch lag die Verantwortung, wie sich die ultimative Begegnung mit meinen Eltern gestalten und wie sie aufgezeichnet werden sollte, allein bei mir. Ich ahnte schon, dass sich eine besonders große Nähe zu meinen Eltern einstellen würde, und genau so kam es dann auch.

Als Tobias Wenzel sich die Mühe machte, mich in Dänemark auf dem Friedhof der Kirche von Brøndbyøster zu treffen, war der Stein auf dem Grab meiner Eltern gerade wieder aufgestellt worden, nachdem der Name meiner Mutter zu dem meines Vaters hinzugefügt worden war. Die Erinnerung daran, wie oft ich mit meiner Mutter Hand in Hand vor diesem Grabstein mit nur einem Namen darauf gestanden hatte, und an unsere Gespräche über den Tag, wenn er einmal nicht mehr allein dort stehen würde, überwältigte mich um ein Vielfaches mehr, als ich mir ausgemalt hatte.

Noch heute fühle ich die Einsamkeit und Verlassenheit, die ich damals empfand, als ich schließlich ohne meine Mutter am Grab stand. Dieses Mal war es eine Begegnung mit beiden Eltern. Es war ein kalter Tag, aber so bewegt, wie ich war, merkte ich davon nichts. Tobias Wenzel, der unterdessen seine Fotoausrüstung vorbereitet hatte, spürte das, als wir dort über die Situation und meine Gefühle sprachen.

Als ich mich schließlich über den Stein legte und ihn umarmte, empfand ich intensiv den Kontakt zu meinen Eltern. Seither bin ich, anders als zuvor, erst wenige Male dort gewesen, denn das Erlebnis ist mir noch unglaublich frisch in Erinnerung, beinahe zu stark.

In ein paar Tagen werde ich das Grab jedoch wieder besuchen. Ich werde Blumen mitbringen, Forsythien für meine Mutter und Hyazinthen für meinen Vater, und mich bedanken. Und ich weiß, dass mich auch dieses Mal Wärme durchströmen wird, trotz des bitterkalten Winters.

Auch das gehört zu den Stärken des Grabes.

# Wie sich Héctor Abad neben das Grab seines Vaters legt, warum er Motorräder fürchtet und was ein Golfball mit dem Heiligen Geist zu tun hat

*CEMENTERIO CAMPOS DE PAZ,
MEDELLÍN, KOLUMBIEN,
16. JUNI 2009*

Ob sie ihn sehen können von da oben? So nah, wie sie ihm kommen, bestimmt. Was aber denken sie? Halten sie ihn für ein Beet oder einen umgefallenen Stein? Oder erkennen die Passagiere, die beim Landeanflug aus dem Fenster schauen, dass da ein Mann liegt, am Hang eines Hügels, im Gras neben einem Grab?

»Ich möchte auf dem Boden dieses Friedhofs liegen, wie der Tote, der ich einmal sein werde. Und währenddessen fliegt ein Flugzeug lärmend über mich hinweg«, schrieb mir Héctor Abad drei Monate vor unserem Treffen auf dem Cementerio Campos de Paz im kolumbianischen Medellín. Und nun liegt der Schriftsteller und Journalist ebendort, blinzelt in die grelle Junisonne und schließt die Augen. Neben dem Grab seines Vaters, der so hieß wie er selbst.

Die Zeit hat die Inschrift des Steins verwischt. Das Datum des Todes ist kaum zu entziffern. Héctor Abad aber hat es gespeichert wie kein anderes: 25. August 1987. Es ist der Tag, an dem sein Vater ermordet wurde. Bis heute kennt er die Täter nicht.

1958 wurde Héctor Abad Faciolince in Medellín geboren. Abgesehen von seinem Vater, dem Arzt und Menschenrechtler Héctor Abad Gómez, wuchs er umgeben von zehn Frauen auf: seinen fünf Schwestern, der Mutter, den Dienstmädchen und einer Nonne. »Der Junge, ich, liebte den Herrn, seinen Vater, über die Maßen, mehr als einen Gott«, schreibt er in seinem Erinnerungsbuch *Brief an einen Schatten*. Eines Tages habe die Nonne zum Kind gesagt:

»Dein Vater wird in die Hölle kommen.«
»Warum?«
»Weil er nicht zur Messe geht.«
»Und ich?«
»Du kommst in den Himmel, weil du jeden Abend mit mir betest.«
[...]
»Ich werde nicht mehr beten!«
»Ach, nein?«, sagte sie herausfordernd.
»Nein, ich will nicht in den Himmel kommen. Ein Himmel ohne meinen Vater gefällt mir nicht. Ich will lieber mit ihm in die Hölle gehen.«

Bunte Vögel, wie ich sie nur aus Tierdokumentationen kenne, schwirren umher und landen zwischen den im Gras versenkten Steinen. Ein Vogel hat so lange Beine, dass er aussieht wie die Karikatur seiner selbst. »Ein Triel«, erklärt mir Héctor Abad und zeigt kurz darauf mit dem Finger auf einen Stein. »Hier«, kann er gerade noch sagen, bevor ihn das Dröhnen eines Flugzeuges unterbricht. Es fliegt dicht über uns. »Hast du das gesehen?!«, sagt er. »Da, jetzt landet es.« Auf dem Flughafen Olaya Herrera. Der ist nur durch eine Straße vom Friedhof getrennt. »Das ist schon seltsam. Und da vorne beginnt der Golfplatz, gleich hinter den Bäumen.

Manchmal, wenn ein schlechter Spieler auf dem Platz steht und der Wind entsprechend weht, landet hier auf dem Friedhof ein Golfball. Als wäre er die weiße Taube des Heiligen Geistes.«

»Hier ist das Grab meines Vaters«, setzt er noch einmal an. »Und da ist auch das Gedicht von Borges.« Drei Steine stecken direkt untereinander im Hügel. Der obere mit dem Namen und den Daten des Toten. In den unteren haben Medizinstudenten ein Zitat ihres Lehrers eingravieren lassen: »Ein Arzt, der nur von Medizin Ahnung hat, hat nicht mal Ahnung von Medizin.« Der mittlere Stein, der größte, gibt ein Gedicht wieder. Darunter stehen die Buchstaben J. L. B.

Am frühen Abend des 25. August 1987 wurde Héctor Abad in die Calle Argentina in Medellín gerufen. Sein Vater lag tot in einer Blutlache. Er war von einer unbekannten Frau in eine Falle gelockt worden. Dort hatte sich ihm von hinten ein Motorrad mit zwei Personen genähert. Die auf dem Rücksitz schoss. Ein typischer Auftragsmord in der Zeit des Medellín-Kartells, als der mächtigste Kokain-Boss der Welt, Pablo Escobar, Politiker und Juristen bestach und mit Hilfe von Banden und Paramilitärs geschätzte 3000 Soldaten und Polizisten ermorden ließ, fünfzig Richter und Staatsanwälte und mindestens dreißig Journalisten. Aber auch Mitglieder der Regierung ließen unliebsame Gegner ermorden. Héctor Abad durchsuchte damals die Taschen seines toten Vaters und zog aus einer ein Blatt Papier hervor. Darauf hatte der Vater die zuvor bekannt gewordenen Namen jener Menschen notiert, die wie er umgebracht werden sollten. Darunter die Abschrift eines Gedichtes, versehen mit den Initialen J. L. B. Ein Sonett über den Tod und das Vergessen, offensichtlich von dem Argentinier Jorge Luis Borges:

Schon sind wir das Vergessen, das wir werden.
Elementarer Staub, der uns nicht kennt,
der jener rote Adam war und der jetzt
alle Menschen ist und uns allzeit verborgen bleibt.
Wir sind bereits im Grab Anfang und Ende.
Beides ist uns eingeschrieben. Die Totenkiste,
der widerwärtige Zerfall, das Leichentuch,
die Zeremonien und die Totenklagen.
Ich bin nicht wahnbesessen, klammere mich nicht
an den magischen Klang des eigenen Namens.
Voller Hoffnung denke ich an den Menschen,
der nicht mehr weiß, dass ich auf Erden war.
Unter dem gleichgültigen Blau des Himmels
ist diese Überlegung mir ein Trost.

Héctor Abad ließ unmittelbar nach dem Tod seines Vaters den Gedenkstein mit diesem Gedicht anfertigen. Zwanzig Jahre später schrieb er *Brief an einen Schatten*, das Buch über die Geschichte seines Vaters. »Als ich es veröffentlicht hatte und darin natürlich auch das Gedicht«, erinnert sich Héctor Abad auf dem Friedhof Campos de Paz, »behauptete der kolumbianische Dichter Harold Alvaro Tenorio, er selbst und nicht Borges habe das Sonett geschrieben, und zwar 1993. Ich hätte mir die Geschichte vom Gedicht in der Tasche meines Vaters nur ausgedacht, um mein Buch besser verkaufen zu können.«

Héctor Abad war völlig verwirrt: »Wie war es möglich, dass mein Papa ein Gedicht in seiner Tasche trug, von dem dieser Mann behauptete, es sechs Jahre später geschrieben zu haben?!« Abad traute seiner eigenen Erinnerung nicht mehr: Hatte er wirklich das Gedicht eingravieren lassen? Gab es diesen Stein überhaupt? 2007 besuchte er noch einmal das Grab, um Gewissheit zu erlangen. Der Zettel aus der Tasche seines Vaters war nämlich inzwischen verloren; denn auch der Sohn hatte 1987 um sein Leben gefürchtet und im Dezember desselben Jahres Kolumbien fluchtartig verlassen, um ins italienische Exil zu gehen. Abad stieß schließlich auf einen Radiomitschnitt, in dem sein Vater im Jahr seines Todes ebendieses Gedicht vorgelesen hatte. Der kolumbianische Dichter Harold Alvaro Tenorio hatte gelogen. Aber wieso kannte kein Borges-Experte das Gedicht? Héctor Abad begann eine aufwändige und abenteuerliche Recherche in Europa, Nord- und Südamerika, immer auf den Spuren des Sonetts. Und konnte mehr als plausibel machen, dass Borges selbst dieses Gedicht geschrieben hatte. »Die ganze Geschichte klingt so unglaublich«, sagt Héctor Abad und lacht. »Da taucht ein Toter mit einem Gedicht in der Tasche auf. Und dieses Sonett über den Tod und das Vergessen gerät selbst in Vergessenheit. Das klingt doch wie eine Erzählung von Borges. Aber so ist es gewesen!«

Zwei Jahre nach unserem Treffen erscheint sein Buch *Das Gedicht in der Tasche*.

Der Schriftsteller und Kolumnist zeigt mir die anderen Grabsteine seiner Familie. »Die Beerdigung meiner Schwester Marta war am traurigsten. Sie starb mit sechzehn an Hautkrebs«, sagt er, als wir im Schatten eines Baumes stehen. Die Beisetzung des Vaters habe dagegen auch eine öffentliche und politische Dimension gehabt. Der Vater hatte erfolgreich für eine bessere Gesundheit aller Kolumbianer gekämpft, auch der ärmsten. Mit seinen Positionen verärgerte er die Politiker der Rechten und gewann zugleich viele Anhänger in der Bevölkerung. »Dieser Hügel hier war voll von Leuten, die schrien und wild gestikulierten. Sie beschuldigten die Regierung, diese Morde begangen zu haben. Einige Mitglieder meiner Familie hatten Angst und versteckten sich hinter Bäumen. In gewisser Weise haben uns die Menschen die Möglichkeit genommen, mit unserer Trauer allein zu sein.«

Ein weiteres Flugzeug fliegt über unsere Köpfe hinweg. »Nach dem Tod meines Vaters habe ich seine Gegenwart am stärksten in Träumen gespürt«, erzählt Abad. Der Friedhof habe deshalb nur Symbolkraft für ihn. Nach so vielen Jahren in der Erde bestehe sein Vater heute doch nur noch aus ein paar Knochen. »Ich glaube nicht an die Seele. Aber wenn es so etwas wie die Seele gibt, dann findet man sie in den Erinnerungen der Angehörigen, in ihren Gedanken und Träumen.« In seinen Träumen sieht der Sohn seinen Vater klar vor sich.

»Ich hatte eine sehr körperliche, geradezu animalische Beziehung zu ihm«, erinnert er sich. »Ganz besonders mochte ich immer seinen Geruch. Alles an ihm roch gut, sein Atem, selbst sein Schweiß.« Umso mehr war Héctor Abad schockiert, als er die blutbeschmierte Kleidung seines Vaters abholte. »Ich musste sie verbrennen, weil sie so sehr stank. Tote Menschen riechen nicht gut. Deshalb pflanzen wir so viele Blumen auf den Friedhöfen, um mit ihrem Duft den Geruch der Toten zu übertünchen.«

Der spanische Schriftsteller Andrés Trapiello habe einmal gesagt: »Worte sind wie das Wasser, mit dem man die Blumen gießt. Das lässt sie nicht ewig blühen, aber es zögert ihr Ende hinaus.« Deshalb habe er, Abad, das Buch über seinen Vater geschrieben. Um die Erinnerung an einen der fähigsten und mutigsten Ärzte ganz Südamerikas noch etwas wachzuhalten: »Auf lange Sicht hin gibt es keine Bücher mehr, geht die Erde unter und erlischt die Sonne. Alles verschwindet. Aber dieser Versuch des Menschen, das so kurze Leben etwas zu verlängern, hat doch etwas Schönes.«

Mit 65 Jahren starb sein Vater. Der Sohn ist 51, als ich ihn auf dem Cementerio Campos de Paz treffe. Je näher er dem Alter seines Vaters komme, desto hypochondrischer werde er in einem Punkt. »Ich habe diese magische Vorstellung, diese Angst, dass mein eigenes Lebensende dem meines Vaters gleichen könnte. Dass sich die Geschichte irgendwie wiederholt«, erzählt er mit seiner sanften, freundlichen Stimme. »Deshalb habe ich eine krankhafte Angst vor Motorrädern, die in meinem Rücken auftauchen und sich mir sehr schnell nähern. Ich verbinde mit Motorrädern den Tod.«

Héctor Abad legt sich ins Gras neben das Grab seines Vaters, kommt den drei Steinen ganz nah und schließt die Augen. Während ich ihn fotografiere, düst ein Flugzeug über uns hinweg. Aber Héctor Abad sieht so aus, als könnte er es nicht mehr hören. Als wäre er tief in einen Traum versunken. Einen Traum von seinem Vater vielleicht, dessen körperliche Nähe er als Kind auch in der Dunkelheit suchte:

Wenn ich nachts Angst hatte, schlüpfte ich zu ihm ins Bett, und er machte mir immer Platz, damit ich mich neben ihn legen konnte. Meine Mutter protestierte und meinte, er würde mich verziehen, aber er rückte immer an den Rand der Matratze und ließ mich bleiben. Ich empfand für meinen Vater das Gleiche, von dem meine Freunde sagten, dass sie es für ihre Mutter empfanden. Ich atmete, sog seinen Geruch tief durch die Nase, legte einen Arm auf ihn, steckte den Daumen in den Mund und schlief tief und fest, bis das Hufgetrappel und das Läuten des Milchwagens den Anbruch des Morgens verkündeten. ◌

# Wie Jussi Adler-Olsen zum Ort seiner Kindheit zurückkehrt und warum er fotografiert werden möchte, während er den Grabstein seiner Eltern umarmt

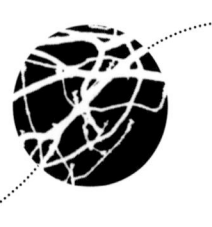

**FRIEDHOF VON BRØNDBYØSTER,
DÄNEMARK,
1. NOVEMBER 2011**

»Wenn man die Flasche öffnet, springt einem der Sommer ins Gesicht!« Jussi Adler-Olsen sitzt gut gelaunt an seinem Küchentisch und bietet mir Apfelmost an. Er selbst trinkt drei Gläser, als wollte er an diesem trist bewölkten 1. November den Sommer in sich aufnehmen und nach draußen tragen. Zum Abschied küsst der dänische Bestsellerautor seine Frau und krault den übermütigen Mischlingshund. In Adler-Olsens weißem Škoda verlassen wir Allerød und machen uns auf den Weg ins 35 Kilometer entfernte Brøndbyøster, eine Vorstadt Kopenhagens. Am Horizont lichtet sich langsam die Wolkendecke.

»Ich könnte das wunderschöne Grab meiner Großeltern wählen«, schrieb mir Jussi Adler-Olsen. »Oder einen Friedhof, auf dem bekannte dänische Schriftsteller liegen. Oder aber den Ort, an dem ich vielleicht selbst irgendwann einmal meine letzte Ruhe finde. Aber ich muss mich einfach für das Grab meiner Eltern in Brøndbyøster entscheiden.«

»Als Kind war Brøndbyøster für mich die Hölle«, erinnert er sich, als wir durch die Ortschaft fahren. Er war dreizehn, als sein Vater, ein Psychiater, eine neue Arbeitsstelle bekam und die Familie aus Brønderslev im Norden Jütlands »quasi vom Land in den Asphaltdschungel Brøndbyøster« zog. Damals wie heute: abgesehen von einem kleinen Altstadtkern überall Hochhäuser und Flachbauten aus Beton. Das Reizvollste an Brøndbyøster scheint noch der S-Bahnhof zu sein, über den man nach Kopenhagen entkommen kann. »Brøndbyøster ist so langweilig! Am besten sollte niemand je von diesem Ort erfahren.«

Hier lebte Jussi Adler-Olsen bis zu seinem zwanzigsten Geburtstag. Heute würde er gar nicht mehr nach Brøndbyøster zurückkehren, lägen da nicht jene zwei Menschen begraben, die er zutiefst geliebt und bewundert hat: seine Mutter und sein Vater. Der Autor hält vor dem Elternhaus. Es ist mit einem Gerüst eingekleidet. Die Kirche hat das Haus vor kurzem für den Pfarrer gekauft und lässt es nun renovieren: »Das passt: Meine Eltern waren sehr religiös. Ich glaube, meine Mutter war zum Schluss ein wenig in den Pfarrer verliebt. Nach dem Tod meines Vaters redete sie auffällig viel vom Pfarrer, diesem doch ›so netten Mann‹.«

Adler-Olsen fährt im Halbkreis um die evangelisch-lutherische Kirche aus dem 12. Jahrhundert, in der er einst konfirmiert wurde, und hält auf dem Parkplatz vor dem neuen Friedhof. Als wir die Pforte passieren, haben die Wolken der Nachmittagssonne Platz gemacht. Zwei Friedhofsgärtner sind mit Grabpflege beschäftigt. Ansonsten scheinen wir hier allein zu sein an diesem Allerheiligen.

Akkurat rechteckig gestutzte Hecken zerschneiden den Friedhof in Grabparzellen. Jussi Adler-Olsen reichen die hohen Hecken bis zur Brust, Kindern müssen sie wie Wände eines Labyrinths erscheinen. Der geistige Vater des Sonderermittlers Carl Mørck deutet auf einen Grabstein. In ihn ist ein Boot eingraviert und der Text *Gute Reise, du alter Tyrann!* »Die hatten Humor«, sagt Jussi Adler-Olsen und zögert dann: »Na ja, ich hoffe doch, das ist ironisch gemeint.«

Feldsteine sind an den Rändern des Friedhofs zu Urnengräbern aufgetürmt. Alles leuchtet herbstlich gelb-braun auf diesem Friedhof, auf dem sämtliche Gräber jünger als 1940 sind. Frühere Grabsteine, auch mittelalterliche, findet man dagegen auf dem alten Kirchhof. Die Kieswege sind mit Laub von Eichen übersät, die auf einem mächtigen Hügel stehen, der einzigen Anhöhe auf dem neuen Friedhof. Nur die abgelegten Schnittblumen lassen erahnen, dass in diesem Hügel Menschen anonym beigesetzt wurden. Ein Onkel Adler-Olsens, seine Frau und ihr gemeinsamer Sohn liegen irgendwo dort begraben: »Ich hätte mir wenigstens einen kleinen Stein gewünscht, als Anhaltspunkt.«

Am Fuße des Hügels strahlt ein wuchtiger weißer Granitbrocken aus der ersten Grabreihe hervor. In pechschwarzer Schrift sind die Namen von Adler-Olsens Eltern eingraviert: *Henry Olsen* und *Karen-Margrethe Olsen geb. Adler*. Er wurde 86, sie 96. Nach dem Tod des Vaters besuchten Jussi Adler-Olsen und seine Mutter fünfzehn Jahre lang einmal pro Woche das Grab des Vaters. Der dänische Autor verbrachte dann immer einen ganzen Tag bei seiner Mutter in Brøndbyøster. Sie gingen gemeinsam ins Kino oder auch in den Zoo nach Kopenhagen. Vor allem redeten sie. Bis seine Mutter befand, es sei an der Zeit nachzusehen, »ob mit Henry alles in Ordnung« sei. Meistens nahm sie einfach nur die Hand ihres Sohnes als stillschweigendes Zeichen zum Aufbruch. Dann spazierten beide los, fast immer mit Blumen aus dem eigenen Garten.

»Meine Mutter und ich haben hier am Grab so oft zusammen geweint. Gar nicht mal wegen meines Vaters, vielmehr, weil er uns zurückgelassen hat. Das ist das Schlimme am Sterben: Man selbst wird kleiner nach dem Tod von Menschen, die einem nahestehen. Ihre Erinnerung an dich, ihre Liebe dir gegenüber verschwindet vollkommen.«

»Jussi, du hast so viele außergewöhnliche Talente. Tu mir bitte den Gefallen und nutze sie alle in deinem Leben«, hatte der Vater gesagt, als der Sohn das Medizinstudium abbrach. Jussi Adler-Olsen nahm den liebevollen Ratschlag ernst: Er spielte als Gitarrist in Bands, komponierte Filmmusiken, arbeitete als Lexikograf, als Comic-Redakteur, als Verleger, als Koordinator der dänischen Friedensbewegung, als Manager einer Solarfirma und ist nun einer der erfolgreichsten Thriller-Autoren Europas.

»Die besten kreativen Einfälle kommen einem direkt vor dem Einschlafen oder nach dem Aufwachen.« Auch das hat er von seinen Eltern gelernt: frühmorgens im Bett liegen zu bleiben, um die Gedanken schweifen zu lassen, um Pläne für den Tag zu schmieden. »Meine Eltern waren immer im Stress. Sie hatten schließlich vier Kinder. Aber um damit klarzukommen, stellten sie den Wecker einfach früher als nötig: auf halb sechs. Dann lagen sie eine halbe Stunde im Bett und sahen die Decke an. Danach standen sie auf und sprachen eine Stunde lang über ihr Leben. Jeden Morgen.«

»Mein lieber kleiner Henry, wo bist du nur? Sehe ich dich jemals wieder?«, fragte Karen-Margrethe Olsen jede Woche am Grab ihres Mannes, bis zu ihrem eigenen Tod im Dezember 2010. Mit neunzig begann sie zunehmend an ihrem Glauben zu zweifeln und suchte Gewissheit bei ihrem Sohn: »Jussi, glaubst du an ein Leben nach dem Tod?« Und er konnte nicht anders, als seine Zweifel zu verschweigen und zu antworten: »Ja, Mama, natürlich.« – »Und sehe ich deinen Vater wieder?« – »Ja, ganz sicher.«

An ein Leben nach dem Tod mag Jussi Adler-Olsen nicht so recht glauben. Wenn seine Seele weiterlebe, dann vielleicht in der Erinnerung von Familie und Freunden. Und sein Körper? »Erde zu Erde.« Und doch: »Ich bin nicht nicht religiös. Ich bin zwar nicht oft in die Kirche gegangen. Aber manchmal brauche ich einfach ein Gespräch mit den Göttern oder dem Gott oder Gott, wie auch immer. Das ist etwas sehr Privates. Da kann nur noch meine Frau mit dabei sein. Aber gemeinsam zu Gott sprechen wir beide eigentlich nur, wenn wir im Flugzeug sitzen. Dann aber immer!«

Er lacht kurz und kräftig auf und lässt seinen Blick über die Hecken des Friedhofs hinaus in die Ferne schweifen. Der Schornstein eines Heizkraftwerks ist mit bunten Heißluftballons bemalt. Unweit davon stehen zwei einsturzgefährdete menschenleere Hochhäuser. Die hat er in seinem Thriller *Schändung* beschrieben. Er senkt wieder den Kopf zum Grab seiner Eltern: »Wenn ich wie jetzt vor diesem Stein hier stehe, bin ich Gott ein bisschen näher.«

Einige seiner Leser haben ihn gefragt, ob er ein Problem mit der Religion habe. Denn in dem Buch *Erlösung* geht es auch um die Macht einer Sekte. Aber Adler-Olsen ist nur allergisch gegen aggressive Bekehrer: »Du kannst deinen Gott ja lieben und auch darüber reden, das ist in Ordnung. Aber bitte zwinge ihn nicht anderen Menschen auf. Dazu ist das Thema einfach zu groß.«

Über Gott und den Tod denkt Jussi Adler-Olsen in letzter Zeit ziemlich oft nach. Man könnte meinen, das liege am Alter. Er ist jetzt Anfang sechzig. Aber er glaubt, ein anderer Grund sei ausschlaggebend: sein Erfolg. Seit er mit der in Kopenhagen angesiedelten Thriller-Reihe um das Sonderdezernat Q ein Millionenpublikum erreicht, seit er sich keinerlei finanzielle Sorgen mehr machen muss, hat er einfach zu viel Zeit, um sich den Kopf über seine eigene Endlichkeit zu zerbrechen.

»Früher, als ich weniger Geld hatte, war ich mehr mit dem Alltag beschäftigt, mit Rechnungen, die plötzlich in meinem Briefkasten lagen, die ich irgendwie bezahlen musste. Wenn solche Sorgen verschwinden, dann hat man *richtige* Sorgen. Vielleicht war ich damals glücklicher.«

Heute stellt er sich grundsätzliche Fragen wie die nach dem Sinn des Lebens. Seine Antwort: »Möglichst kein böser Mensch werden.« Das Böse in uns – Jussi Adler-Olsen beschäftigt es nicht erst, seit er Thriller schreibt. Als kleiner Junge wuchs er geradezu in der psychiatrischen Klinik auf, in der sein Vater als Oberarzt arbeitete. Als Jussi sechs war, wurden die Patienten mit Psychopharmaka ruhiggestellt. So konnte der kleine Junge mit ihnen sprechen. Einen Patienten hatte er ganz besonders ins Herz geschlossen: »Er sagte zum Beispiel: ›Hey, Jussi, heute gibt es in der Kantine Frikadellen!‹, weil er wusste, dass ich sie so sehr mochte. Mein Vater meinte zu mir: ›Dieser Mann heißt Mørck. Er ist immer freundlich. Du kannst ihm vertrauen. Aber du musst wissen, dass er seine Frau umgebracht hat.‹«

In jedem Menschen ist das Gute und Böse angelegt, da ist sich Adler-Olsen seit langem sicher. Also auch in ihm selbst. Und so hat Carl Valdemar Jussi Henry Adler-Olsen, wie er vollständig heißt, seinen ersten Vornamen und den Nachnamen jenes »netten kleinen Mörders« zu einem neuen Namen zusammengefügt. Das Ergebnis: die Figur des Polizeibeamten Carl Mørck. Auch Carl Mørck hat eine dunkle Seite.

Und Jussi Adler-Olsens Vater? Hier an dessen Grab erinnert sich der Schriftsteller nur liebevoll an ihn: »Mein Vater bekam im Alter alle möglichen Krankheiten, er hatte ein schwaches Herz und Diabetes. Aber als Arzt machte es ihm Spaß, mit Medikamenten an seinem eigenen Körper herumzuexperimentieren. Er hat mir zum Beispiel gesagt: ›Gerade ist mein Puls bei 22! So niedrig! Das ist mein Rekord! Ich nehme jetzt aber doch mal lieber eine Tablette.‹« Fasziniert habe der Vater den Verfall des eigenen Körpers beobachtet. Ganz im Gegensatz zur Mutter: »Sie hat nie über ihre Krankheiten oder ihr eigenes Sterben nachgedacht.« Also auch nicht gesprochen.

Gespräche auf Friedhöfen, sei es mit seiner Mutter oder mit einer seiner drei Schwestern, haben Jussi Adler-Olsen gutgetan, sagt er. Auf den Friedhof in Brøndbyøster ist er seit dem Tod der Mutter allerdings nun erst zum zweiten Mal zurückgekehrt. Zu frisch ist noch die Erinnerung daran, wie er ein knappes Jahr zuvor mit ihr am Grab des Vaters stand und sprach. Noch fällt es dem Sohn schwer zu begreifen, zu ertragen, dass nun auch seine Mutter da unten liegt und er da oben steht: ohne sie. »Es wäre aus meiner Sicht schlüssig, wenn ich eines Tages an der Seite meiner Eltern läge. Aber da ist nur noch Platz für einen dritten Sarg. Außerdem bin ich mir sicher, dass ich *vor* meiner Frau sterbe. Deshalb sollte ich lieber an einem Ort beigesetzt werden, zu dem sie eine Beziehung hat. Das müssen wir noch genau besprechen.«

»Es berührt mich sehr, hier am Grab zu stehen. Das überrascht mich.« Der Tod hat ihn schon seit frühester Kindheit begleitet. Seit er drei war, hat er Beerdigungen von Großeltern, Tanten und Onkeln beigewohnt. Er hat gesehen, wie Ertrunkene an die Küste Dänemarks gespült wurden, und hat den Absturz eines Flugzeuges miterlebt, in dem eigentlich sein Vater und er selbst hätten sitzen sollen. Auch in der Psychiatrie hat er Menschen sterben sehen. »Eigentlich, dachte ich, eine gute Vorbereitung auf die Tage, an denen jemand aus meinem engsten Familienkreis stirbt. Aber ich vermisse meine Eltern. Sehr sogar.«

Ein kräftiger Windstoß erfasst Eichenlaub und wirbelt die Blätter über unsere Köpfe hinweg. Ich spüre, dass ich nah, vielleicht zu nah dran bin an einem Trauernden, und unterbreche das Gespräch. Ich baue die Kamera oben auf dem Hügel der namenlosen Toten auf, um Jussi Adler-Olsen aus der Ferne zu fotografieren, um durch mehr Abstand einen voyeuristischen Blick zu vermeiden, wähle Ausschnitte, in denen das Grab seiner Eltern nicht zu sehen ist. Nach ein paar Fotos wird Adler-Olsen ungeduldig, ungehalten: Er verstehe nicht, was das alles solle! Bald sei das schöne Licht hinter dem Hügel verschwunden!

Nur *ein* Foto ist ihm wirklich wichtig, jenes am Grab seiner Eltern. Später, als ich ihm die Hand zum Abschied reiche, ergreift Jussi Adler-Olsen sie nicht. »Ach, komm«, sagt er, »lass dich umarmen!« Noch auf dem Friedhof äußert er einen Wunsch: »Ich möchte fotografiert werden, während ich den Grabstein meiner Eltern umarme.« Als sich Jussi Adler-Olsen ins Beet kniet und seine Wange an den hellen Granit schmiegt, wirkt die untergehende Nachmittagssonne wie ein Scheinwerfer.

# Warum Jorge Enrique Adoum hinter einem Swimmingpool in den Anden beigesetzt werden möchte und inwiefern Freundschaft den Tod überdauern kann

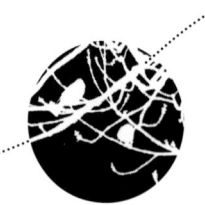

*BAUM DES LEBENS AN DER KAPELLE DES MENSCHEN, QUITO, ECUADOR, 22. MAI 2009*

Selbst in den Anden, in 2900 Metern Höhe, ist der Wind auf der Haut nicht zu spüren. Aber er ist da. Man sieht, man hört ihn: Muschelschalen, filigrane Metallröhrchen und bunte Glasperlen stoßen sacht aneinander. Windspiele hängen von der Pinie herab, unter der Jorge Enrique Adoum an diesem Nachmittag steht und genüsslich an seiner Zigarre zieht. »Hat mir der Arzt verboten«, haucht er mit seiner gebrochenen Stimme. »Egal, bekommt er ja nicht mit.«

Am Baum vorbei blickt der 82-Jährige hinab ins hundert Meter tiefer gelegene Quito. Spektakuläre Wolken, am Äquator fast schon die Regel, schweben über der Hauptstadt. Im Rücken des Autors fotografieren ein paar Touristen einen Swimmingpool und das weiß getünchte Haus dahinter. Hier wohnte bis zu seinem Tod der bedeutendste Maler des Landes, Oswaldo Guayasamín. 1999 wurde seine Asche in einem Tongefäß im Erdreich unter der Pinie beigesetzt. So hatte er es sich gewünscht. Zehn Jahre später steht Jorge Enrique Adoum an diesem Ort, den die Angehörigen des Malers »Baum des Lebens« nennen. Guayasamín und Adoum waren beste Freunde. Vor vielen Jahren schworen sie sich, einmal nebeneinander beerdigt zu werden.

»Anstatt auf einem Friedhof an der Seite eines Unbekannten zu ruhen, möchte ich lieber neben meinem Freund liegen. Dann können wir uns unterhalten und gemeinsam anstoßen. Es ist ein großes Glück, wenn Freundschaft den Tod überdauert«, sagt Adoum. »Die Beziehung zwischen Oswaldo und mir war schon eine ganz besondere. Zwischen meinen Eltern und mir gab es praktisch keine Beziehung.« Die Mutter war überfordert mit den fünf Kindern, konnte sie kaum ernähren. Der Vater, ein aus dem Libanon nach Ecuador emigrierter Christ, lebte in seiner ganz eigenen Welt. Er arbeitete als Heilpraktiker, schrieb esoterische Bücher und versuchte in Experimenten, die Kraft des Übersinnlichen zu nutzen.

»An meine Kindheit habe ich kaum Erinnerungen«, sagt Jorge Enrique Adoum ruhig und etwas traurig, »und wenn, dann keine besonders guten.« Etwa daran, wie der Vater seine Hypnosefähigkeiten an dem Sohn ausprobierte. Wie er seine Kinder zwang, mitten in der Nacht den spiritistischen Sitzungen in der Praxis beizuwohnen: »Wir mussten weiße Gewänder tragen und um den Hals ein Kreuz aus Metall. Es war ziemlich dunkel. Es brannten nur einige Kerzen. Mein Vater murmelte etwas in einem seltsamen Spanisch. Ich habe nichts verstanden. Mir sind immer wieder die Augen zugefallen.«

Als Jorge Enrique Adoum zum ersten Mal in Brasilien aus seinen Büchern las, freute er sich über den Andrang im Saal. Bis er verstand, dass die Besucher ihn mit dem längst verstorbenen Vater, Jorge Elías Adoum, verwechselt hatten. Der hatte zuletzt in Rio de Janeiro gelebt und galt besonders in Brasilien als Wunderheiler. Deshalb kamen zur Lesung des Sohnes so viele Menschen auf Krücken und in Rollstühlen.

Auch Jorge Enrique Adoum ist nun eigentlich auf einen Rollstuhl angewiesen. Aber für das Foto vor der Pinie ist er aufgestanden und hat ihn zur Seite geschoben. Der renommierteste Dichter Ecuadors möchte, dass man ihn aufrecht in Erinnerung behält, will sich in diesem Punkt von seiner bekanntesten Romanfigur abgrenzen, dem halbseitig gelähmten linken Aktivisten Galo Gálvez aus *Entre Marx y una mujer desnuda* (Zwischen Marx und einer nackten Frau). Adoum selbst ist seit seiner Jugend Marxist.

»Oswaldo und ich hatten ähnliche politische und ästhetische Ansichten«, erzählt er in der »Kapelle des Menschen«, einem vom Maler entworfenen Museum, nur einen Steinwurf von der Pinie entfernt. Hier hängen einige der für ihn typischen Gemälde. Menschen halten ihre überdimensionierten Hände vor das Gesicht, schreien, weinen, sind tief gezeichnet von Schrecken und Trauer. Dem Leid Lateinamerikas hat Oswaldo Guayasamín diese Halle gewidmet, die erst nach seinem Tod fertiggestellt wurde. Bis zum Schluss blieb der Maler ein leidenschaftlicher Humanist. Ganz so wie sein Freund Jorge Enrique Adoum.

Früher, als Kind, war Adoum auch fromm. Dann wurde plötzlich die Mutter eines befreundeten Jungen krank, lag im Sterben. Der Vater hatte die beiden schon länger verlassen. »Wie nie zuvor im Leben habe ich gebetet, bin jeden Tag in die Kirche gegangen, habe das Abendmahl entgegengenommen, habe im Chor gesungen, habe Gott angefleht, sie wieder gesund zu machen.« Aber die Frau starb. Und Jorge Enrique Adoum wandte sich verzweifelt an den Priester: »Wie ist das nur möglich? Ich habe Gott doch nur dieses eine Mal um etwas gebeten, um die Genesung einer Frau, deren Kind keinen Vater hat!« »Der Wille Gottes ist unergründlich«, antwortete der Priester. »Da habe ich mit Gott gebrochen, von einem Tag auf den anderen, ohne auch nur den Anflug von Zweifel oder Bedauern.« So wurde Adoum Atheist. Allerdings einer, dessen Lieblingsbuch die Bibel geblieben ist. »In diesem Buch ist für mich alles vereint: Geschichte, Legende, Mythos, Dichtung. Es ist wirklich *das* Buch.«

Jeden Tag liest Jorge Enrique Adoum in der Bibel. Das möchte er beibehalten, bis zu seinem Tod. »Aber an den denke ich lieber erst gar nicht. Der Tod anderer bewegt mich sehr. Aber mich mit meinem eigenen zu beschäftigen, kommt mir sinnlos vor.« Und doch spürt er dessen Nähe. »Klarheit ist dieses Bewusstsein des Todes, der mich ausspäht,/ sieht, dass ich allein bin, mich einlädt, mich duzt – *Kommst du, Schatz?*«, heißt es in Adoums Langgedicht *Mai 1968 (21. Jahrhundert?)*. Es ist ein Blick zurück auf die Zeit, als der Schriftsteller und spätere Diplomat sich unter die Studenten in Paris mischte und Steine warf, »das einzige wirksame Mittel gegen die Melancholie«.

Die Melancholie zieht sich durch viele seiner Gedichte. Sie sind politischer Natur oder kreisen um die Liebe. Oder beides zugleich. Aber der melancholische Ton wird oft humorvoll gebrochen. Überhaupt neigt Jorge Enrique Adoum zur Tragikomik:

»Ich hatte schon vier Herzinfarkte. Ich sammle Infarkte«, sagt er. »Vielleicht kann ich meine Sammlung noch ausbauen.«

42 Tage nach diesem Satz stirbt Jorge Enrique Adoum an seinem fünften Herzinfarkt. Der Dichter wird verbrannt und seine Asche neben der von Oswaldo Guayasamín beigesetzt, unter der Pinie, über der Stadt.

# Inwiefern für Lola Arias der Friedhof ihrer Kindheit eine heitere Stadt war und warum die Argentinierin noch heute unter Tische kriecht

*CEMENTERIO DE LA CHACARITA,*
*BUENOS AIRES, ARGENTINIEN,*
*21. NOVEMBER 2010*

Die Sonne steht im Zenit, als Lola Arias und ich den Cementerio de la Chacarita in Buenos Aires betreten. Wir scheinen die einzigen Besucher zu sein. Wenn es ihn hier gäbe, würde ich sofort in den Schatten flüchten. Der ist an diesem Tag immerhin noch 27 Grad warm. Lola Arias aber spaziert ungeschützt in der Mittagshitze, als wäre nichts. »Ohne Sonne, ohne Licht werde ich unendlich melancholisch«, erzählte sie mir ein paar Monate zuvor bei einem Treffen in einem Park in Berlin. Ihre frisch gewaschenen Haare ließ sie einfach in der Sonne trocknen. »Die deutschen Winter bringen mich um!« Deshalb lebt sie nur von März bis Oktober in Berlin und den Rest der Zeit in ihrer Geburtsstadt Buenos Aires.

»Meine Oma hat mich immer auf diesen Friedhof mitgenommen«, erzählt die Autorin von ihrer Kindheit, als wir zu den Mausoleen laufen. »Wir haben dann die Gruft besucht, in der mein Großvater lag. Die Gruft war wie ein kleines Haus.« Großmutter und Enkeltochter betraten es, tauschten die Tischdecken aus, brachten neue Blumen. »Ich habe dann in diesem Haus gespielt. Auf den Friedhof zu gehen, war für mich etwas Wundervolles!« Für Lola Arias und für ihre Großmutter: »Auch sie war glücklich. Alles war so heiter. Wie wenn man einen ganz normalen Besuch macht.«

Wir biegen ab in einen gepflasterten Weg und scheinen mit einem Mal durch eine Reihenhaussiedlung zu spazieren. Gruft grenzt an Gruft. »Chacarita gleicht doch einer Stadt mit kleinen Straßen und Häusern«, sagt Lola Arias mit ihrer aufgeweckten, sinnlichen Stimme, tritt auf die Schwelle einer abgeschlossenen Gruft und wirft durch das schmiedeeiserne Gitter einen

Blick ins Innere. Wie sie da neugierig im Eingang steht, mit den langen Haaren, im roten Kleid mit weißem Blumenmuster, fällt es leicht, sich das Mädchen von einst vorzustellen. Lola Arias dreht sich um: »Ich fand diese Miniaturstadt einfach nur schön und perfekt. Ich habe sie überhaupt nicht mit dem Tod in Verbindung gebracht, mit dem Verschwinden.« Damals als Kind. Und heute?

»Klar habe ich Angst davor zu sterben«, sagt sie, als wir auf einer Bank im hinteren Teil des Friedhofs sitzen, unweit des Krematoriums. Hier wurden nach der Eröffnung des Friedhofs 1871 all jene Menschen verbrannt, die während der großen Gelbfieber-Epidemie gestorben waren. »Aber viel mehr als der Tod selbst macht mir die Zeit Angst. Oft schließe ich in Gedanken die Augen, öffne sie wieder, und mit einem Mal stehe ich am Ende meines Lebens. Ich bin dann gleichzeitig das kleine Mädchen, die junge und die alte Frau.«

Lola Arias stellt diese drei Generationen von Frauen in ihrem Theaterstück *Musik für Tiere* gemeinsam auf die Bühne. Lena ist elf, Lisa 35, im Alter der Autorin, und Dora siebzig. Im Laufe des Stücks zeigt sich, dass die drei viel mehr verbindet als die Tatsache, dass jede von ihnen mit einem Tier durchs Leben geht:

Lena mit einer Ratte, Lisa mit einem Hund und Dora mit einem Papagei. Lisa hat ihrem Hund den Namen *Tod* gegeben, nachdem er sie erst in die Ohnmacht gebissen hatte und ihr dann treu gefolgt war:

[...] jetzt bin ich glücklich mit Tod. Tod steht mit der Sonne auf, frisst mir aus der Hand, singt mit mir, schläft neben meinem Bett. Ich habe keine Angst mehr, alleine die Straßen zu überqueren. Tod bahnt mir den Weg.

»Das macht mir am meisten Angst«, sagt Lola Arias, »dieses Gefühl, dass ich morgen sterben muss.« Sie lacht. »Oder gleich.« Ihr ganzes Leben über hat sie sich als alte Frau gesehen, im Wachen und im Träumen. Der Körper erscheint ihr dann als schwere unbewegliche Hülle, die ihr flinker Geist mitschleppen muss. Aber genauso oft sieht sich Lola Arias als Kind: »Das ist viel leichter, mit dem Mädchen in mir zu leben als mit der alten Frau.« Auch, weil sie sich noch heute immer wieder wie ein Kind verhält, ohne kindisch zu sein. Das habe sie von ihrer Mutter, einer Literaturwissenschaftlerin. Die umgab das Mädchen mit Musik und Büchern.

»Meine Mutter ist eine sehr fantasievolle Frau. In ihrem Delirium bin ich aufgewachsen«, erzählt Lola Arias. Der Vater, ein Architekt, war organisiert, streng und fordernd. Die Mutter das Gegenteil: ›»Heute gehst du nicht zur Schule!‹, hat sie mir jeden Morgen gesagt. ›Wozu auch?! Bleiben wir doch lieber im Bett und schlafen einfach weiter.‹ Da habe ich gesagt: ›Mama, bitte! Ich möchte aber in die Schule gehen!‹ Und sie: ›Ach was! Lesen wir doch lieber ein Buch und quatschen ein bisschen.‹«

Wir blicken auf ein grell erleuchtetes Feld mit einfachen Holzkreuzen, die meisten hat der Wind in eine Schieflage gebracht. »Das mag ich«, sagt Lola Arias, während Vögel übermütig zwitschern, und meint, dass auf diesem Friedhof auch die Armen begraben sind. Im Gegensatz zu La Recoleta, dem berühmten Friedhof der Oberschicht. Auf dem Cementerio de la Chacarita sind alle Gesellschaftsklassen vertreten und wie auf Stadtviertel verteilt. Berühmtheiten gibt es hier so gut wie keine. Dafür ein Pantheon der Boxer, eine Stätte mit Nischengräbern, die für diese Profisportler reserviert ist.

Ganz am Anfang der Karriere von Lola Arias als professionelle Autorin stand der Tod ihrer Schildkröte. Die Katze hatte sie gefressen. Darüber musste das kleine Mädchen einfach schreiben: ein dramatisches, langes Gedicht. Bis heute dichtet Lola Arias. Bekannt wurde sie aber mit *Mein Leben danach*, einem Theaterstück über den Umgang ihrer Generation mit der Militärdiktatur des Landes, die im Geburtsjahr der Autorin begann. Sechs Menschen, hineingeboren in die finsteren Jahre Argentiniens, spielen sich selbst auf der Bühne und sprechen von ihren Eltern, die Opfer, Täter oder beides zugleich waren. Die Töchter und Söhne schlüpfen in die Kleider der Eltern. Tragik in Form eines beliebten Kinderspiels.

»Oft nehme ich die Welt wie ein Kind wahr«, sagt Lola Arias. In Berlin trafen wir uns auf ihren Wunsch hin in einem Streichelzoo, wo sie sich über einen brüllenden Esel genauso freute wie über jedes Tier, das unerwartet seine Hütte verließ. Kürzlich sei sie mit ihrer eineinhalbjährigen Nichte zusammen gewesen, bei einem Familienessen, erzählt sie nun auf dem Friedhof: »Wir beide sind dann unter den Tisch gekrochen. Wir haben uns die Füße der anderen angesehen und viel gelacht. Da habe ich gedacht: Kind zu sein, ist genau das. Diese Erfahrung, eine der schönsten überhaupt, zu machen. Sich unter den Tisch zu begeben, um von dort aus die Welt zu betrachten.«

Als Lola Arias das sagt, scheint sie selbst wieder das Mädchen zu sein, das mit seiner Großmutter diesen Friedhof im Herzen der Millionenstadt besuchte. Dass es auch Gräber mit Kreuzen aus Holz oder Stein gab, wusste Lola damals noch nicht: »Sterben hieß für mich, in ein kleines Haus einzuziehen.«

# Wo Margaret Atwood die Asche ihrer Eltern verstreut hat und warum sie nach ihrem eigenen Tod lieber tiefgefroren in tausend Eissplitter zerbersten möchte

*MOUNT PLEASANT CEMETERY, TORONTO, KANADA, 17. JULI 2009*

Zehn Tage nach Kriegsende lenkte meine Schwester Laura ein Auto von einer Brücke. Auf der Brücke wurde gebaut: Laura fuhr mitten durch die Absperrung. Das Auto stürzte dreißig Meter in die Tiefe, krachte durch die Bäume mit ihren fedrigen neuen Blättern, ging in Flammen auf und blieb in dem seichten Bach am Grund der Schlucht liegen.

Folgt man von diesem Ort, unterhalb der St. Clair Avenue Bridge, dem Bach stromaufwärts, steht man nach 250 Metern auf dem Mount Pleasant Cemetery. Der Friedhof liegt Margaret Atwood am Herzen. Nicht nur, weil sich in seiner unmittelbaren Nähe jener Selbstmord abspielt, mit dem sie ihren Roman *Der blinde Mörder* beginnen lässt. Der Friedhof und seine Umgebung dienten ihr auch schon für die Kindheitsgeschichte *Katzenauge* als Kulisse. Als Margaret Atwood neun Jahre alt war, zogen ihre Eltern mit ihr nach Toronto, in das Viertel Bennington Heights, am südöstlichen Rand des Mount Pleasant Cemetery. Oft erkundete das Mädchen den Friedhof, schlenderte zwischen den Gräbern und Mausoleen umher; der Ort grub sich dem Kind ins Gedächtnis.

»Erst einmal ist dies aber der Friedhof, auf dem ich die Asche meiner Eltern verstreut habe«, sagt Margaret Atwood, als wir uns auf einem asphaltierten Weg dem *scattering wood* nähern, einem kreisrunden, siebzig Meter breiten Eichenwäldchen. Die hoch am Himmel stehende Nachmittagssonne sorgt selbst durch die Wolkendecke hindurch für sommerliches Licht auf dem größten und ältesten Friedhof Torontos. Nur im Hain selbst ist es etwas düster. Margaret Atwoods rosafarbenes Hemd und ihr weißer breitkrempiger Stoffhut leuchten hier genauso wie das hellgraue Pulver, das jemand um den Stamm eines jungen Baumes verstreut hat. Die Asche eines Verstorbenen?

Margaret Atwood lehnt ihren schwarzen Regenschirm mit weißer Bordüre an einen wuchtigen Granitwürfel. Ein breiter Schieferstein und eine Handvoll kleiner Kiesel liegen darauf, auch ein paar Kunststoffblumen. »Die Blumen sind nicht von uns«, sagt Margaret Atwood und versteckt sie hinter dem Würfel; sie sollen nicht mit auf das Foto. An den Seitenwänden des Würfels sind Metallplaketten mit den Namen und Sterbedaten jener Menschen angebracht, deren Asche hier verstreut wurde. Gleich in der obersten Reihe: *Margaret Dorothy Killam Atwood, 1909–2006. Dr. Carl E. Atwood, 1906–1993.*

»Er war ein Forst-Entomologe«, erzählt Margaret Atwood über ihren Vater. »Das heißt, er beschäftigte sich mit Insekten, die im Wald zu finden sind. Deshalb haben wir drei Viertel des Jahres im Wald gelebt. Ich bin praktisch im Wald aufgewachsen.« Und so ist auch das kleine Waldstück auf diesem Friedhof ein passender letzter Ort für ihre naturverbundenen Eltern. Aber es gab eine Schwierigkeit: Als vor drei Jahren Margaret Atwoods Mutter starb, suchte die Tochter in dem christlichen Gesangbuch nach einem passenden Lied für die Beisetzung. »Das war schon beim Tod meines Vaters ein Problem. Schließlich sollten ja die anderen Familienangehörigen kein Veto gegen das ausgewählte Lied einlegen. Ich hatte eine ziemlich genaue Vorstellung. Aber in diesem Gesangbuch gab es nicht gerade viele Loblieder auf die Natur.«

Also schrieb Margaret Atwood einfach selbst das passende Lied und später, für *Das Jahr der Flut*, ihren endzeitlichen Roman über die vegetarischen »Gottesgärtner«, eine frei erfundene Ökosekte, gar ein ganzes Gesangbuch in ähnlichem Duktus: »Wer hegt und pflegt den Garten,/ Den Garten herrlich grün?/ Den einstmals schönsten Garten,/ Den je ein Mensch gesehen.« Oft ist die Grenze zwischen Ernst und Ironie bei Margaret Atwood fließend. Sie verweist augenzwinkernd auf die religiösen Züge der heutigen Umweltbewegung. Sie, die sich gemeinsam mit ihrem Lebensgefährten, dem Schriftstellerkollegen und Vogelliebhaber Graeme Gibson, für Naturschutzprojekte einsetzt. Nur eben mit weltlichem Blick. Der blendet allerdings ihr eigenes Ableben nicht aus.

Sich wie ihre Eltern einäschern zu lassen, kommt für Margaret Atwood nicht in Frage, aus ökologischen Gründen. »Für meinen Tod schwebt mir da eine neue interessante Technologie aus Schweden vor«, erzählt sie, als wir außerhalb des Hains auf einer Bank Platz genommen haben, einen Steinwurf vom Grab des Pianisten Glenn Gould entfernt. Im Wäldchen hat Margaret Atwood eine giftige Pflanze entdeckt, die bei Berührung gefährliche allergische Reaktionen auslösen kann, und deshalb von einem Interview an diesem Ort abgeraten. »Sie frieren den Toten ein und legen ihn auf einen vibrierenden Tisch. Dann zerspringt man in ganz viele Eissplitter. Dem Körper wird in diesem Verfahren Feuchtigkeit entzogen. Übrig bleiben kleine rosafarbene Krümel. So verhindert man den Ausstoß von Kohlendioxid. Man wird auf sehr einfache Weise kompostiert. Die Firma, die das anbietet, heißt Promessa. Klingt wie eine Gesichtscreme.«

Margaret Atwood lacht. Über diese Assoziation. Nicht etwa über ihre Gedanken zu einer umweltfreundlichen Entsorgung des eigenen Körpers. »Das Problem der Einäscherung ist, dass so viel Kohlendioxid freigesetzt wird. Das können die Bäume nicht schnell genug aufnehmen«, sagt sie. »Die kleinen rosafarbenen Krümel sind also, hat man die Erderwärmung im Blick, die bessere Lösung. Vielleicht. Oder man macht es ganz altmodisch und gräbt einfach eine Grube.« Jetzt muss sie dann doch über sich selbst lachen. »Was ich aber ganz sicher nicht möchte: das Herausputzen meiner Leiche, das Auftragen von Make-up. Das finde ich ziemlich grauenvoll.«

Die Sirene eines Krankenwagens tönt so laut zu uns herüber, dass wir das Gespräch unterbrechen müssen. »Das tun die doch absichtlich«, scherzt Margaret Atwood. »Einfach nur, um Krach zu machen.« Oder um uns an die eigene Sterblichkeit zu erinnern? »Darüber denke ich kaum nach«, sagt sie. »Ich bin aber der Meinung, dass jeder von uns ein Testament verfassen sollte. Sonst hinterlassen wir den Hinterbliebenen ein großes Durcheinander. Deshalb sollten wir auch regelmäßig unsere Wohnung aufräumen.«

Keine Vorstellung hat die 69-jährige Autorin davon, ob noch etwas nach dem Tod kommt.

»Wenn da etwas wartet, dann hoffen wir doch einfach, dass es etwas Schönes ist«, sagt sie und lacht. Und wenn nicht? Wenn der Tod die dunkle Endstation ist? Selbst dann würden Menschen weiterleben, zum Beispiel, wenn sie vorher ihr Testament gemacht, Briefe oder Bücher geschrieben hätten. »Das Erstaunliche am Schreiben ist, dass es Stimmen aufzeichnet. Eine bedruckte Seite ist wie eine Partitur. Wenn man sie liest, ist es, als erklänge wieder diese Stimme«, führt Margaret Atwood einen Gedanken aus ihrem Essayband *Negotiating with the Dead* aus. »Man kann also irgendeine Seite lesen, selbst von Menschen, die schon einige hundert Jahre tot sind, und es fühlt sich an, als sprächen sie zu einem, als wären sie im selben Raum. Wenn man ein Beethoven-Stück spielt, fühlt man ja auch Beethovens Anwesenheit. Deshalb sind die Stimmen der Autoren, die auf diesem Weg mit ihren Lesern sprechen, nicht tot. Sie leben, weil wir sie lesen.«

Insofern hat Margaret Atwood ihre stimmliche Unsterblichkeit schon umfangreich abgesichert, mit ihren fünfzig veröffentlichten Romanen, Erzähl- und Gedichtbänden, Sach- und Kinderbüchern. Die Chancen, dass noch ein, wenn nicht gar zwei Dutzend weitere Werke dazukommen, stehen gut. Schließlich starb Margaret Atwoods Mutter erst im Alter von 97 Jahren. »Für mein Ende will ich eine hohe Dosis Schmerzmittel!«, sagt die Booker-Preisträgerin plötzlich und lacht wieder. »Jede Menge Schmerztabletten! Wozu leiden?! Denken Sie nicht auch so?« Ich sei mir nicht sicher, sage ich. »Was machen Sie denn, wenn Sie Schmerzen haben?«, hakt Margaret Atwood nach. »Vielleicht haben Sie noch nie schlimme Kopfschmerzen gehabt. Ich hoffe für Sie, dass Sie einmal schlimme Kopfschmerzen bekommen. Dazu müssen Sie nämlich lange genug leben. Einige Leute fragen mich: ›Wie ist das, älter zu werden?‹ Meine Antwort: ›Jedenfalls besser als die Alternative.‹«

# Inwiefern Friedhöfe Nicholson Baker trösten und warum er gewisse Flecken so sehr liebt, dass er ihnen gerne sein ganzes Leben gewidmet hätte

*OLD FIELDS BURYING GROUND,  
SOUTH BERWICK, MAINE, USA,  
21. JULI 2009*

»Allein dieses Geräusch!« Nicholson Baker hat feuchte Augen, als er das sagt. Er wiegt den Kopf mit dem Schlapphut und dem dichten weißen Bart. Tief gerührt ist der Zwei-Meter-Mann vom Klang des Auslösers, vom Surren der fünfzig Jahre alten Plattenkamera, die ich, um sie vor dem Regen zu schützen, unter den hängenden Zweigen einer Eiche aufgebaut habe, dort, wo der Wald aufhört und der uralte Friedhof von South Berwick beginnt.

Würde Baker ein Buch über die Geschichte der Fotografie schreiben, so kreisen seine ersten Zeilen, wenn nicht Seiten, vermutlich um ebenjenes Geräusch des Auslösers. Denn stets hat dieser Schriftsteller die Welt über das Unscheinbare entdeckt, über das vermeintlich Banale. Und den Old Fields Burying Ground, diesen etwas versteckten, zwanzig Kilometer vom Atlantik entfernten Friedhof, über einen Fleck.

Eines Abends, als Baker und seine Frau das Haus verlassen hatten und am Rande der Kleinstadt im Bundesstaat Maine spazierten, sah er etwas leuchten. Damals schrieb er gerade an seinem Roman *Eine Schachtel Streichhölzer*:

[...] in dem Dämmer winkte mir ein handschuhförmiger Flecken cremefarbener Flechte auf einem Grabstein zu und weckte in mir den Wunsch, einer zu sein, der sein Leben dem Studium der Flechten weiht. Ich sagte Claire, ich hätte Flechtenwissenschaftlergedanken, wünschte, ich wäre ein Flechtenmann geworden, worauf sie nickte. Das hatte sie schon früher von mir gehört.

Wie seine Romanfigur Emmett, ein Grübler, der sich seinen eigenen Selbstmord in skurrilen Varianten vorstellt, um besser einschlafen zu können, ist auch der 52-jährige Autor von Flechten fasziniert, dieser Symbiose aus einem Pilz auf der einen und Algen oder Bakterien auf der anderen Seite.

»Die Flechte ist diese seltsame, hybride, schöne, lebende, bunte Kreatur, die sich auf dem angsteinflößenden Stück Stein einrichtet und es so menschlicher macht, weicher und zu einem Teil der Natur«, sagt er. »Die Flechte steht für Lebenskraft. Und der Stein erinnert uns daran, dass wir alle sterblich sind.«

Der Sommerregen, der ein- und aussetzt, hat die schwüle Luft über dem Boden gestaut. Mücken tanzen um uns herum, im dichten Schwarm bereit zum Angriff. Ein mächtiger Baum liegt, wohl vom Blitz gefällt, zwischen Grabsteinen. »Ich verstehe den Tod nicht. Und es fällt mir schwer, darüber in Gegenwart anderer zu sprechen«, erzählt Nicholson Baker mit dieser Stimme, die so warm und sensibel klingt. »Ich sorge mich nicht um mein eigenes Ende. Das geht schon in Ordnung. Dann ist halt die Zeit für andere gekommen, sich auf diesem Planeten umzuschauen. Aber ich mag mir einfach nicht vorstellen, dass Menschen, die mir lieb sind, sterben.«

Wie kann jemand, den man so gut kennt und an den man sich so gut erinnert, tot sein? Meine Großmutter zum Beispiel. Ich kann es nicht glauben, dass sie tot ist. Damit meine ich nicht, dass ich an eine jenseitige Welt glaube, das nicht. Aber ich finde es verwirrend, dass sie jetzt nicht lebt.

Friedhöfe verbindet Nicholson Baker erst einmal nicht mit dem Tod. »Sie sind so schön und geduldig«, sagt er. »Sie beharren auf nichts.« Auch die Grabsteine seien einfach nur da. »Sie sind bereit zu zerbrechen, vernachlässigt zu werden, im Unkraut zu versinken. Aber sie treffen doch gleichzeitig ihre eigene, kleine Aussage: Sie bleiben. Das hat etwas Tröstliches.« Gerade auf einem so alten Friedhof wie diesem, auf dem schon seit einem halben Jahrhundert niemand mehr beigesetzt worden ist. Aber vielleicht macht die Stadt ja noch eine Ausnahme im 21. Jahrhundert. »Ich könnte mich darum bemühen. Das wäre schon ein schöner Ort, um unter der Erde zu liegen.«

Hier und da bei unserem Spaziergang über seinen Lieblingsfriedhof rümpft Baker allerdings die Nase. Nicht etwa wegen des Regens. Vielmehr stören ihn die US-amerikanischen Flaggen, die ehrenamtliche Mitarbeiter der Stadt in den Boden gesteckt haben. Fehl am Platz und plump erscheinen sie dem Autor, der stets das Unaufdringliche sucht, die kleinen Dinge des Alltags, die wir so gerne übersehen, deren feine oder heitere Magie Nicholson Baker jedoch mit seinen Worten heraufbeschwört. Die Kunst, mit den Zehen eine Unterhose aufzuheben, und die Frage, wie man etwas in den Mülleimer wirft, ohne den Deckel zu berühren. Die wunderlichen Gedanken eines Mannes zwischen vier und fünf Uhr früh. *Bauchnabelfussel* und andere sehr spezielle Einträge einer Online-Enzyklopädie. Das Zischen des Streichholzes. Das Surren des Fotoapparats. Das Leuchten einer Flechte auf dem Grabstein.

»Der Tod ist der Grabstein und die Flechte der lebende Beleg dafür, dass der Tod nicht wichtig ist«, sagt Nicholson Baker langsam und leise. »Was zählt, ist die Flechte, dieser Fleck an Seltsamkeit.«

# Wie Simon Beckett einen englischen Friedhof betritt, auf dem Kinder Fußball spielen, und warum eine Schildkröte manchmal zwei Leben hat

**GENERAL CEMETERY, SHEFFIELD, GROSSBRITANNIEN, 12. MAI 2011**

Die griechische Mythologie drängt sich fast schon ein bisschen auf, wenn man, wie Simon Beckett an diesem Mainachmittag, den Sheffield General Cemetery durch den Haupteingang betritt und zugleich den Porter Brook überquert. Das Tor mit den wuchtigen dorischen Säulen wurde 1836 nach Entwürfen des Architekten Samuel Worth ganz bewusst über den Fluss gebaut, als wäre der Porter Brook der Styx, die Grenze zwischen der Welt der Lebenden und dem Reich der Toten. Doch dann steht man auf dem Friedhof und sieht den Tod vor lauter Leben nicht.

»Langsam, aber sicher holt sich die Natur diesen Ort wieder zurück«, sagt Simon Beckett, während wir, den Kopf geduckt, die Hände voraus, um das Gesicht vor Zweigen zu schützen, auf einem schmalen Pfad den ehemaligen Steinbruch hinaufsteigen. »Das hat schon etwas Berührendes. Es ist ein angenehmer, beruhigender Ort.« Kaum ein viktorianischer Gedenkstein, an dem nicht irgendeine Pflanze hochgeklettert wäre. Ganze Grabfelder sind von einem lückenlosen Efeuteppich überzogen, der auch die Namen und Daten der Toten verhüllt. »Man denkt gar nicht mehr an Grabsteine. Sie sehen eher aus wie grüne Obelisken.«

Längst steht der General Cemetery unter Naturschutz. Vogelbeobachter treffen hier auf Jogger, Hundehalter auf Frauen mit Kinderwagen.

»Dieser Friedhof ist zu einer Art Park geworden. Das ist mal etwas anderes. Es ist ein Ort alter, nicht neuer Trauer«, beschreibt der 51-jährige Beckett die gut versteckte grüne Oase mitten in der Stadt. »Gerade habe ich gehört, wie sie hier Fußball spielen.« 1980, zwei Jahre, nachdem der letzte Mensch auf diesem Friedhof beigesetzt wurde, rückten Bulldozer an, um eine Freizeitfläche zu schaffen. 800 Grabsteine, die meisten aus dem 19. Jahrhundert, wurden geräumt, Gras wurde gesät. Auf der so geschaffenen Wiese, über den Toten, jagen jetzt Kinder dem Ball nach. Orange-weiß gestreifte Verkehrshütchen markieren die Tore.

Darunter liegen die Gebeine von Menschen, die an Cholera und Tuberkulose starben, die während der Flut von Sheffield 1864 ertranken oder den Blitzkrieg-Angriffen der Deutschen Luftwaffe im Dezember 1940 zum Opfer fielen. Auch der Urgroßvater von Simon Beckett soll auf diesem Friedhof begraben sein: »Ich habe aber keine Ahnung, wo genau.«

Mit dem Tod von Queen Victoria im Jahr 1901 fand auch der prunkvolle Totenkult, den sie gefördert hatte, auf den Friedhöfen Englands ein Ende. Die Betreiber des kommerziellen Sheffield General Cemetery gerieten in finanzielle Bedrängnis. Der Verfall des Friedhofs begann. Heute pflegen ehrenamtliche Mitarbeiter einer Stiftung den mittlerweile städtischen Friedhof, lassen aber ganz bewusst der wuchernden Natur ihren Raum.

Früher wohnte Simon Beckett gleich um die Ecke. Fast täglich lief er am Friedhof vorbei, betrat ihn aber selten. »Einmal war ich hier nachts zusammen mit einem Freund. Das war schon gespenstisch. Ein Friedhof im Dunkeln – ich habe einfach zu viele Horrorfilme gesehen.«

Ganz im Ernst sagt er das, er, der Autor von Thrillern, in denen Menschen brutale Morde begehen und Verwesungsprozesse von Leichen so präzise beschrieben sind, dass manch einem Leser übel wird. »Viele Leute meinen, ich sei vom Tod und von verfaulten Körpern besessen. Das stimmt aber nicht«, erzählt der gebürtige Sheffielder. Einmal bat ihn ein Journalist, ihn auf einem Friedhof fotografieren zu dürfen, und zwar Totenköpfe jonglierend, finster dreinschauend. Derart abstruse Anfragen kommen nie aus Becketts Heimat. Denn während er in Deutschland seit dem Thriller *Die Chemie des Todes* bei Lesungen ganze Hallen füllt, ist er in England bis heute ein No-Name. »Na, schreibst du immer noch? Kommst du irgendwie über die Runden?«, fragte Beckett ein Bekannter auf einer Beerdigung in Sheffield, als sich dessen Bücher in Deutschland und Skandinavien schon millionenfach verkauft hatten. Vor allem die Bände über den forensischen Anthropologen David Hunter, den Experten für Verwesungsprozesse und alles, was auf und in Leichen krabbelt.

Und *Hunter* ist nun in einen schön geschwungenen, von Brombeersträuchern umgebenen Grabstein auf dem General Cemetery eingraviert, ohne Vorname, ohne Geburts- und Sterbejahr. Einfach nur *Hunter*. Da kann Simon Beckett gar nicht anders, als sich vorzustellen, unter dem geneigten Stein liege die Leiche seines fiktiven Forensikers. Oder ist es das Gemeinschaftsgrab von Hunters Frau und der gemeinsamen Tochter? In seiner Thriller-Reihe sind beide bei einem Autounfall ums Leben gekommen. »David Hunter geht mir näher als ein kalter klinischer Experte«, verrät Simon Beckett am Hunter-Grab. »Er kann bei seiner Arbeit nicht immer objektiv sein, weil ihm diese Tragödie widerfahren ist.«

Muss der Tod eine Tragödie sein? »Als einer meiner Neffen ungefähr acht war, hatte er eine Wasserschildkröte namens Terry«, erzählt Beckett. »Einmal sind meine Schwester und

meine Neffen in die Ferien gefahren. Meine Eltern kümmerten sich in dieser Zeit um Terry. Eines Morgens stellten sie schockiert fest, dass Terry über Nacht gestorben war. Meine Mutter malte sich die Reaktion ihres Enkelkindes aus. Dann fasste sie einen Entschluss: Sie packte die tote Schildkröte in eine Plastiktüte und die wiederum in ihre Handtasche und klapperte so alle Zoohandlungen von Sheffield ab, auf der Suche nach einem Tier, das möglichst genauso aussah wie Terry. Schließlich fand sie eine ähnliche Schildkröte und kaufte sie. Als mein Neffe nach einer Woche zurück aus den Ferien kam, sah er das Tier munter herumschwimmen und sagte: ›Terry hat ja seine Farbe verändert! Und er ist so groß geworden!‹ ›Ja, toll, oder?‹, antwortete meine Mutter. Mein Neffe war überglücklich.«

Wenn das nur mit verstorbenen Menschen genauso einfach wäre. »Der Tod gehört zum Leben. Es ist nicht gesund, sich darüber den Kopf zu zerbrechen«, antwortet Simon Beckett auf die Frage, wie er mit seiner eigenen Endlichkeit umgeht. »Ich glaube, man sollte einfach die Wirklichkeit genießen und hoffen, dass es einen nicht so schnell trifft.« Die jüngeren Familienangehörigen des Autors hat es noch nicht getroffen. Bisher sind nur Becketts Großeltern gestorben. Aber der erste Tote, den er sah, war ein Unbekannter. Beckett arbeitete damals noch als Journalist für britische Tageszeitungen und schrieb einen Artikel über die sogenannte Body Farm in Tennessee. Dort beobachten forensische Anthropologen unter freiem Himmel die Verwesung von Leichen, die zu Forschungszwecken freigegeben sind. »Als ich durch das Tor der Body Farm gegangen war, lag da einige Meter von mir entfernt eine Leiche im Gras. Erst habe ich sie nicht gesehen, sondern nur die Maden auf ihr. Das war schon eine recht seltsame Erfahrung. So etwas führt einem die eigene Sterblichkeit doch ziemlich klar vor Augen.«

Kurioserweise scheint genau das die Leser Becketts anzuziehen. Und nicht nur sie. Die Forensik erlebt seit Jahren einen regelrechten Boom in Büchern und Fernsehserien. »Die Faszination kommt wohl daher, dass der physische Prozess des Todes lange in unserer Gesellschaft hinter verschlossenen Türen gehalten wurde«, versuche sich Simon Beckett an einer Erklärung, als ich ihn, zwei Monate vor der Begegnung auf dem Friedhof, in Berlin interviewte. »Da ist diese Neugier, einen Stein hochzuheben, um zu sehen, was darunter krabbelt. Das tun Kinder. Und das gehört zur Natur des Menschen.«

»Jetzt haben wir uns verlaufen, oder?« Simon Beckett lacht. Es ist kein befreites Lachen, vielmehr ein leicht nervöses.

Meinen Vorschlag, uns kurz vor Sonnenuntergang auf dem Friedhof zu treffen, lehnte er am Tag zuvor mit den Worten »zu gefährlich« ab. Man wisse nie, wer sich um diese Zeit da noch so herumtreibe, möglicherweise Junkies. Und nun hat sich unsere nachmittägige Begegnung doch etwas länger hingezogen als geplant. Die Sonne ist schon hinter dem Friedhofshügel verschwunden, als wir den Ausgang suchen und nur noch Bäume und Gräber sehen. »Dieser Friedhof überrascht einen immer wieder«, sagt Simon Beckett, um irgendetwas zu sagen. Er erhöht das Tempo. Ich auch, denn ich bin mit seinem Ansteckmikrofon verkabelt. Dann stehen wir plötzlich neben der nonkonformistischen Kapelle und wissen wieder, in welche Richtung wir gehen müssen. Simon Beckett ist sichtlich erleichtert, zügelt aber seine Schrittgeschwindigkeit nicht. »Seit ich vor vielen Jahren nachts auf diesem Friedhof war, hält sich meine Lust in Grenzen, hier noch einmal im Dunkeln zu sein«, sagt er, während wir schließlich das Tor des General Cemetery passieren und Becketts Stimme von den kahlen Steinwänden zurückgeworfen wird. »Das hat wohl alles mit meiner zu stark ausgeprägten Fantasie zu tun. In Zukunft halte ich mich lieber an die Straßenlaternen.«

Die Lichter der Stadt haben Simon Beckett wieder.

# Warum Bei Dao vom Lesen blaue Flecken bekam, als Kind seinen Vater hasste und sich heute nichts sehnlicher wünscht, als dessen Grab zu besuchen

### ALTER ST.-MATTHÄUS-KIRCHHOF, BERLIN, DEUTSCHLAND, 27. MAI 2010

»Grimmmm.« Sanft und langgezogen, leise und ehrfurchtsvoll, als wäre es ein Zauberwort, liest Bei Dao den Familiennamen, der in vier schwarze Marmorsteine eingraviert und mit über die Jahre verblasstem Weiß getüncht ist. Rechts die Gräber der berühmten Brüder Jacob und Wilhelm, dessen Söhne Rudolf und Herman links daneben. Der chinesische Dichter zieht aus der Tasche seines beigefarbenen Trenchcoats eine Kompaktkamera. Einige Male erklingt das digital imitierte Geräusch eines analogen Auslösers. Bei Dao steckt den Fotoapparat wieder ein und schmeckt noch einmal dem Klang dieses wundersamen Wortes nach: »Grimmmm«. Dann nimmt er einen Zettel in die Hand und trägt, im chinesischen Original, jenes Gedicht vor, das ihm sein wichtigstes ist:

Für Vater

In der kalten Februarfrühe
eignet den Eichen letztlich das Maß der Trauer
Vater, vor deinem Bild
hütet allfälliger Wind die Ruhe des runden Tisches

Von der Kindheit her betrachtet
war, was ich sah, stets dein Rücken
Du hütetest schwarze Wolken und Schafe
längs des Weges, der zu den Monarchen führte

[...]

Während er die Verse über seinen sieben Jahre zuvor gestorbenen Vater liest, ist Beis Stirn den Stelen der Brüder Grimm zugewandt. Aber es ist, als gäbe es für den Autor in diesem Moment keine Grimms, keinen Alten St.-Matthäus-Kirchhof, ja nicht einmal Berlin, als stände Bei Dao vielmehr in Peking, am Grab seines Vaters, dem Grab, das er noch nie gesehen hat. »Ich darf nicht nach Peking zurückkehren«, sagt er leise. »Das ist das Problem. Ich kann also auch nicht den Friedhof besuchen, auf dem er liegt.«

Am 4. Juni 1989, als die chinesischen Sicherheitskräfte die Demonstration auf dem Platz des Himmlischen Friedens brutal und blutig beendeten, war Bei Dao gerade als Stipendiat in Berlin. Die Fernsehbilder erschütterten den Dichter und Essayisten so sehr, dass er sich am selben Abend betrank. Auch *seine* Verse hatten die Demonstranten vorgetragen. Bei Dao fürchtete, bei einer Rückkehr nach China sofort verhaftet zu werden. Er wurde zum Exilanten wider Willen, arbeitete als Gastdozent in England, Dänemark und den USA. Von 2001 bis 2003 durfte er seine Frau, die gemeinsame Tochter und seine Mutter in Peking endlich wieder besuchen, wenn auch ständig beäugt von Sicherheitskräften. Als sein Vater im Sterben lag, bekam Bei Dao noch die Erlaubnis, von ihm Abschied zu nehmen. Doch zur Beisetzung ließ man ihn nicht mehr. »Trauerfeld« sagt man auf Chinesisch zum Friedhof, erzählt Bei Dao. Das Grab des Vaters, das Feld zum Trauern, hat man ihm genommen.

So ist jeder andere Friedhof vor allem eins: nicht der Friedhof des Vaters. Und doch hat sich Bei Dao für jenen gemächlich ansteigenden, von wuchtigen Kastanien überdachten Kirchhof im Berliner Stadtteil Schöneberg entschieden. Um das Grab der Brüder Grimm zu besuchen. Denn ihre Märchensammlung hat auch die Kindheit des gebürtigen Pekingers geprägt. Friedhöfe selbst mag Bei Dao nämlich eigentlich gar nicht. »Aber einige haben schon eine ganz besondere Atmosphäre«, gibt er zu. »Und dann ist da dieses Wissen, das die Toten mit ins Grab genommen haben, das sich hinter ihren Namen verbirgt, hinter den Wörtern der Grabinschriften.«

Wörter übten schon seit frühester Kindheit eine magische Anziehungskraft auf Bei Dao aus. In seinem Elternhaus gab es zwei Arten von Büchern: offen zugängliche, wie die von Marx und Mao, und in einem Oberschrank verborgene. Als er sieben Jahre alt war, kletterte er unermüdlich auf einen Stuhl, um an den nicht für ihn gedachten Lektürestoff zu gelangen – und stürzte immer wieder zu Boden: »Seitdem verbinde ich mit Lesen Schmerz.« Als ihm sein Vater auf die Schliche kam, schloss der den Schrank ab und versteckte den Schlüssel.

»Ich habe meinen Vater gehasst, als ich Kind war«, erzählt Bei Dao, während aus allen Ecken des Friedhofs Vogelgezwitscher zu uns herüberdringt. »Ich habe mich gegen ihn aufgelehnt.« Er suchte und fand den versteckten Schlüssel und las, wenn sein Vater bei der Arbeit war, so schnell und viel er konnte. Jahre später zeigte Bei Dao seinem Vater eines seiner Gedichte und jagte ihm damit einen großen Schrecken ein: »Er hat das Gedicht sofort verbrannt, weil er Angst hatte, man könnte es als Kritik an der Kulturrevolution lesen.«

Gerade hat Bei Dao in Berlin einen Essay über seinen Vater geschrieben, erzählt er. Wir haben uns auf eine Bank mit Blick auf die Grimm-Gräber gesetzt. »Dafür habe ich noch einmal das Gespräch mit meinem Vater gesucht. Ich wollte mich von der tiefen Trauer in meinem Herzen befreien.« Dieser Text habe ihm noch mehr Kraft abverlangt als sein Gedicht *Für Vater* aus dem Band *Das Buch der Niederlage*:

Schlagfertige Winde tragen Fluten herbei
Die Logik der Gassen geht tief ins Herz
Du rufst mich deinen Sohn
als Vater folge ich dir

Vertauschte Rollen. Jetzt sorgt sich Bei Dao um seinen Vater, um das Bild, das er von ihm hat: »Seit ich älter bin und selbst Vater, ist mir aufgefallen, dass mein Vater und ich einige Gemeinsamkeiten hatten«, erzählt er. Das Gefühl des Hasses ist nur noch ein ferner Widerhall. Vielleicht wäre er nie Schriftsteller geworden, denkt er nun, wenn sein Vater nicht so vehement versucht hätte, genau das zu verhindern, was nun eingetreten ist: dass er als Dissident auf der Liste der chinesischen Machthaber steht, dass er heute gar nicht mehr nach China einreisen darf und nur noch im autonomen Hongkong leben kann und selbst dort als Staatsfeind beschattet wird: »Mein Vater hatte einfach Angst um mich.«

»Haben Sie eigentlich Angst vor dem Tod?«, frage ich auf dem nach Frühling duftenden Friedhof. »Natürlich«, antwortet Bei Dao. »Aber ich muss lernen, diese Angst zu überwinden. Als Schriftsteller muss man doch dem Tod in die Augen sehen.« Ansonsten denke er viel mehr über das Leben nach als über den Tod. Das sei typisch chinesisch. Der Konfuzianismus habe die Kultur seines Landes nun mal sehr stark geprägt, erzählt er, als wir an den schwarzen Steinen der Brüder Grimm vorbeilaufen, um den Friedhof wieder zu verlassen: »Konfuzius hat gesagt: Wie willst du etwas vom Tod wissen, wenn du noch nicht einmal das Leben kennst?«

# Warum sich Tahar Ben Jelloun auf einem marokkanischen Friedhof verfolgt fühlt und er das Grab seiner Eltern auch dieses Mal nicht besucht

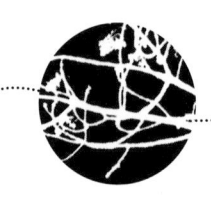

*CIMETIÈRE MOUDJAHIDINE,
TANGER, MAROKKO,
24. JULI 2010*

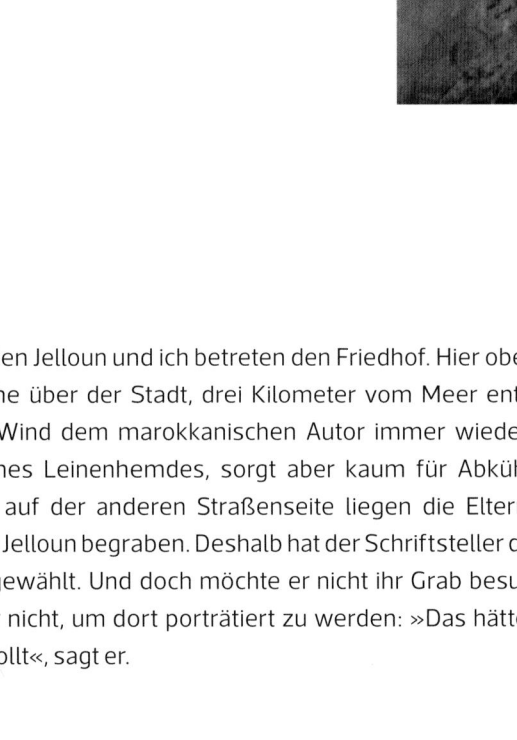

Ein hagerer Mann sitzt in Ledersandalen und orangefarbenem T-Shirt vor seiner Werkstatt. Ruhig und konzentriert schlägt er mit einem Stahlklotz auf einen Meißel. Ziffern und Zahlen zeichnen sich auf einer grauen Marmorplatte ab: *16. 7. 2010*. Die Steinmetze von Tanger leben um eine Woche in die Vergangenheit zurückversetzt. Dafür ist ihr Hämmern umso gegenwärtiger. Noch in hundert Metern Entfernung hört man es, wenn nicht gerade ein Bus über jene Straße braust, die am Fuße des Königlichen Golfclubs den Cimetière Moudjahidine in zwei gleich große Teile schneidet.

Tahar Ben Jelloun und ich betreten den Friedhof. Hier oben auf der Anhöhe über der Stadt, drei Kilometer vom Meer entfernt, lupft der Wind dem marokkanischen Autor immer wieder den Zipfel seines Leinenhemdes, sorgt aber kaum für Abkühlung. Irgendwo auf der anderen Straßenseite liegen die Eltern von Tahar Ben Jelloun begraben. Deshalb hat der Schriftsteller diesen Friedhof gewählt. Und doch möchte er nicht ihr Grab besuchen. Schon gar nicht, um dort porträtiert zu werden: »Das hätten sie nicht gewollt«, sagt er.

Ich packe das Stativ aus und meine Kamera. »Damit können Sie mich nicht fotografieren!«, sagt Tahar Ben Jelloun entsetzt. »Die ist viel zu groß! Wenn uns Leute sehen, rufen die bestimmt die Polizei. Haben Sie nichts Unauffälligeres?« »Nein«, sage ich verstört. Und er: »Dann machen Sie, so schnell Sie können!« Ich denke an meine Ankunft am Vortag. »Beruf?«, fragte der Grenzbeamte am Flughafen. »Journalist«, sagte ich ehrlich und naiv. »Sie sind Journalist?!«, fragte er alarmiert nach und notierte sich sofort alle Radiosender und Zeitungen, für die ich jemals gearbeitet hatte. »Jetzt die Papiere für jedes technische Gerät, das Sie einführen!«, forderte ein zweiter Beamter, der vor dem Ausgang des Flughafens mein Gepäck durchleuchtet und die Kamera, die Rekorder und Mikrofone entdeckt hatte. »Sie sind doch Journalist! Sie brauchen im Königreich Marokko Genehmigungen für Ihre Ausrüstung.«

»Ich bin hier als Tourist, um Vögel zu beobachten«, log ich. »Ich fotografiere sie und nehme ihre Stimmen auf.« Ungläubig sah er mich an, ließ mich dann aber zu meiner eigenen Verwunderung passieren, nachdem ich noch hinzugefügt hatte: »Die schönsten Vögel der Welt leben im Königreich Marokko.«

»An Ihrer Stelle würde ich nicht allein auf diesen Friedhof gehen«, warnte mich Tahar Ben Jelloun schon am Telefon. »Da könnte Ihnen jemand mit dem Messer auflauern.« Nun stehen wir dort zwar zu zweit, aber ich fühle mich viel unsicherer als am Abend zuvor bei meinem Alleingang über die Hügel voller Gräber. Nach jedem Foto werfe ich die Kamera samt Stativ in die Disteln. So möchte es der 65-jährige Schriftsteller. Sonst könnten uns Spitzel aus der Ferne viel zu leicht entdecken. Er blickt sich nervös um. Eine verschleierte alte Frau humpelt über einen Sandweg des Friedhofs und wirbelt Staub auf. Ich höre mein Herz pochen, kann mich nicht mehr auf die komplizierte Kamera konzentrieren. »Dann machen wir lieber jetzt gleich das Interview«, schlage ich vor. »Nein, nicht hier auf dem Friedhof«, sagt Tahar Ben Jelloun. »Bei mir zu Hause. Aber vorher muss ich noch einkaufen.«

Wir steigen in sein Auto, holen eine Frau ab, vermutlich seine Haushälterin, und kurven eine Dreiviertelstunde durch die Stadt. Ich bin völlig dehydriert. Eigentlich waren wir einen Tag zuvor verabredet. Aber ich hatte meinen Anschlussflug in Madrid verpasst und war 24 Stunden später als geplant in der marokkanischen Küstenstadt unweit der Straße von Gibraltar eingetroffen. So hat Tahar Ben Jelloun nun auch andere Verpflichtungen. Die Frau und er sprechen arabisch. Vielleicht auch, weil sie mich, da hinten auf dem Rücksitz, vergessen haben. Ich meine zu verstehen, dass sie ein Huhn abholen wollen. In einer engen Gasse der Altstadt halten wir vor einem Laden. Käfige mit lebenden Kaninchen, Gänsen und Tieren, die ich noch nie gesehen habe, stehen neben dem Eingang. Die Frau kurbelt die Scheibe runter und spricht mit dem Händler. Es gibt ein Problem. Kein Huhn oder was auch immer. Wir fahren unverrichteter Dinge zurück zum Haus des Autors.

»Unerträglich, diese Hitze!«, sagt Tahar Ben Jelloun, als wir seinen Hausflur betreten. »Ich dachte, Sie sind daran gewöhnt, im Gegensatz zu mir«, sage ich, die Haare nassgeschwitzt. »Nein, nein«, antwortet er, geht in die Küche und trinkt hastig zwei Gläser Wasser. Mir wird ganz schwindelig vor Durst. »Gehen Sie doch schon mal ins Wohnzimmer!«, sagt er. Ich nehme auf einem grünen Sofa Platz, an den Wänden hängt Kunst. Auf einem Bild sieht man eine bleiche Frau, deren Schädel ein schwarzer Balken durchbohrt. Tahar Ben Jelloun setzt sich in einen Sessel. »Ich habe überhaupt keine Angst vor dem Tod«, sagt er. »Aber ich habe Angst vor Krankheit. Der eigentliche Tod ist für mich die drei oder vier Jahre dauernde Krankheit, die dem Aussetzen des Herzschlags vorausgeht.« Von seiner Mutter habe er gelernt, dem Tod zu trotzen und die Krankheit zu fürchten. Von der Mutter, die sehr gläubig war und an Alzheimer erkrankte. »Ich habe doch schon immer gewusst, dass ich einmal verschwinden muss«, habe sie gesagt, »aber ich möchte nicht leiden.« Sein Vater sei in diesem Punkt das Gegenteil von Mutter und Sohn gewesen: Er habe die Vorstellung des Todes gehasst. Er starb an den Folgen eines Unfalls: »Zehn Tage lang hat er gelitten, er wurde mehrmals erfolglos operiert. Er ist wütend gestorben, weil er einfach keine Lust hatte zu gehen.«

»Wir sollten keine akrobatischen Kunststücke vollbringen, um gegen das Unvermeidliche zu kämpfen«, sagt Tahar Ben Jelloun und erwähnt einen kolumbianischen Drogenbaron und dessen Testament: »Darin stand: ›Ich möchte zusammen mit meinem Schmuck begraben werden, mit meinen Computern, meinen Handys ...‹« Das Handy von Tahar Ben Jelloun klingelt, er steht wortlos auf, geht dran, spricht auf Französisch, legt auf, kehrt zurück und führt den Satz fort, als wäre er nie unterbrochen worden: »›... meine Hightech-Geräte, mein Geld.‹« Er lacht. »Ich finde das komisch. Das bringt doch nichts, sich gegen den Tod zu wehren.«

Ich lache nicht. Durst, denke ich. Aber ich traue mich nicht, den Autor um ein Glas Wasser zu bitten. Es ist mein Geburtstag. Ob ich das erwähnen sollte? Vielleicht bekäme ich dann sogar etwas Orangensaft. Oder sollte ich lieber einen Toilettengang vortäuschen, um heimlich Wasser aus dem Hahn zu trinken? Ich bleibe sitzen.

»Das Leiden ist unbestechlich«, höre ich Tahar Ben Jellouns Stimme. »Man kann ihm nicht sagen: ›Pass mal auf, ich gebe dir Geld, dann setzt du dich schön weit weg von mir und lässt andere leiden.‹ Vorm Leiden sind alle gleich. Für den, der leidet, macht es doch keinen großen Unterschied, ob er das in einem Palast tut oder in einem Rattenloch.«

Auch Durst kann man überall haben, denke ich, als Tahar Ben Jelloun von den hellen, chaotischen marokkanischen Friedhöfen schwärmt. Trotzdem besucht er das Grab seiner Eltern auf dem Cimetière Moudjahidine so gut wie nie: »Ich fühle dort nichts. Ich zeige da überhaupt keine Emotionen. Die toten Menschen, die mir etwas bedeutet haben, sind in meinem Herzen bewahrt, in meinen Erinnerungen.« Ich bitte ihn, die letzten Zeilen aus *Yemma – meine Mutter, mein Kind* vorzulesen, jenem Buch über seine an Alzheimer gestorbene Mutter:

Ich werde [...] das Grab nicht aufsuchen. Was da liegt, ist nicht meine Mutter. Meine Mutter ist hier, ich höre sie lachen und beten. Sie besteht darauf, dass der Tisch gedeckt wird, dass wir essen, was sie stundenlang zubereitet hat. Sie steht da, glücklich, uns alle um unsere Lieblingsspeisen herum versammelt zu sehen.

Tahar Ben Jelloun schlägt das Buch zu und verschwindet in der Küche. Er löffelt im Stehen einen Naturjoghurt, während ich im Flur meinen Rucksack packe. Vor dem Haus verabschieden wir uns. »Viel Glück«, wünscht er mir. Ich winke ein Taxi heran und fahre zu einem Straßenkiosk in der Altstadt. Verschleierte Frauen versperren den Weg, als ich mich schwer beladen und am Ende meiner Kräfte nähere. »Wasser«, rufe ich heiser über ihre Köpfe hinweg dem Verkäufer zu. »Mineralwasser. Bitte.« Ich leere die Liter-Flasche, ohne abzusetzen. »Hello, my dear friend!«, spricht mich ein Mann von der Seite an. »Ich bin nicht Ihr Freund«, sage ich auf Französisch. Er zeigt mir den Stinkefinger.

# Inwiefern ein kalifornischer Friedhof T. C. Boyle nervt und warum sich der Autor trotzdem in ihn verliebt

*SANTA BARBARA CEMETERY, KALIFORNIEN, USA, 14. DEZEMBER 2010*

»Was ist denn das? Wissen Sie, wozu das gut ist?« T. C. Boyle deutet auf einen runden Deckel aus Metall. Der ist, ganz so wie viele Grabsteine, in den akkurat gemähten Rasen eingelassen. »Vielleicht ein Wasseranschluss?«, schlage ich vor und klappe den Deckel hoch. T. C. Boyle beugt sich neugierig über das freigelegte Loch: »Müll?! Das ist ja spannend! Die beerdigen hier also nicht nur Menschen, sondern auch Müll!«

Zum ersten Mal in seinem Leben hat Thomas Coraghessan – kurz: T. C. – Boyle den Santa Barbara Cemetery betreten. Und das, obwohl der Wahlkalifornier gerade mal 600 Meter vom Friedhof entfernt wohnt. Vor achtzehn Jahren zog er mit seiner Frau Karen und den drei Kindern in das von Frank Lloyd Wright entworfene Holzhaus. Dessen Dach kann man von hier aus gut erkennen. Denn der Friedhof liegt auf einer spektakulären Anhöhe, direkt am Pazifik.

»Hier hat man ja eine fantastische Aussicht. Wow!« T. C. Boyle geht einen geteerten Weg bergauf und blickt immer wieder zurück: »Da vorne sieht man eine meiner Lieblingsbars, das *Cafe Del Sol*, auf der Dachterrasse trinke ich manchmal Margaritas. Das da ist ein Vogelschutzreservat. Und der hügelige Stadtteil da hinten, das ist unsere Riviera. Toll, dass Sie mich hier hochbringen!« Dabei hat der 62-jährige Autor selbst diesen Friedhof für unsere Begegnung vorgeschlagen. All die Jahre ist Boyle unzählige Male um ihn herum gelaufen. Der ausgedehnte Friedhof war ihm vor allem ein nerviges Hindernis auf dem Weg zum Strand. War. Denn nun, schon nach wenigen Metern, hat sich der einstige Hippie in den Friedhof verliebt: »Vielleicht habe ich ja Glück und das hier wird mal meine letzte Ruhestätte.«

Normalerweise reicht das Auge vom Santa Barbara Cemetery bis zum Santa-Ynez-Gebirge. Aber an diesem Dezembernachmittag hat sich der Nebel davorgeschoben. Die Palmen durchziehen den Friedhof nicht wie an den Tagen zuvor mit ihren markanten, langen Schatten: Der Himmel ist ganz und gar bedeckt, eine einzige trübe Soße. »Ich liebe dieses Wetter! Ich habe die Sonne so satt!« Der Temperatursturz macht T. C. Boyle nichts aus. Er trägt einen dunklen Mantel, hat sich einen bunt gestreiften, grob gestrickten Schal um den Hals geworfen. Einige seiner dünnen roten Haare gucken wirr unter der schwarzen Baskenmütze hervor. An die Halskette mit den groben Holzperlen hat er – sicher ist sicher – seine Sonnenbrille geklemmt.

T. C. Boyle hat den höchsten Punkt des Friedhofs erreicht und macht sich über das pompöse Grabmal eines Mannes namens Todd lustig: »Hier haben sie König Todd begraben. Und da hinten steht eine Pyramide. Wow! Hier oben liegen die Topimmobilien. Meerblick für die Toten.«

»Ich habe schon Ideen für Ihr nächstes Buchprojekt«, sagt T. C. Boyle, als ich gerade unter dem schwarzen Tuch meiner Großformatkamera verschwunden bin. »Schriftsteller in Badewannen.« Ich muss lachen, versuche trotzdem, mich zu konzentrieren und das Objektiv scharfzustellen. Aber Boyle legt nach: »Wie wär's damit? Schriftsteller beim Sex mit Tieren.« – »Gut, aber nur wenn Sie den Anfang machen.« Da verschlägt es T. C. Boyle die Sprache. Zum ersten und letzten Mal an diesem Nachmittag.

*Gefahr. Unsicheres Gelände. Den Zaun nicht überqueren.* Warnschilder hängen im Maschendraht. Wenige Meter weiter geht es steil hinab. T. C. Boyle steht am Zaun und blickt auf den Pazifik. Sanfte Wellen wiegen die Segelboote. Am Horizont, unter der grauen Wolkendecke, ein schmaler heller Streifen, der Sonnenuntergang. »Ich habe großen Respekt und große Angst vor dem Pazifik. Genau hier, unterhalb dieses Friedhofs, bin ich zwar oft im Meer geschwommen. Aber im Wasser gibt es Wesen, die einen auffressen können.«

Auch der Tod mache ihm Angst, bekennt T. C. Boyle, diesmal ganz ohne ironischen Unterton. »Seit man mir als Kind erzählt hat, dass der Tod kommt, um unsere Seelen zu holen, frage ich mich, was wir hier überhaupt tun. Wozu soll das alles gut sein: fotografieren, Bücher schreiben, sich die Zähne putzen, Geld auf einem Bankkonto anhäufen?«

»Sonnen erlöschen, und Planeten verschwinden«, heißt es, in einer ganz ähnlichen Gefühlslage, in der Erzählung *Geschichten vom Aussterben* aus Boyles Debütband *Tod durch Ertrinken*. »Was bedeutet schon eine Spezies hier, eine Spezies da?« Doch dann taucht wie aus dem Nichts ein Ich-Erzähler auf, das Alter Ego Boyles. »Hören Sie«, sagt der Mann und erzählt, was für ihn eben doch von Bedeutung ist. Wie er, drei Jahre nach dem Tod seines Vaters, zum ersten Mal dessen Grab besuchte, am späten Abend eines Dezembertags, die Taschenlampe in der Hand:

Dann sah ich ihn. Den Namen meines Vaters im Lichtkegel. Ich betrachtete den Namen: ein dreiteiliger Name, identisch mit meinem eigenen. Ich hielt die Lampe darauf, Schneeflocken krochen durch den Lichtstrahl wie Staubkörnchen. Ich löschte das Licht.

Auf dem Santa Barbara Cemetery reicht das Licht der Dämmerung gerade noch, um ohne Taschenlampe zu sehen, wohin man tritt. »Meine Eltern haben sich in den Tod getrunken. Und auch ich stand oft gefährlich nah am Abgrund«, erinnert sich T. C. Boyle, als wir zum Ausgang des Friedhofs gehen. Als junger Mann nahm er fast alles, was high machte, auch Heroin. Dann begann er, Erzählungen zu schreiben, sagte sich aus eigener Kraft von den Drogen los, promovierte an der University of Iowa in Englischer Literatur des 19. Jahrhunderts und besuchte nebenbei Seminare zum kreativen Schreiben, unter anderem bei John Irving. Heute hat T. C. Boyle mehr als zwanzig Romane und Erzählbände veröffentlicht und gibt nun seinerseits an der University of Southern California Schreibkurse.

Angst vor Friedhöfen hat der ehemalige Bürgerschreck nicht mal, wenn es schon so düster ist wie jetzt. »Ich bin ein Tier, das viel zu sehr damit beschäftigt ist, zu rammeln, sich selbst zu füttern und den Planeten zu zerstören. Da fehlt mir einfach die Zeit, um mir auch noch über Geister den Kopf zu zerbrechen. Ich bin, jedenfalls heute, eher Materialist als Spiritist.« Das zeigt sich auch in seiner Literatur, einer sehr körperbetonten. Schon in der frühen Erzählung *Tod durch Ertrinken*. Da beschreibt der Autor eine sich erotisch in der Sonne räkelnde Frau, die erdrückende Masse eines jungen Fettleibigen, eine mehrfache Vergewaltigung und die Leiche eines ertrunkenen Mannes:

Die Krebse haben ihn längst entdeckt und krabbeln in ihren uralten hornartigen Panzern auf seinem Fleisch herum, erfreut über den unerwarteten Leckerbissen.

Die Tragikomik des Todes – Boyle inszeniert, zelebriert sie. »In meinem Roman *Ein Freund der Erde* stirbt ein Mann in seinem Wohnzimmer. Der Splitter eines Meteoriten bohrt sich durch die Decke und dann in den Hinterkopf des Mannes, während der gerade an seinem Ofen herumhantiert. So etwas ist möglich. Auch uns könnte in genau diesem Augenblick ein Meteorit treffen. Wird aber wohl eher nicht passieren.« Wäre auch schade. Denn Boyles Frau wartet schon im Auto draußen vor dem Friedhof. Wenn es ihr Mann doch nicht mehr bis zum Ausgang schaffen sollte, wüsste sie allerdings über dessen letzten Willen Bescheid:

»Ich möchte nicht verbrannt werden, lieber beerdigt. In einer schlichten Kiste aus Kiefernholz. Die Würmer und Käfer sollen sich an mir satt fressen. Ich habe schon alles mit meiner Frau besprochen. Sie sorgt dafür, dass ich lächle und meine Goldzähne zeige, wenn mein Sarg geschlossen wird. So können die Bestatter das Gold nicht schon vorher klauen. Meine Goldzähne sollen so lange unter der Erde bleiben, bis in ferner Zukunft Archäologen sie einmal ausgraben. Die können dann aus dem Gold Ringe für ihre Frauen machen lassen.« – »Mensch, Sie sind ja ein richtiger Altruist, selbst über Ihren Tod hinaus!« – »Ja, klar. Ich bin ein Engel, durch und durch. Das sieht man doch.«

*MILITÄRBASIS CAMPO DE MAYO
BEI BUENOS AIRES, ARGENTINIEN,
27. NOVEMBER 2010*

# Wieso Félix Bruzzone seine Eltern nie kennengelernt hat und für ihn eine argentinische Militärbasis ein Friedhof ist

»So, jetzt müsste die Pumpe richtig saugen.« Félix Bruzzone hält einen Teleskopstiel ins Wasser eines Swimmingpools. Ein dicker, geriffelter Plastikschlauch ist mit dem Stiel verbunden und mündet in ein surrendes Gerät am Beckenrand. »Funktioniert wie ein Staubsauger.« Hellblaue, saubere Bahnen entstehen auf dem algengrünen Grund. An diesem Morgen säubert der 34-jährige Argentinier zur Freude seiner Frau endlich mal wieder den eigenen Pool. Sonst kümmert er sich täglich um zehn Schwimmbecken hier in der Umgebung, dreißig Kilometer nordwestlich von Buenos Aires. Denn vom Schreiben kann er nicht leben. Félix Bruzzone ist hauptberuflich Poolreiniger.

»Ich mag diese Arbeit unter freiem Himmel. Da ist auch mein Kopf frei«, erzählt er, als ihn Eugenio ruft, sein dreijähriger Sohn, der die schwarzen Locken des Vaters hat. Félix Bruzzone antwortet ihm, hört ihm geduldig zu, unterbricht die Reinigung, um Späße mit ihm zu machen. »Meine eigene Familie ist mir sehr wichtig. Ich hatte ja keine Eltern.«

Nicht einmal 300 Meter vom Pool entfernt beginnt jenes Areal, das für Bruzzone der Ort seiner traurigen Geschichte ist: die Militärbasis Campo de Mayo, ein gewaltiger Komplex, neun Kilometer breit, sieben Kilometer lang. Heute werden hier wieder Offiziere für die argentinische Armee ausgebildet. In den Jahren von 1976 bis 1978, während der Militärdiktatur, verschwanden im Campo de Mayo für immer tausende von Regimekritikern und Andersdenkenden, selbst jene Menschen, von denen die Machthaber nicht genau wussten, auf welcher Seite sie standen. 30 000 Argentinier, schätzt man, wurden in diesem »Schmutzigen Krieg« gegen die eigene Bevölkerung in Geheimaktionen verschleppt, gefoltert und ermordet. Auch Félix Bruzzones Eltern. Drei Monate vor seiner Geburt im Jahr 1976 wird Bruzzones Vater verhaftet und verschwindet spurlos, drei Monate nach seiner Geburt passiert dasselbe mit der Mutter.

Die Angehörigen der *desaparecidos*, der »Verschwundenen«, schwanken jahrelang zwischen Hoffnung und Resignation, verzweifeln an der Ungewissheit. Einen Totenschein gibt es nicht ohne Leiche. Die staatlichen Behörden streiten im Übrigen jede Beteiligung an den Entführungen ab, streuen sogar mitunter das Gerücht, die vermissten Männer seien mit irgendwelchen Frauen ins Ausland durchgebrannt.

Die verschwundenen Eltern sind das Leitmotiv von Bruzzones erstem Roman *Los topos* (Die Maulwürfe) und von seinem Erzählband *76*: »Die abwesenden Eltern bilden das große Rätsel«, erläutert der Autor. »Andere Figuren, Großeltern, Tanten und Onkel, übernehmen die Elternrolle. Freunde werden zur Familie.«

*Erinnerung – Wahrheit – Gerechtigkeit.* In Großbuchstaben sind diese Worte in die weißen Stelen des Mahnmals eingraviert, das an das geheime Folterzentrum von Campo de Mayo erinnert und an die jahrzehntelang systematisch verschwiegenen Gräueltaten. Wenige Meter neben den Stelen befindet sich das Tor Nr. 4, der Haupteingang des Militärgeländes. Hier verschwand für immer Félix Bruzzones Mutter, vielleicht auch sein Vater.

Als ich den Schriftsteller vor dem Eingang fotografiere, kommen zwei Soldaten auf uns zu. Das sei hier verboten, sagen sie. Ich packe die Kamera ein, bin aufgewühlt. »Zu anderen Zeiten hätten sie dir bestimmt die ganze Ausrüstung abgenommen«, versucht mich Félix Bruzzone zu beruhigen. »Sie hätten uns beide verhaftet. Stell dir das mal vor: Wegen dieser Fotos hätten sie uns in aller Seelenruhe umbringen können.« Er lacht, als er das sagt.

Wir fahren über das Militärareal, vorbei am ehemaligen Geheimgefängnis und am Krankenhaus, in dem Ärzte und Schwestern auf Befehl unliebsamen Frauen ihre neugeborenen Kinder wegnahmen, um sie regimetreuen Paaren zur Adoption zu überlassen. Bruzzone parkt sein Auto. Er möchte mir seinen Lieblingsort auf dem Campo de Mayo zeigen. Jene Stelle, die er im Sinn hatte, als er mir sagte, das Militärgelände sei für ihn der Friedhof, auf dem er interviewt werden wolle. Wir überqueren einen Bahndamm, zwängen uns durch das Loch eines Drahtzauns und stehen mit einem Mal in einem inoffiziellen Naturreservat. Früher wurde hier, in unmittelbarer Nähe zum Rio de la Reconquista, Kalk gefördert. Jetzt wuchern in dieser sumpfigen Gegend seltene Pflanzen; kurios singende Vögel fallen Félix Bruzzone angenehm ins Wort. »Das Militär lässt sich hier kaum blicken. Es ist ein ziemlich schöner Ort, um ein kleines Picknick zu machen.« Oder um in aller Ruhe über seine verschwundenen Eltern nachzudenken. Und zu sprechen.

Ob die Beziehung zu seinen Eltern gerade wegen deren Abwesenheit besonders stark sei, frage ich. »Eine Beziehung zu ihnen hatte ich ja nie«, antwortet er. »Dafür habe ich ein ungewöhnlich geheimnisvolles Bild von ihnen, das mich antreibt, mich ihnen anzunähern, sie zu suchen. Aus Erzählungen weiß ich natürlich etwas über meine Eltern: was sie mochten, dass sie geraucht haben, welche Kleidung sie getragen haben. Aber was fehlt, ist das Zusammenleben mit ihnen im Alltag: mit ihnen zu essen, zu sprechen, dass sie mich etwas fragen, mir etwas verbieten. Die absolute Unmöglichkeit, das zu erleben, macht mich schon sehr traurig. Deshalb versuche ich stattdessen, mir selbst Fragen zu stellen, die um meine Eltern kreisen. So halte ich mein Bild von ihnen lebendig.«

Félix Bruzzone wuchs bis zur Volljährigkeit bei seiner Großmutter auf. An einem Nachmittag des Jahres 1984 erzählte sie ihm vom Verschwinden der Eltern. »Da war ich acht. Ich stellte mir eine Räubergeschichte vor. Wie in einem Cowboy-Film. Mit der Zeit habe ich aber verstanden, dass das doch etwas anderes war.« Erst 2003 stellte sich heraus, dass Bruzzones Mutter zuletzt auf dem Campo de Mayo gesehen wurde. »Da hatte ich mir hier schon ein Grundstück gekauft und damit begonnen, mein Haus zu bauen, nur fünf Blöcke entfernt vom nächsten Eingang zum Campo de Mayo. Wenn das nichts zu sagen hat!«

Wurde seine Mutter, wie so viele andere auch, auf dem Militärgelände betäubt und dann aus einem Flugzeug ins Meer geworfen? Oder liegt sie irgendwo in einem bis heute geheimen Massengrab auf dem Campo de Mayo und ihr Mann womöglich auch? Vielleicht, wer weiß, sogar ganz in der Nähe jener Böschung, an der Félix Bruzzone nun im hohen Gras sitzt?

»Wir brauchen die Nähe der Toten. Das gehört einfach zum Menschsein«, sagt er sehr langsam und nachdenklich. »Der Friedhofsgang ist aber irgendwie aus der Mode gekommen. Die Toten zu besuchen, scheint heute nur noch etwas für ältere Menschen zu sein. Ich spüre allerdings sehr deutlich: Ich habe kein Grab, zu dem ich gehen kann, um an meine Eltern zu denken. Aber dieses Grab ruft mich.«

# Wie Alfredo Bryce Echenique, beschützt von einem Leibwächter, zum ersten Mal die Gräber seiner Eltern besucht und warum er sich an seine eigene Beerdigung erinnern kann

*CEMENTERIO
PRESBÍTERO MAESTRO,
LIMA, PERU,
1. JUNI 2009*

Wenn da nicht dieser Zeigefinger wäre, könnte man denken, Alfredo Bryce Echenique sitze ganz entspannt auf der Rückbank des Taxis und genieße einfach nur die Fahrt durch das Zentrum Limas. Wache Augen blitzen hinter den Gläsern der karamellfarbenen Hornbrille hervor und sehen die Gebäude vorüberziehen. Das Einstecktuch sitzt genauso perfekt wie die mit Haarwasser in Wellen gelegte Frisur. Die Hände ruhen auf der edlen Anzughose. Nur der rechte Zeigefinger zuckt manchmal und kündigt eine größere Bewegung an: Immer, wenn das Auto an einer Ampel oder im Stau zum Stehen kommt, hebt der peruanische Schriftsteller die Hand und legt sie auf den Knopf der Türverriegelung, um sich einmal mehr zu vergewissern, dass er auch wirklich hinuntergedrückt ist, dass niemand einfach so von außen die Tür aufreißen kann.

»Die Fahrt zum Friedhof ist gefährlich«, warnte mich der siebzigjährige Autor am Tag zuvor in einer besorgt klingenden E-Mail, bat, entsprechende Sicherheitsvorkehrungen zu treffen, und beendete die Nachricht mit dem Satz: »Hoffentlich lesen Sie das hier noch!« Ich rief ihn am Abend an, um ihn zu beruhigen. Längst hatte ich zwei Taxifahrer engagiert, die mir der Manager meines Hotels empfohlen hatte. Da könne ich mir sicher sein, dass keiner der beiden eine Waffe ziehe, um uns, die Fahrgäste, zu überfallen.

Den einen Taxifahrer, Julio, bezahlte ich, um uns zum ältesten Friedhof der Stadt, dem Cementerio Presbítero Maestro, zu bringen, und den anderen, Rudolfo, einen schwarzen muskulösen Zwei-Meter-Mann, als Leibwächter. Er sollte auf dem Parkplatz des Friedhofs auf unsere Ankunft warten und dann den Autor sicher über jene Straße zum Friedhofsgatter führen, auf der schon etliche Trauernde Opfer von Raubüberfällen geworden waren. Ich hatte mit Rudolfo den Ablauf minutiös vor Ort geprobt, um die Risiken zu minimieren und es dem beliebtesten Schriftsteller des Landes zu ermöglichen, zum ersten Mal die Gräber seiner Eltern

zu sehen, fünf Jahre nach dem Tod der Mutter, 43 Jahre nach dem Tod des Vaters.

»Ich komme mir hier wie ein Ausländer vor«, sagt Alfredo Bryce Echenique und lacht. Die Taxifahrt ist für ihn eine seltsam fremde Reise in die eigene Vergangenheit: »Früher war das Zentrum gleichbedeutend mit Lima. Alles hat sich hier abgespielt.« Im Zentrum wurde er 1939 in eine reiche Bankiersfamilie hineingeboren, hier besuchte er Privatschulen und verbrachte seine Kindheit, Jugend und die ersten Jahre als junger Mann. Doch im Laufe der Zeit verarmte und verwaiste das Zentrum, wie so oft in den Großstädten Südamerikas; die Reichen zogen an die Peripherie Limas und mit ihnen die guten Schulen, Bibliotheken, die Universität, die Banken, Cafés und Restaurants. Der Friedhof Presbítero Maestro, der historisch und architektonisch bedeutendste der Stadt, aber blieb. Wer konnte und wollte, ließ seine Angehörigen auf andere Friedhöfe umbetten. Die Kriminalitätsrate war rasant angestiegen. Der Besuch der Toten war zum lebensbedrohlichen Risiko geworden.

»Das große Gebäude da hinten war das Ministerium für Bildung. Und daneben war meine Universität!« Alfredo Bryce Echenique freut sich wie ein Kind über alles, was er aus dem Auto heraus wiedererkennt. Hier, an der Universität San Marcos, studierte er Literaturwissenschaften und, seinem Vater zuliebe, Jura. »Er wollte, dass ich Karriere mache. Er war unerbittlich, wenn es um seine Vorstellungen ging. Schriftsteller waren für ihn betrunkene Rüpel. Und so ganz unrecht hatte er nicht, wenn man damals sah, wie sich gerade die Dichter aufführten.« Bryce Echenique muss lachen. Wir fahren am Parque Universitario vorbei. Ganz in der Nähe habe es Bars gegeben, in denen Dichter aufeinander losgegangen seien, »mit Worten und mit Fäusten«.

Er selbst habe dagegen ein ganz und gar aseptisches Leben geführt, habe damals auch noch nichts Literarisches geschrieben. Zum Schriftsteller wurde Bryce Echenique erst, als er nach Europa ging. Zwanzig Jahre lebte er in Frankreich, danach fünfzehn in Spanien. 1999 kehrte er nach Peru zurück. Doch er ertrug die Diktatur unter Alberto Fujimori nicht, wurde sogar bedroht und zog drei Jahre später wieder nach Spanien. Im November 2008, ein gutes halbes Jahr vor unserer Begegnung, ließ er sich erneut in Lima nieder. Endgültig, wie er nun hofft.

Es ist diesig, als wir gegen Mittag auf dem Parkplatz des Friedhofs ankommen, im Problemviertel Barrios Altos. Rudolfo hält Alfredo Bryce Echenique die Tür auf. Nur 25 Meter sind es vom Parkplatz über die Avenida Cementerio bis zum Haupteingang des Friedhofs. Staut sich auf dieser Straße der Verkehr, schlagen Kriminelle manchmal die Seitenfenster der Autos ein, bedrohen die Insassen mit einer Waffe, kassieren die Wertsachen und verschwinden so schnell, wie sie aus dem Nichts aufgetaucht sind.

Zügig überqueren wir die Straße. Rudolfo hat seinen rechten Arm schützend auf die Schulter des Schriftstellers gelegt, der hier, mit Anzug und Krawatte und seinem würdevollen Gang, alle Blicke auf sich zieht. Ich habe mich zur Sicherheit schäbig angezogen, Kamera und Stativ in einer absichtlich beschmutzten Baumwolltragetasche versteckt und Aufnahmegerät und Mikrofon in einer abgenutzten Plastiktüte. Das Eingangstor ist verschlossen. Zwei Friedhofswärter stehen hinter den Gitterstäben. Sie haben Angst. Vor uns. Erst als wir erklären, weshalb wir gekommen sind, befreit einer der beiden das Tor von einer schweren Eisenkette, lässt uns hinein, um gleich danach das Gatter wieder zu verschließen.

Alfredo Bryce Echenique geht einige Meter allein geradeaus, hält inne und schweigt. Seine Augen sind auf ein Mausoleum gerichtet. Aber er sieht es nicht, bemerke ich, als ich wieder neben ihm stehe, zu tief ist er in Gedanken versunken. »Erinnern Sie sich hier auf dem Friedhof an etwas?«, frage ich. »Ja«, sagt er geistesabwesend, sechsmal nacheinander »ja«, macht eine lange Pause und scheint mich erst dann wieder richtig wahrzunehmen: »Aber ich erinnere mich zum Beispiel nicht daran, wo die Gräber meiner Familie sind.« Vor 46 Jahren, bei der Beerdigung seiner Großmutter Teresa, war er zum letzten Mal hier.

Beim Probegang über den Friedhof am Tag zuvor habe ich die Grabstätte der Familie nach langer Suche gefunden und weise dem Schriftsteller nun den Weg, vorbei an Mausoleen und Marmorkreuzen, die von einem dicken Film aus Dreck und Staub überzogen sind und nur noch mit viel Fantasie den einstigen Glanz dieses neoklassischen, 1808 eröffneten Friedhofs erahnen lassen. Die meisten Stangen und Ketten, mit denen einige Gräber eingefriedet, die edlen Metalle, mit denen sie verziert waren, haben Diebe in Nacht- und Nebelaktionen abgesägt. »Meine ältere Schwester hat mir gesagt, ich solle unbedingt nachsehen, in welchem Zustand unsere Familiengräber sind«, erzählt Bryce Echenique. Seit vielen Jahren bezahlt die Familie einen Mann für die Pflege, und noch nie hat jemand überprüft, ob er seine Arbeit überhaupt verrichtet.

»Ah! Hier ist die Familie!«, sagt Alfredo Bryce Echenique. Die quadratischen Marmorplatten der fünf Meter hohen Nischenwand glänzen; auch frische Blumen stecken in den angebrachten kleinen Vasen. »Das muss ich meiner Schwester sagen: Wir alle haben Blumen.« Er sagt *wir*. Denn auch für ihn ist schon lange eine der noch freien Grabnischen reserviert. »Ich weiß nicht, welche«, bemerkt er lachend. »Aber das war schon makaber, als mein Opa eines Tages – da waren wir noch Kinder – allen verkündet hat: ›Jetzt haben wir einen Ort, an dem die ganze Familie im Tod vereint sein wird: im Stein.‹« Einige Familienmitglieder seien schockiert, seine ältere Schwester sei außer sich vor Wut gewesen, habe sich bei der Vorstellung übergeben müssen.

»Das hier ist meine Mama«, sagt er ganz sanft und deutet auf eine Marmorplatte, stutzt dann aber, als er das Sterbedatum liest, und lacht laut auf: »Nein! Das war eine Namensverwechslung. Das ist die Oma meiner Mutter!« Kurz darauf meint Alfredo Bryce Echenique das Grab seines Vaters ausgemacht zu haben, bis er verwirrt erkennt, dass er vor der Grabnische seines Großvaters steht. »Immer Echenique Bryce, Bryce Echenique!«, erklärt er seinen Fauxpas. Die Mitglieder beider Familien hätten andauernd untereinander geheiratet. Und gewisse Vornamen seien sehr beliebt gewesen. Das Ergebnis: identische Namen oder solche, die sich nur durch die Reihenfolge der beiden Nachnamen unterscheiden. »Wir sind eine endogame Familie«, sagt er grinsend und nimmt später auch das Wort *Inzest* in den Mund.

»Einmal haben wir hier einen Onkel beigesetzt. Aber der Sarg passte nicht in die Grabnische. Die war nicht ordentlich gemacht. Deshalb brauchten wir eine andere, noch freie Nische eines Familienmitglieds. Die Wahl fiel auf meine«, erzählt Alfredo Bryce Echenique und lacht leise. »Die haben sie dann geöffnet und darin den Onkel provisorisch untergebracht. Da haben mir alle gesagt: ›Jetzt warst du also auf deiner eigenen Beerdigung!‹«

Er erzählt es mit jenem ironischen Unterton, der sich auch in seinem Schreiben findet und sein Markenzeichen geworden ist. Sein Humor geht nie auf Kosten anderer. »Ich lache nicht über die Welt, sondern mit ihr«, sagt er. Wenn er sich doch über jemanden lustig macht, dann nur über sich selbst, über seine drei gescheiterten Ehen ebenso wie über seine Schwäche für Whiskey. Er kenne keine andere Familie, die so viel auf Beerdigungen gelacht habe wie seine. Sein Onkel Juan Arróspide habe bei Beisetzungen ununterbrochen gescherzt. »Deshalb haben wir ihn so gerne zu Beerdigungen eingeladen. Er hat zum Beispiel die heiligen Worte des Priesters unterbrochen, um irgendeinen Spaß zu machen.«

Es ist, als stände Bryce Echenique vor einem überlebensgroßen Adventskalender voller Erinnerungen. Hinter jeder Marmortür scheinen nicht nur Särge mit Gebeinen verborgen zu sein, sondern auch unzählige mit den Toten verbundene Geschichten, die der Schriftsteller so begeistert hervorholt wie Kinder aus ihrem Adventskalender Schokolade. Da ist die Tante, eine Nonne, die aufgrund einer Krankheit das Kloster verlassen musste, im Haus der Familie Bryce Echenique lebte und in den Augen des Jungen eine Heilige war: »Als Kind war auch ich sehr fromm, aber das ist dann einfach so, ohne irgendeine Krise, verschwunden. Und jetzt bin ich Agnostiker.« Da ist der Onkel, der den jungen Alfredo mit ins Cabaret nahm und danach mit ihm und einem weiteren Onkel ein Autorennen veranstaltete, das in einem Unfall mit Totalschaden endete: »Mein Vater hat die beiden fast umgebracht. Mein Vater, das war Ordnung und Disziplin. Aber ich habe ihn sehr geliebt.«

Als er 1966 starb, lebte der Sohn schon zwei Jahre in Paris. »Meine Mutter hat mir den Tod meines Vaters verschwiegen«, erzählt er, als er endlich die Grabnische seines Vaters gefunden hat. »Sie wollte nicht, dass ich aus einem Pflichtgefühl heraus, wegen der Bank meines Vaters, nach Peru zurückkehre.« Auch als 2004 seine Mutter starb und Alfredo Bryce Echenique in Spanien war, kam er nicht zu ihrer Beerdigung: »Das hätte ihr auch nicht gefallen. Sie mochte das Leben.« Genauso wie ihr Sohn.

»Das werfe ich meinen Freunden vor: ›Ihr besucht die Menschen auf dem Friedhof. Aber wenn sie noch leben, seht ihr sie nicht.‹ Ich möchte meine Freunde auf der Straße treffen, im Restaurant, in einer Bar. Ich möchte das Leben feiern.« Deshalb reagiere er auch mit Unverständnis, wenn ihm in Lima immer wieder eine Frage gestellt werde: »Bist du nach all den Jahren nach Peru zurückgekehrt, um zu sterben?« Dann antworte er genervt: »Nein, ich bin gekommen, um hier die beste Zeit meines Lebens zu verbringen.«

»Das da ist José Rufino Echenique, mein Ururgroßvater. Er war Präsident von 1851 bis 1855!«, erzählt er und zeigt auf eine Grabnische. »Ein guter Präsident?«, frage ich. »Ein katastrophaler!«, sagt er. »Er wollte nie Präsident werden. Er hat mit dreizehn als Soldat im Unabhängigkeitskrieg gekämpft und wurde dann Landwirt. Aber sein mächtiger Schwager hat aus diesem armen Mann den schlechtesten Präsidenten der Welt gemacht.« Unweit vom Grab des Präsidenten liegt die Nische einer gewissen Juana Taboada Asola. »Das war die Haushaltshilfe meiner Oma. Sie ist 98 geworden. Sie war immer ein Teil unserer Familie.«

Im Gegensatz zu vielen anderen reichen Familien seien die Angestellten bei ihm zu Hause immer gut behandelt worden: »Sie hatten dieselben Ärzte wie wir, dieselben Rechte, viel mehr Pausen, als vereinbart waren. Es war eine christliche Gemeinschaft, die geprägt war von Respekt und liebevollem Umgang miteinander.«

In seiner Kindheit waren die besten Freunde von Alfredo Bryce Echenique die Angestellten. Mit ihnen spielte er am liebsten Fußball im Haus. In jener ausgelassenen Stimmung, die der Autor in *Eine Welt für Julius* beschreibt, seinem Debütroman aus dem Jahr 1970, heute ein Klassiker der lateinamerikanischen Literatur:

Niemand hielt Julius davon ab, dass er sein Leben praktisch in die Kutsche des Präsidenten-Urgroßvaters verlegte. Dort verbrachte er den ganzen Tag, saß auf dem verschlissenen Sitz aus blauem Samt mit ehemals goldenem Saum, schoss auf Diener und Kindermädchen, die abends immer tot zu Füßen der Kutsche niederfielen und sich die Kittel schmutzig

machten, die zu kaufen die Señora ihnen aufgetragen hatte, jeweils zwei, damit sie ihre Uniform nicht ramponierten und damit sie immer, wenn Julius plötzlich Lust bekam, sie von der Kutsche aus mit Kugeln zu durchlöchern, tot umfallen konnten.

Was im Buch Spiel ist, kann auf dem Cementerio Presbítero Maestro schnell gefährlicher Ernst werden. Als ich die Kamera aufbaue, sehe ich, wie Alfredo Bryce Echenique gedankenverloren an der Nischenwand entlangspaziert, direkt auf die nördliche Friedhofsmauer zu. Dahinter befindet sich eine kleine Siedlung, in die sich die Polizei jahrelang nicht hineingetraut haben soll. Über die Dächer der Häuser würden bewaffnete Männer manchmal auf die Mauer springen und von dort in den Friedhof gelangen, um die Besucher zu überfallen. Da habe es auch schon Tote gegeben. Das jedenfalls erzählte mir einer jener Männer, die sich als Mitarbeiter des Friedhofs ausgaben und mir das Fotografieren nur gegen eine Gebühr erlauben wollten, die je nach vermeintlichem Mitarbeiter von umgerechnet fünf bis fünfzig Euro variierte. Rudolfo telefoniert mit seinem Handy, anstatt, wie besprochen, immer dem peruanischen Schriftsteller zu folgen. Verärgert fordere ich den Laienleibwächter auf, Bryce Echenique sofort zurückzuholen, was er dann auch tut.

»Der Tod ist, wie das Leben, absurd«, sagt er, als er endlich wieder neben mir steht. »Das Leben ist die großzügige Gabe des Nichts. Und wenn dann das Nichts eines Tages kommt, um diese Gabe zurückzufordern, dann müssen wir sie auch wieder herausrücken.« Alfredo Bryce Echenique sagt das in einem derart gelassenen Ton, als wollte er mich beruhigen. Denn ich bin plötzlich mindestens so nervös wie der Autor zuvor im Taxi. Ich fotografiere ihn so schnell, wie ich es noch nie mit der komplizierten Großformatkamera getan habe. Ich möchte den Friedhof nur noch verlassen und den Schriftsteller in Sicherheit wissen. Der aber ist an diesem Ort, den wir auf seinen Vorschlag hin aufgesucht haben, richtig aufgelebt und wirkt zufrieden und heiter.

»Danke, dass Sie mich hierher gebracht haben«, sagt er in seiner feinen, herzlichen Art und sieht mich schließlich gewitzt an: »Sie haben das letzte Foto von mir auf diesem Friedhof gemacht. Ich komme nämlich nur noch ein einziges Mal hierher zurück. Dann allerdings im Sarg.«

# Wie Lydia Davis von ihrem Hund auf einen vergessenen Friedhof geführt wurde und warum sie an Geister glaubt

*FRIEDHOF DER FAMILIEN ROOT UND BEERS, EAST NASSAU, BUNDESSTAAT NEW YORK, USA, 4. DEZEMBER 2008*

Es knistert und kracht in einem Waldstück 200 Kilometer nördlich von New York City. Lydia Davis schiebt mit ihren Füßen vertrocknetes Laub beiseite, das ihr bis zu den Waden reicht. Ein beschlagener Stein kommt zum Vorschein. Sie geht in die Knie, um mit ihren Händen auch noch ein bisschen Humus abzutragen. »Ich möchte sehen, ob auf dem Grabstein etwas geschrieben steht«, sagt sie. »Und ich will verhindern, dass der Stein noch tiefer begraben wird.«

Der Wald hat den Friedhof aus der Mitte des 19. Jahrhunderts erobert. Ein Baum hat mit seinem Stamm einen lieblich geschwungenen Stein in den Schwitzkasten genommen, ihn Jahr für Jahr weiter gen Boden gedrückt. Rund dreißig Grabsteine atmen Luft, wenigstens ihr Kopf ragt aus dem Laub hervor. Doch wer weiß, wie viele Gedenksteine schon ganz im Waldboden versunken sind. Selbst beim Abtragen der Erde bleibt Ungewissheit, erklärt die 61-jährige Autorin, die mit ihren präzisen Erzählungen bekannt wurde: »Es ist manchmal schwer zu sagen, ob man einen Grabstein freilegt oder ein kleines Stück Felsen.«

Dieser Felsen ist hörbar zur Ware geworden. Alle paar Minuten müssen wir unser Gespräch unterbrechen. Sattelschlepper donnern über die Straße, die den Wald durchzieht; die einen mit Felsbrocken beladen, die anderen leer, um Nachschub aus dem nahen Steinbruch zu holen. Einen halben Kilometer breit ist das helle Loch, das die Maschinen schon in den grünen Wald gefressen haben. Noch 800 Meter trennen den Steinbruch von jenem vergessenen Friedhof, den der Hund der Schriftstellerin in einem Winter entdeckte. »Mein Hund lebt übrigens nicht mehr, wenn wir schon beim Thema Friedhof sind«, sagt Lydia Davis und erzählt dann, wie ihr Hund sie bei einem Spaziergang durch ihr Dorf East Nassau schnuppernd in dieses Waldstück zog. »Erst dachte ich, ich sehe Bäume, aber dann habe ich begriffen, dass es Grabsteine waren.« Schließlich sah sie ein Familiengrab, eingefriedet von einem dekorativen Zaun.

»Sie haben diesen schönen Zaun gebaut. Und jetzt sind alle Toten vergessen«, sagt sie nun und umfasst die zwei Metallknäufe am Eingang des Gemeinschaftsgrabs. »Ich kenne die Namen auf den Gedenksteinen, *Root* und *Beers*, von den Briefkästen hier in der Gegend. Aber offensichtlich kommen die Menschen, die in diesen Häusern leben, nicht mehr hierher, um diesen Friedhof zu pflegen.«

Aber genau das könne auch von Vorteil sein, sagt sie und holt weit aus: »Neulich habe ich einen Artikel gelesen aus der Kategorie ›Was ist besser für die Umwelt: das Geschirr mit der Hand zu waschen oder in der Spülmaschine?‹ Und da wurde die Frage gestellt, was die umweltfreundlichste Bestattung ist. Die Antwort: Eigentlich wäre es die Beerdigung in einem unbehandelten Sarg. Wäre. Wenn es da nicht die Grabpflege gäbe. Das Verwenden von Dünger für die Blumen und das Mähen des Grases belasten nämlich wiederum die Umwelt. Wenn ich nun aber in einem Friedhof wie diesem begraben wäre, käme ja auch niemand, um mein Grab zu pflegen. Also würde auch nicht gedüngt oder gemäht werden. Das wäre dann wohl die ökologisch korrekteste Art zu gehen.«

Der knatternde Motor eines Sattelschleppers fällt Lydia Davis ins Wort. »Ich glaube, der Tod gehört zu den Dingen, an die ich mich nie gewöhne«, sagt sie, als wieder Ruhe im Wald ist, und erwähnt ihre verstorbenen Eltern und den Hund. »Es ist leichter, über meinen Hund zu sprechen. Hunde sind ja weniger kompliziert als Mütter und Väter.« Sie lacht leise und erzählt, wie sie und ihr Mann, ein Maler, auf dem Grab des Hundes einen Baum gepflanzt haben. »Jetzt ist der Baum für mich der Hund. Es fällt mir schwer, nicht zu glauben, dass auch der Hund irgendwie noch am Leben ist.«

Ihr Verstand sagt Lydia Davis zwar: »Wenn man einmal stirbt, ist man für immer weg.« Aber sie glaubt, dass die Seelen der Verstorbenen noch einige Tage nach dem Tod weiterleben. Zwei Vorkommnisse hätten zu dieser Ansicht geführt, sagt sie lächelnd, als schämte sie sich etwas für ihre Worte. »Das erste hängt mit einer weit zurückliegenden Familiengeschichte zusammen«, beginnt sie und erzählt von einem kleinen Mädchen, das in den vierziger Jahren des 19. Jahrhunderts starb: »Damals gab es natürlich noch nicht die moderne Kommunikation. Da wurden Botschaften noch auf Pferden überbracht.« In der Nacht des Todes sei das Mädchen seiner hundert Meilen entfernt wohnenden Tante im Traum begegnet. »Ich bin gekommen, um mich von dir zu verabschieden, liebe Tante«, habe das Kind gesagt. So habe die Tante von dessen Tod erfahren. »Das ist das eine kleine Beweisstück.« Lydia Davis muss lachen. »Das zweite folgt in einer Minute«, sagt sie wie eine Fernsehmoderatorin vor der Werbepause. Denn wir hören schon, wie der nächste Lastwagen heranrollt.

»Ungefähr drei Nächte nach dem Tod meines Vaters habe ich die Worte *elysische Gefilde* geträumt und paradiesische Wiesen vor mir gesehen.« Der Ausdruck *elysische Gefilde* war ihr in den letzten Jahren nicht mehr in den Sinn gekommen. »Ich hatte das Gefühl, mein Vater habe mir diese Worte eingeflüstert, als Geist, der noch einige Tage weitergelebt hat.« Dann erzählt sie von ihrem Vater. Wie sie einige Stunden vor seinem Tod noch bei ihm war, aber eben nicht im Moment seines Sterbens. Dass ihm das auch wohl nicht recht gewesen wäre. Ihm, dessen große Angst immer war, andere könnten ihn einmal alt und verwirrt und mit abwesend geöffnetem Mund erleben. Genau so starb er aber. »Später habe ich mich dann gefragt: Wenn er da als Geist herumfliegt, ist er dann jener alte Mann, der nicht mehr klar denken kann, oder ist er der Vater, den ich als Kind kannte?«

Schwierig sei die Beantwortung dieser Frage, schwierig wie der Tod selbst. Und eben nicht so einfach, wie so oft in Filmen dargestellt: »Da kann der Sterbende klar denken und verabschiedet sich unmittelbar vorher von seiner Familie.« In Wirklichkeit laufe der Tod oft unerwartet, manchmal auch komisch ab, jedenfalls immer anders, als man denke. »Meine Mutter war fast 101, als sie starb«, erzählt Lydia Davis. »Zuvor hatte sie noch zufrieden

ein Hühner-Sandwich gegessen. Sie schien sie selbst zu sein im Augenblick ihres Todes.«

Manchmal ertappt sich Lydia Davis dabei, wie sie ihrer Mutter etwas erzählen möchte. »Da denke ich dann: Wenn uns die Toten doch wenigstens einmal im Jahr besuchen könnten. Das wäre schon schön.« Ihre Abwesenheit kann Lydia Davis einfach nicht hinnehmen. Genauso wenig wie die Frau in ihrer Miniatur-Erzählung *Liebe*:

Eine Frau verliebte sich in einen Mann, der schon seit einigen Jahren tot war. Es reichte ihr nicht, seine Sakkos auszubürsten, sein Tintenfass abzustauben, seinen elfenbeinernen Kamm in die Hand zu nehmen: Sie musste über seinem Grab ein Haus bauen und Nacht für Nacht bei ihm im dunklen Keller sitzen.

Die Erzählung ist gerade einmal kurz genug, um sie in einer Pause zwischen zwei Sattelschleppern zu lesen. Die Autorin hat das Buch kaum zugeklappt, da fährt auch schon der nächste LKW krachend vorbei, um neue Felsbrocken zu laden. Irgendwann fressen sich die Fördermaschinen vielleicht bis zu dem Waldstück durch, in dem wir noch immer im hohen Laub stehen. Dann tragen sie auch diesen sinkenden Friedhof ab. Vermutlich würde ihn niemand vermissen. Niemand außer Lydia Davis. ⬭

# Inwiefern die Opfer des mexikanischen Drogenkriegs mehr mit DBC Pierre zu tun haben, als ihm lieb ist, warum von seinen Jugendfreunden heute nur noch einer lebt und wieso Särge trotzdem süß sind

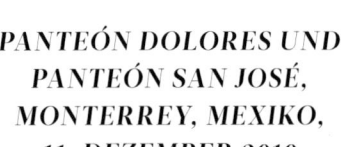

**PANTEÓN DOLORES UND
PANTEÓN SAN JOSÉ,
MONTERREY, MEXIKO,
11. DEZEMBER 2010**

»Ich weiß nicht, was Du für die Fotos brauchst«, schrieb mir DBC Pierre in einer SMS zwei Tage vor unserem Treffen in Monterrey aus den mexikanischen Bergen. »Aber ich bin hier zu Hause. Wir könnten also Soldaten oder Gewehre oder andere Requisiten

organisieren.« Wir würden sicher ohne Soldaten auskommen, antwortete ich, worauf er mich wiederum bat, doch wenigstens eine Waffe zu besorgen, mit der er dann zwischen den Gräbern posieren könne. Wir hatten uns auf zwei Friedhöfe geeinigt. »Wo tausende Opfer des Drogenkriegs liegen«, war die Vorgabe von Dirty But Clean Pierre, kurz DBC Pierre, gewesen. Und so hatte er Monterrey vorgeschlagen, jene Millionenstadt im Nordosten Mexikos, in der sich seit Jahren Polizei und Drogenkartelle bekämpfen und vor allem die verfeindeten Kartelle untereinander.

»Gibt es hier denn gar keine Touristen?«, fragte ich etwas unbedarft den einzigen Taxifahrer, der am helllichten Tag vor dem Flughafen der Stadt gewartet hatte. »Neiiiiin!«, antwortete der und lieferte schweigend, ohne sich vom Fahrersitz zu mir umzudrehen, die Begründung, indem er seine rechte Hand hob und zu einem Revolver formte. Später, nach stundenlanger Suche, kaufte ich schließlich in einem Spielzeuggeschäft eine Pistole in der Hoffnung, sie könne DBC Pierre gefallen. Sie war über ein Kabel mit einem Telespiel verbunden. Ich schnitt das Kabel unterhalb des Griffes ab und brachte die Waffe mit zum Panteón Dolores, dem ersten Friedhof, auf dem ich mit dem australischen Autor verabredet war.

»Das ist ja eine Mädchenpistole!« DBC Pierre lacht mich aus, als ich, zwischen den Gräbern, das schwarze Spielzeug aus meinem Rucksack hervorhole. »Mit so etwas möchte ich nicht auf ein Foto«, sagt er mit seiner unfassbar sonoren, tiefen Stimme. »Ich hatte an etwas Großes gedacht, ein Maschinengewehr oder so.« Er werde schon noch ein spektakuläres Foto bekommen, auch ohne Waffe, verspreche ich ihm, ich hätte da schon eine Idee. Wir spazieren über den Friedhof. Die frühe Nachmittagssonne prallt auf die weißen Kreuze und Grabplatten und lässt sie so grell erleuchten, dass sie einen blenden. Am Horizont erkennt man deutlich das Wahrzeichen der Stadt, den Cerro de la Silla, einen Berg, der die Form eines Pferdesattels hat. Nur wenige Minuten später liest der Wind den feinen Sandstaub des Umlandes auf und zieht einen Vorhang vor den Berg. »Einige der Grabhäuschen sehen wie Geschäfte aus«, kommentiert DBC Pierre den herausgeputzten Friedhof. »Sie haben automatische Türen mit getönten Scheiben und wahrscheinlich auch Klimaanlagen und Minibars.«

Ich bleibe vor einem frisch ausgehobenen Grab stehen. DBC Pierre ahnt, was ich vorhabe. »Das wäre schon cool«, sagt er. »Aber in einem leeren Grab?! Das bringt Unglück. Ein ausgehobenes Grab wartet ja auf irgendeinen Körper. Und ich möchte lieber nicht dieser Körper sein.« Er lacht verlegen. »Vielleicht auf halber Höhe. Aber nicht ganz unten drin.« DBC Pierre tritt eine tiefe Stufe hinab ins Grab. Ich fotografiere ihn. »Sieht aus, als ob ich in die Hölle steige«, sagt er kurz darauf, als er sich das Sofortbild ansieht. »Schick mir auf jeden Fall einen Abzug. Daraus mache ich dann meine Weihnachtskarten.«

In den ersten Jahren nach seiner Geburt führte Peter Finlay, wie er mit bürgerlichem Namen heißt, ein Jetset-Leben. Sein Vater war ein international gefragter Genforscher. Auch wenn sich DBC Pierre heute da nicht mehr so sicher ist: »Manchmal frage ich mich, ob er nicht ein Spion war. Da gab es mysteriöse Begebenheiten.« Als kleiner Junge zog Finlay mit seinen Eltern nach Mexiko-Stadt und lebte dort bis in seine Zwanziger in einer Luxusvilla, umsorgt von einigen Hausangestellten: »Als die Tochter meines Nachbarn heiratete, waren unter den Geschenken unter anderem dreizehn Autos. Natürlich hat sie mindestens auch noch ein Haus bekommen. Das war einfach eine eigene Welt.«

Die Kindheit und Jugend in Mexiko haben DBC Pierre geprägt, der Aberglaube der Mexikaner ist auch an ihm nicht spurlos vorübergegangen: »In diesem Land sagt man der Graberde magische Kräfte nach. Man benutzt sie, um Menschen zu verfluchen. Wenn zum Beispiel jemand Erde aus einem Grab auf dein Dach wirft, kann dir das großes Unglück und sogar den Tod bringen.« Nicht, dass er jetzt wortwörtlich daran glaube. »Aber wir sollten der Kultur doch etwas Respekt zollen. Ich muss also wirklich nicht am Grund eines ausgehobenen Grabes stehen. Aber ich stand ja nur auf halber Höhe, gewissermaßen mit einem Bein im Grab. Das beschreibt wahrscheinlich auch viel besser meine tatsächliche Lebenssituation.«

Es berührt DBC Pierre, auf dem Panteón Dolores zu stehen, zu wissen, dass hier viele Opfer des Drogenkriegs begraben liegen. Er erzählt, wie der Krieg nach Nord-Mexiko kam. Früher wurden die Drogen, vor allem Kokain, über den Wasser- und Luftweg aus Kolumbien in die USA geschmuggelt. Aber seit die Küsten Floridas besser bewacht sind, werden die meisten Drogen über den Landweg, also über die Grenze im Norden Mexikos, in die

USA transportiert. Seit 2006 sind hier ungefähr 40 000 Menschen im Drogenkrieg getötet worden. »Ich habe selbst Drogen genommen. Ich habe Drogendealer und -schmuggler gekannt«, sagt DBC Pierre. »Ich habe eine Vergangenheit in Mexiko und auf Friedhöfen. Ich war Zeuge von Verbrechen, habe gesehen, wie Menschen erschossen wurden. All das hier bewegt mich tief. Eigentlich ist Mexiko nämlich ein Land mit sehr friedlichen Menschen.«

Die versuchen, auch zu den Verstorbenen ein gutes Verhältnis zu pflegen. »Hier haben die Menschen einen gesünderen Umgang mit dem Tod. Friedhöfe in Mexiko sind einladender als woanders, es sind soziale Orte. Die Menschen kommen auf den Friedhof, um hier Zeit zu verbringen und ein Picknick zu machen. Manchmal wird Musik gespielt. Das hat alles mehr mit dem Leben zu tun. Hier wird der Tod gefeiert.« Ganz besonders einmal im Jahr, am Tag der Toten. Dann verbringen die Menschen die ganze Nacht auf dem Friedhof. Sie essen und trinken inmitten von Rauchschwaden. »Die Mexikaner stellen sich vor, dass die Seelen der Toten dann aus ihren Gräbern aufsteigen, um mit ihnen zu feiern«, erklärt DBC Pierre. »Schon Wochen vorher sieht man in Schaufenstern Schädel und Skelette aus Zucker, Leichen und Särge aus Schokolade. Alles, was sonst im Westen als makaber und finster gilt und Ängste auslöst, verwandelt sich hier in Süßigkeiten und Spielzeug für die Kinder.«

Wie sehr DBC Pierre diesen Aspekt der mexikanischen Kultur verinnerlicht hat, lässt sich an einer Passage seines dritten Romans, *Das Buch Gabriel,* ablesen. Darin erinnert sich der Ich-Erzähler an seinen besten Freund, den er schon seit der Kindheit kennt, den Meisterkoch Smuts. Der erschien einfach nicht zur Abschlussprüfung der Kochschule:

Aber im Anschluss an die eigentliche Prüfung bekamen einige ausgewählte Mitschüler und Dozenten eine Einladung in ein Krematorium. Smuts hatte zwischen zwei Bestattungen zwanzig Minuten Brennzeit gebucht und dort, während die Prüfung lief, ein Milchferkel, das dem Bauch einer Sau direkt und unbeeinflusst vom Stress der vaginalen Geburt enthoben worden war, bis zur Perfektion blasig gegrillt. Als die Klassenkameraden eintrafen, war Smuts nicht mehr da – aber das unter einer Servierhaube dampfende Ferkel schon.
Zurück in der Schule öffneten sie das Tier und häuften zunächst Hohn und Spott auf Smuts, weil alle Organe noch drin waren. Dann sah einer der Dozenten, dass die Bauchhöhle mit Pasteten ausgefüttert war. Der Darm bestand aus einem Wildnuss-Black-Pudding, die Leber aus einem Foie-gras-Haggis, die Nieren waren Butternusskürbis-Ravioli, alles anatomisch exakt nachgebildet. Und als sie die Blaumais-Teigtasche tranchierten, die das Herz darstellte, strömten in einer karmesinroten Jus Goldblättchen auf das Serviertablett. In der Küchenunterwelt war eine Legende geboren.

Freunde aus der Kindheit hat DBC Pierre heute fast keine mehr. »Ich bin in einer sehr schnelllebigen, rücksichtslosen Clique groß geworden. Von diesen sieben engen Freunden lebt heute außer mir nur noch einer«, erzählt er, als wir das Panteón Dolores verlassen, um mit dem Taxi zum zehn Kilometer entfernten Panteón San José aufzubrechen. »Die meisten meiner Freunde sind in ihren Zwanzigern gestorben. Ich habe sie schon begraben, da war ich noch ein Teenager. Der Grund war mexikanischer Natur: exzessive Freiheit und Macht, allgemeines Chaos, Autounfälle, Drogenabhängigkeit, Schusswechsel. Normalerweise sieht man seine Freunde erst sterben, wenn man sechzig oder siebzig ist. Ich habe das mit meinen fünfzig Jahren schon fast hinter mir. Insgesamt habe ich drei Dutzend Menschen, die mir nahestanden, beerdigt.« Ich verstehe *dreitausend* und frage verwirrt nach. DBC Pierre lacht: »Nein, nicht dreitausend! Drei Dutzend! Dreitausend bekäme ich nur mit einem Maschinengewehr zusammen.«

Im Taxi fahren wir der tiefhängenden Sonne entgegen. Der Verkehr staut sich. Ich lese die Graffiti-Botschaften an Häuserwänden und Fabrikfassaden: *Keine hat mich so wie du auf den Mund geküsst!* Und: *Lächle! Dann siehst du einfach besser aus.* DBC Pierre erzählt von lächelnden Mumien aus Mexiko-Stadt. Und von solchen mit angstverzerrtem Gesicht. Die besondere Beschaffenheit der mexikanischen Erde habe die Leichen beeindruckend gut erhalten. »Wenn man früher seine Grabgebühren nicht bezahlt hat, dann wurde der Leichnam wieder ausgegraben und zur Schau gestellt, als abschreckendes, schändliches Beispiel.« Auch Menschen, die lebendig begraben worden seien, könne man in der Krypta einiger Kirchen betrachten: »Sie sind gestorben, als sie versuchten, den Sarg aufzubrechen. Der Todeskampf lässt sich in ihren Augen, die noch erhalten sind, ablesen. Wenn man Geld spendet, zeigen sie einem die Mumien. Als Kind wollte ich sie natürlich unbedingt sehen! Das war schockierend, spaßig, seltsam, faszinierend.«

Es war die Zeit, als das Leben von Peter Finlay noch in Ordnung war. Doch das sollte sich bald ändern. Sein Vater starb, als der Sohn neunzehn war. Einige Jahre später wurde der mexikanische Pesos dramatisch abgewertet. »So haben wir das Geld verloren, das mein Vater uns vererbt hatte. Ich war plötzlich ganz unten.« Zehn Jahre lang nimmt Finlay Drogen, er wird angeschossen, gerät auf die schiefe Bahn, häuft Schulden an. Auch, weil er sich Geld leiht, um einen Film über die Azteken zu drehen, ein Projekt, das nie umgesetzt wird. Nach einem schweren Autounfall wird der im Gesicht entstellte Finlay im Krankenwagen vorübergehend für tot erklärt. Als er einmal in Australien ist, bricht der von Drogen und Alkohol gezeichnete Globetrotter zusammen und wird in eine Klinik eingeliefert. Ganz so wie die selbstmordgefährdete Hauptfigur seines Romans *Das Buch Gabriel*. »Auch ich habe schon über Selbstmord nachgedacht«, erzählt DBC Pierre, als wir auf den Friedhof fahren, direkt auf die Sierra de las Mitras zu, den Berg, der nach der Kopfbedeckung der Bischöfe benannt ist. »Wenn man ein sensibler Mensch ist, muss man einfach irgendwann einmal den eigenen Selbstmord planen. Aber andere Menschen zurückzulassen, ist das Härteste am Selbstmord. Deshalb wäre ich dazu nicht in der Lage.«

Die Sonne ist gerade hinter den Zacken des Bergkamms untergetaucht, als ich DBC Pierre ein letztes Mal fotografiere. »Das Licht ist wunderschön«, sagt er, während er angelehnt an die Marmorwand eines Grabmals eine selbstgedrehte Zigarette raucht. »Die perfekte Zeit, um auf dem Friedhof zu sein. Genau zwischen Tag und Nacht.« Der Mitras-Berg verwandelt sich langsam in einen schwarzen Riesen. »Das hier sind mal richtige Berge! Die sind gebaut worden, damit man sie nicht übersehen kann!«, begeistert sich DBC Pierre, der heute, wenn er nicht gerade wieder auf Reisen ist, in den Bergen Irlands lebt. »Wenn man aus den USA kommend in Richtung Mexiko-Stadt fährt, auf dieser wunderschönen, schnurgeraden Schnellstraße, derselben, die Vernon in meinem ersten Roman, *Jesus von Texas*, nimmt, dann ist erst einmal alles flach. Man kommt ja aus der Wüste. Aber dann nähert man sich Monterrey. Und mit einem Mal sieht man die Berge vor sich. Das ist wie eine Tsunami-Welle, die sich aus dem Sand erhebt.«

2003 erhielt DBC Pierre den renommierten und hochdotierten Booker-Preis für *Jesus von Texas*, eine wahnwitzige Geschichte, die in den USA und Mexiko spielt. Der fünfzehnjährige Vernon wird in Texas verhaftet, weil sein Kumpel sechzehn Klassenkameraden und dann sich selbst getötet hat. Der Verdacht: Vernon könne an den Planungen der Tat beteiligt gewesen sein. Der unschuldige Junge flieht nach Mexiko. Und alles wird nur noch schlimmer. Mit diesem Roman zog sich Peter Finlay am eigenen Schopf aus dem Drogen- und Schuldensumpf. Aus dem Dirty Pierre, wie ihn ein Freund nach einer Zeichentrickfigur nannte, war ein halbwegs geläuterter Dirty But Clean Pierre geworden. Damals war er ein körperliches und psychisches Wrack, hatte, nach Experimenten als Comiczeichner, Fotograf, Grafikdesigner und Betrüger, all seine verbliebene Energie in diesen Roman gesteckt: »Am 11. September 2001 habe ich den Buchvertrag zu *Jesus von Texas* unterschrieben. 45 Minuten vor den Anschlägen. Ich habe also 45 Minuten gefeiert, bis die Tragödie die Feier abrupt beendet hat.«

Wir kehren zum Taxi zurück, das mitten auf dem Panteón San José geparkt steht, herrenlos; der Fahrer ist genauso verschwunden wie die anderen Friedhofsbesucher. »He, Taxifahrer! Wir gehen gleich, ohne zu bezahlen!«, ruft DBC Pierre über die Grabreihen hinweg, in denen sich Jesusfiguren mit Skulpturen der Jungfrau von Guadalupe, der Nationalheiligen und Pop-Ikone, abwechseln. »Melde dich! Sonst hauen wir mit deinem Taxi ab!« Früher, in Mexiko, stahl DBC Pierre tatsächlich einmal ein Auto. Aber das weiß der Taxifahrer ja nicht.

Der biegt am äußersten Ende des Friedhofs um die Ecke und nähert sich uns so langsam, als wären wir gar nicht da. DBC Pierre zieht noch einmal an seiner Zigarette. »Erwartet mich etwas nach meinem Tod?«, legt er sich die Frage zurecht, die ich ihm gestellt habe. Dann beantwortet er sie im Dämmerlicht von Monterrey: »Wahrscheinlich eine Bar, in der man rauchen darf. Also keine in Europa. Wer weiß schon, was nach dem Tod ist. Aber wenn danach etwas kommen sollte, dann warten da schon viele Freunde auf mich.«

*GREEN-WOOD CEMETERY, NEW YORK, USA, 17. MAI 2010*

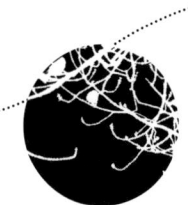

# Warum Jonathan Franzen Friedhöfe mit Fernglas betritt und wie das mit dem Tod seiner Mutter zusammenhängt

»Was war denn das?! Das war ... ein Schnäpperwaldsänger, ein Weibchen. Gerade eben vorbeigeflogen.« Jonathan Franzen steht angelehnt an einen übermannshohen Grabstein aus dem 19. Jahrhundert und geht seinem Hobby nach. Gebannt blickt er durch ein Fernglas. Mit den Fingerspitzen der einen Hand stützt er es, um es so millimetergenau schwenken zu können, von Baumkrone zu Baumkrone. »Da oben Segler! Unsere Schornsteinsegler. Die sind etwas kleiner als die europäischen Segler. Und ein Gelbscheitel-Waldsänger!«

Es ist Mitte Mai, Zeit der Zugvögel. Aus Süd- und Zentralamerika kommend, machen sie auf ihrem Weg nach Norden Halt auf dem hügeligen Green-Wood Cemetery und leisten seltsam rufenden grünen Vögeln Gesellschaft. Die sollen vor Jahren am Flughafen John F. Kennedy aus einem Container entkommen sein und sind nun in Brooklyn heimisch geworden: »Ein großes Vergnügen und überhaupt ein guter Grund, den Green-Wood Cemetery zu besuchen, ist diese Papageienkolonie. Sie lebt im Hauptturm über dem Eingangsportal. Der barocke Turm aus dem 19. Jahrhundert ist für diese Vögel der perfekte Ort, um darin ihre großen Gemeinschaftsnester zu bauen«, schwärmt Jonathan Franzen. »Wenn man den Friedhof betritt, begrüßen einen die Papageien, als wollten sie sagen: ›Du bist nur ein Besucher, wir aber wohnen hier!‹«

Wer das Portal passiert und dann einige hundert Meter bergauf geht, erreicht den höchsten Punkt Brooklyns. Von hier aus kann man den Atlantik sehen und Manhattan. Der Friedhof gleicht einer riesigen geschwungenen Parklandschaft. Bis auf die geteerten Wege grünt es, wohin man auch blickt. Beete gibt es hier keine, denn die Grabsteine sind ins Gras eingebettet. Große Teiche und mächtige Baumbestände laden zum Verweilen ein. Besonders Zugvögel und deren Beobachter Jonathan Franzen.

»Dieser Friedhof ist natürlich einerseits eine Stätte der *ewigen* Ruhe, dieser Aspekt interessiert mich aber weniger«, sagt der 1959 unweit von Chicago geborene Franzen. »Andererseits ist er eine Stätte der *momentanen* Ruhe, für Zugvögel, die in der grauen Großstadt keine anderen geeigneten Landeplätze finden.«

Jonathan Franzen ist froh, das Schöne, das Beobachten von Vögeln, mit etwas verbinden zu können, das ihm unangenehm ist. Er mag es nicht, fotografiert zu werden. Man könnte auch sagen: Er fürchtet es. Die Vögel sind seine Komplizen im Kampf gegen diese Angst. Ein Rosenbrust-Kernknacker scheint mit dem roten Fleck auf seinem Gefieder genau in Franzens Richtung zu leuchten. Ein Zedernseidenschwanz bewegt kokett sein fesches Häubchen, als forderte er seinen Betrachter heraus, ihm endlich den Hof zu machen. Genau die richtige Ablenkung für Jonathan Franzen, um die Kamera auszublenden. Auch das Fernglas hilft, als Schutzschild, hinter dem sich das Gesicht so schön verbergen lässt.

»Ich habe mein Fernglas vergessen!« war, nach der Begrüßung, das Erste, was mir Franzen sagte, als er den Hügel herauf zum vereinbarten Treffpunkt auf dem Friedhof kam. Ich hatte das befürchtet und eigens für diesen Notfall ein Fernglas mitgebracht. Daran sollte die Begegnung, auf die ich zwei Jahre lang gewartet hatte, nun wirklich nicht scheitern.

Der Autor des Millionenbestsellers *Die Korrekturen* ist sichtlich erleichtert. Allerdings rümpft er hier und da die Nase über die Qualität des Billigglases. Offensichtlich kein Vergleich zum gewohnten Profigerät. »Ich habe gerade einige tolle nordamerikanische Vögel beobachtet: die Scharlachtangare, Männchen und Weibchen, den Dunenspecht und den Meisen-Waldsänger. Das macht schon Spaß. Selbst mit diesem beschissenen Fernglas.«

Der Waldsänger, genauer der Pappelwaldsänger, spielt eine wichtige Rolle in Jonathan Franzens Roman *Freiheit*. Darin will der Naturschützer Walter Berglund mit Hilfe einer Stiftung ebendiesen Pappelwaldsänger vor dem Aussterben bewahren. Der Vogel ist so präsent in Berglunds Leben, dass er selbst einen romantischen Augenblick zwischen Berglund und dessen Assistentin zerstört:

Ihre Lippen waren da, ihr Mund war da, und sein Herz schien im Begriff, den Brustkorb zu sprengen, so pochte es. Küss sie! Küss sie! Küss sie!, sagte es zu ihm. Und dann klingelte sein BlackBerry. Der Klingelton war der Ruf des Pappelwaldsängers.

Wer hätte einen notorischen Vogelfan treffender literarisch fassen können als Jonathan Franzen? Der hat sein Hobby lange verschwiegen: »Es ist peinlich. Vogelbeobachter sind Menschen mit vielen Bedürfnissen und Sehnsüchten. Sie halten nach etwas Ausschau. Das gilt als uncool. Wenn Leute, die sich für cool halten, einen Vogelbeobachter sehen, ist er geradezu eine Beleidigung für ihre Coolness.«

»Oh Gott, jetzt sag bloß, du bist so ein Vogelirrer«, habe ein modisch gekleideter Freund aus London entsetzt reagiert, erinnert sich Franzen in seinem Buch *Die Unruhezone. Eine Geschichte von mir*:

Eine amerikanische Freundin, Chefredakteurin einer Designzeitschrift, auch sie raffiniert gekleidet, fasste sich in ähnlicher Weise an den Kopf, als ich ihr erzählte, ich hätte Vögel beobachtet. »Nein, nein, nein, nein, nein, nein«, sagte sie. »Du wirst *kein* Birdwatcher.«
»Warum denn nicht?«
»Weil die – *uäh*. Die sind alle so – *uäh*.«
»Aber wenn *ich* das mache«, sagte ich, »wenn *ich* doch nicht so –«
»Das ist es ja gerade!«, sagte sie. »Du *wirst* so. Und dann will ich dich nicht mehr sehen.«
Unter anderem sprach sie vom Zubehör wie dem elastischen Kreuzgurt, den einige an ihrem Fernglas anbringen, um Nackenverspannungen zu minimieren, und dessen Spitzname leider »der BH« ist.

Ob peinlich oder nicht – das Beobachten von Vögeln ist für Jonathan Franzen mehr als nur irgendein Hobby. Es hat ihn verändert: »Man entwickelt doch eine persönliche Beziehung zu den Vögeln, die man beobachtet«, erzählt er. »Und gleichzeitig kann man nicht darüber hinwegsehen, dass sie viel schneller sterben als das meiste, was uns wichtig ist. Der Tod ist mir jetzt vertrauter als in der Zeit, in der ich noch keine Vögel beobachtet habe.«

Die ins Gras eingelassenen Grabsteine werden zu gefährlichen Stolpersteinen, wenn Jonathan Franzen, die Nase in die Luft gereckt, irgendeinem Segler oder Waldsänger nachläuft. Das tut er in einem solchen Tempo, dass er, eh man sich's versieht, hinter dem nächsten Friedhofshügel verschwunden ist und sich dann nur noch schwer wieder einfangen und von seiner Leidenschaft abbringen lässt.

»Wenn man Vögel und ihr kurzes Leben betrachtet, dann begreift man: Etwas, das ausgelöscht ist, ist unwiderruflich ausgelöscht«, sagt Franzen, wobei er wie immer jedes Wort abwägt. »Ich habe aber weniger Angst vor dem Tod, wenn ich mir klarmache, dass er gar kein kontinuierlicher Übergang von Punkt A zu Punkt B ist, der es einem erlaubte zurückzublicken. Man muss sich also gar nicht erst den Kopf darüber zerbrechen, wie sich wohl dieser Übergang anfühlt. Denn es gibt ihn nicht. Man geht eigentlich nirgendwo hin. Der Tod ist ein Abbruch, ein plötzliches, scharfes *Zack* – und dann gibt es dich nicht mehr.«

Als er jünger war, dachte Jonathan Franzen viel über den Tod nach. Das ist nun vorbei, erzählt er. Zwar sei er kein »Freund des Todes« geworden und habe bei starken Turbulenzen im Flugzeug genauso Angst wie sein Sitznachbar. Heute bereite ihm der Tod aber kaum noch schlaflose Nächte.

»Ich tröste mich damit, dass Menschen, die mir etwas bedeutet haben, es auch schon geschafft haben, auf diese Weise zu verschwinden: meine Eltern und mein Freund David Wallace. Auch in diesem Punkt hilft mir die Zeit, die ich in der Natur verbracht habe: Die Natur verlangt nichts von uns, was wir nicht liefern könnten. So schlimm es auch ist, über das Sterben nachzudenken – es ist in Reichweite eines jeden von uns. Besondere Qualifikationen sind nicht erforderlich. Ich bekomme das schon hin, wenn ich an der Reihe bin. Auch wenn ich mich jetzt nicht gerade darauf freue.«

Jonathan Franzen kann das: mit einem Augenzwinkern einer Situation ihre bedrückende Schwere nehmen, mit einer komischen Bemerkung wieder Distanz zum Journalisten gewinnen, der ihm vielleicht schon etwas zu nah gekommen ist. Man spürt es: Lieber als über den Tod von Menschen spricht Jonathan Franzen über Vögel. Dabei ist beides im Leben dieses Autors untrennbar miteinander verbunden. Das Ende des Romans *Freiheit* kann man auch autobiografisch deuten. Ein Vogelreservat tritt an die Stelle eines gestorbenen Menschen. Vögel als Trauerbewältigung. Franzen und ich reden nicht darüber. Vielleicht, weil es zu privat ist. Aber er hat darüber geschrieben, in seiner Autobiografie *Die Unruhezone*. Ich habe das Buch deshalb mitgebracht und bitte ihn, hier auf dem Friedhof, bei eingeschaltetem Mikrofon, die entsprechende Stelle laut zu lesen. Jonathan Franzen ist einverstanden:

Dann starb meine Mutter, und zum ersten Mal in meinem Leben ging ich Vögel beobachten. Das war im Sommer 1999. [...] Alle paar Stunden brach ich in Tränen aus, was ich als ein Zeichen dafür wertete, dass ich mich durch meine Trauer arbeitete und sie bald überwunden hätte. Ich saß mit dem Fernglas auf dem Rasen und beobachtete eine Tüpfelgrundammer, die eifrig im Gebüsch scharrte wie jemand, der richtig gern Gartenarbeit macht. Ich erfreute mich am Anblick von Rotrückenmeisen, die in den Koniferen herumhüpften, weil sie sich dem Vogelführer zufolge bevorzugt in Koniferen aufhielten. Ich führte eine Liste der Arten, die ich gesehen hatte.

»Moment mal!« Jonathan Franzen blickt von seiner Autobiografie auf und setzt das Fernglas wieder an: »Da ist noch ein *umwerfend* schöner Meisen-Waldsänger!«

# Warum sich Cornelia Funke auf dem Friedhof wie im Urlaub fühlt, inwiefern sie in der Natur ihren verstorbenen Mann entdeckt und wie sie Kindern den Tod erklärt

*HOLLYWOOD FOREVER CEMETERY,*
*LOS ANGELES, USA,*
*1. SEPTEMBER 2010*

»Interessant, wie schmal der von vorne ist. Als ob ihn jemand geschrumpft hätte!« Cornelia Funke beobachtet einen Silberreiher, der im Gras vor einem künstlich angelegten See steht und neugierig zu uns herüberblickt. »Wie plattgewalzt«, sage ich, und sie lacht laut auf: »Ja, so sieht er wirklich aus!« Mit einem Mal aber unterdrückt sie ihr Lachen. »Entschuldigung«, sagt sie. »Das ist jetzt respektlos.« Dem Reiher gegenüber. Es ist, als wäre Cornelia Funke von einer Sekunde auf die andere in die Haut des Vogels geschlüpft, um die Welt aus dessen Warte wahrzunehmen. Zu »schmecken«, wie sie selbst sagen könnte.

»Ich war ganz überrascht, wie anders dieser Friedhof schmeckt«, erzählt sie von ihrem ersten, drei Jahre zurückliegenden Besuch auf dem Hollywood Forever Cemetery. Sie war mit ihrer Assistentin gekommen, um zu recherchieren. »Ich wollte hier eine Geistergeschichte spielen lassen mit den ganzen alten Filmstars. Aber die Geschichte habe ich immer noch in meinem Kopf.« Auf diesem Friedhof unter Palmen, der direkt an die Paramount Studios grenzt, liegen vermutlich so viele Schauspieler begraben wie nirgendwo sonst: Fay Wray, Peter Lorre, Jayne Mansfield, Douglas Fairbanks, Tyrone Power. *Good night, sweet prince* – das Zitat aus *Hamlet* ist sowohl auf dem kleinen Grab von Power eingraviert als auch auf dem pompösen, hinter einem riesigen Pool stehenden Grab des Stummfilmhelden Fairbanks. »Da habe ich mir vorgestellt«, erzählt Cornelia Funke, »dass die Geister der beiden doch sehr große Schwierigkeiten miteinander haben.«

Wir setzen uns auf die Stufen eines Grabhauses, blicken auf den See und die Insel in der Mitte, auf der das weiße Mausoleum von William Andrews Clark steht, dem Sohn des gleichnamigen Industriellen, eines der reichsten Männer zu Beginn des 20. Jahrhunderts. Der Silberreiher hat sich entfernt. Enten und Schwäne schwimmen im Kreis um das prunkvolle Totenhaus. »Bitte rennen Sie nicht weg, wenn sich ein Vogel auf Sie stürzt«, lese ich auf einem Schild, das über angriffslustige Schwäne und Gänse in der Brutzeit informiert. »Ihr Biss ist harmlos, ein Sturz vielleicht nicht.«

Erst wollte Cornelia Funke mich auf dem verwunschenen Highgate Cemetery in London treffen. Aber dann haben wir uns doch auf den gepflegten Friedhof der Filmschauspieler geeinigt. »Weil Los Angeles inzwischen meine Heimat ist«, erklärt sie, »und weil ich dem Tod ja in Los Angeles begegnet bin und nicht in Europa.« Vor fünfeinhalb Jahren starb ihr Mann Rolf Frahm, zehn Monate, nachdem die Familie mit den Kindern Anna und Ben aus Deutschland nach Kalifornien gezogen war. Ganz von selbst denkt Cornelia Funke auf diesem Friedhof an ihren Mann. Aber nicht nur hier. »Ich habe mal eine schöne Blume am Straßenrand gesehen und gedacht: Die ist von ihm.« Überhaupt ist für die 51-jährige Autorin der Tod eng mit dem Leben verbunden. »Ich habe mich dem Tod immer sehr nah gefühlt«, sagt sie. »Ich bin so etwas wie die Persephone oder, wie man das früher über die Hexen sagte, der Zaunreiter zwischen den beiden Welten.« In ihrer Vorstellung koexistieren der Tod und das Leben auf friedliche Weise. »Daran hat auch der Tod meines Mannes nichts geändert.«

»Oh Gott, Begräbnisse sind ja etwas Furchtbares! Die ersparen wir einander.« Darauf hatten sich die beiden noch geeinigt. Und so ließ Cornelia Funke ihren Mann einäschern und bewahrt nun zwei Urnen mit seinen sterblichen Überresten in ihrem Haus in Beverly Hills auf. Und ein Grab auf dem Hollywood Cemetery, unter Sonne und Palmen? »Da denke ich: ›Na, das hätte dir wahrscheinlich auch gefallen!‹«, sagt sie. »Weil man auf diesem Friedhof fast den Eindruck hat, dass der Tod ein Urlaub ist zwischen zwei Leben. Man ruht sich aus. Und dann geht's wahrscheinlich weiter ins nächste.«

Ob sie wirklich an Reinkarnation glaube, möchte ich wissen. *Glauben* sei ein viel zu schwaches Wort dafür, antwortet sie. »Ich bin immer der festen Überzeugung gewesen, dass es so etwas wie Wiedergeburt gibt.« In der Natur sei das doch das einzige wiederkehrende Prinzip; alles erneuere sich, nehme andere Formen an. »Wir sind alle Sternenstaub«, habe ihr einmal ein Physiker gesagt. Die Bausteine würden sich immer wieder zu etwas Neuem zusammensetzen. »Deshalb denke ich, dass die Form, die wir gerade haben, ziemlich willkürlich ist.«

Was wird wohl einmal aus den Atomen des Hollywood-Schriftzugs werden, den wir vom Friedhof aus in der kargen Berglandschaft sehen können? In Cornelia Funkes Bilderbuch *Der verlorene Engel* erholen sich, angelehnt an diese berühmten Buchstaben über der Stadt, die erschöpften, überstrapazierten Schutzengel der Menschen.

Schon als Kind, im nordrhein-westfälischen Dorsten, sprach Cornelia Funke mit einer erstaunlichen Heiterkeit über den Tod und verärgerte damit ihre Mutter. »Ich habe gesagt, ich hätte überhaupt keine Angst vorm Tod. Der sei einfach nur eine Tür. Da meinte sie: ›So etwas darf man nicht sagen. Das macht anderen ja Angst.‹« Anderen: Erwachsenen.

Kinder gingen im Allgemeinen noch viel bildlicher an den Tod heran, sagt Cornelia Funke. Einmal bekam sie einen Brief von einer Mutter, deren Kind im Sterben lag und immer wieder Funkes Fantasy-Roman *Drachenreiter* las: »Es sah den Drachen als Schutz gegen den Tod und gleichzeitig den goldenen Drachen, der ihm folgte, als seine Krankheit.« Kinder seien weise darin, Bilder zu benutzen, um Wirklichkeit zu verstehen, für die es eigentlich keine Worte gebe. Was nicht heiße, dass sich Kinder nicht auch über den organischen Verfall Gedanken machten. Ein mit der Autorin befreundeter Arzt habe einmal seinen Kindern ganz materialistisch den Tod erklärt, nur vom Verwesungsprozess gesprochen und sich dann gewundert, dass seine Kinder nächtelang Albträume gehabt hätten. »Das Kind versucht natürlich, den Tod sowohl physisch als auch spirituell zu begreifen«, erklärt Cornelia Funke. »Wenn man ihm aber keine Spiritualität erlaubt, was ja heute in der Welt sehr leicht passiert, sondern es nur noch mit dem physischen Verfall konfrontiert, dann ist das natürlich ganz erschreckend.«

Nie hat Cornelia Funke in einem Buch so intensiv über den Tod nachgedacht wie im dritten Band ihrer weltweit erfolgreichen *Tintenherz*-Trilogie. Ihr Mann starb, während sie *Tintentod* schrieb. Darin begegnet der Buchbinder Mo, der mit seiner

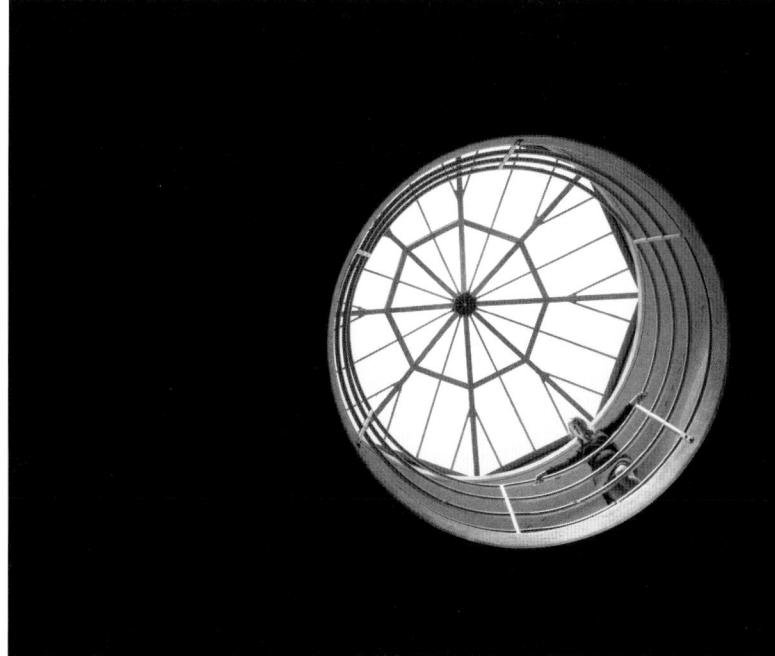

begnadeten Stimme Figuren aus den Seiten heraus in die Wirklichkeit lesen kann, dem Tod. »Als ich das Kapitel schrieb, habe ich eine große Verantwortung gefühlt«, sagt Cornelia Funke. »Ich dachte, wenn Kinder das jetzt lesen, wirst du deren Bild vom Tod mitprägen.« Und nicht nur das Bild von einigen, sondern gleich von Millionen von Kindern.

»Wer bist du?« [...]
»Rate.«
Der Vogel plusterte das goldene Gefieder, und Mo erkannte, dass der Fleck auf seiner Brust Blut war.
»Du bist der Tod.« Mo spürte das Wort schwer auf der Zunge. Gab es ein schwereres?
»Ja, so nennt man mich, dabei hätte ich so viele andere Namen verdient!« Der Vogel schüttelte sich, und goldene Federn fielen auf die Blätter zu Mos Füßen. Sie fielen ihm auf Haar und Schultern, und als er erneut emporblickte, saß nur noch das Skelett eines Vogels in den Wurzeln. »Das Ende und der Anfang, das bin ich.« Pelz spross auf den Knochen. Spitze Ohren wuchsen auf dem kahlen Schädel. Ein Eichhorn blickte auf Mo herab. Mit winzigen Händen klammerte es sich an die Wurzeln, und aus dem kleinen Maul drang dieselbe Stimme, mit der auch der Vogel gesprochen hatte.
»Die Große Wandlerin, das ist der Name, der mir gefällt!«

In Philip Pullmans Romanreihe *His Dark Materials* war Cornelia Funke auf das Bild vom Tod als Gefängnis gestoßen: »Ich finde das entsetzlich und halte das auch für ein vollkommen falsches Bild. Mein Kapitel über die Begegnung mit dem Tod als Gestaltwandlerin war für mich ein Gegenbild zu Pullmans Version vom Tod.«

**Auch das Eichhorn schüttelte sich, verlor Pelz, Schwanz und Ohren, wurde ein Schmetterling, eine Raupe zu seinen Füßen, eine Katze, gescheckt wie das Licht im Weglosen Wald [...].**

»Wir können ja nicht ewig in der gleichen Gestalt herumlaufen«, sagt Cornelia Funke und lacht. »Als Ben drei oder vier war, sind wir immer durch den Garten gegangen und haben uns überlegt, als was wir wohl wiedergeboren werden. Wie das wäre, wenn man eine Kaulquappe im Teich würde. Oder ob man denn gerne ein Frosch wäre. Oder was mit der Fliege ist.« Für Kinder sei es überhaupt kein Problem, sich vorzustellen, ein Tier oder ein Baum zu sein. »Wir ziehen da noch nicht so die Grenze zwischen uns und dem Außen, wie wir es uns dann als Erwachsene vorschreiben. Ich glaube aber, diese Grenze ist eine Illusion. Wir alle sind vollkommen eins.«

Noch nie hat Cornelia Funke von einem Kind gehört, es mache ihm Angst, *Tintentod* oder ein anderes ihrer Bücher zu lesen. Auch nicht von den sterbenden Kindern, mit denen sie gesprochen hat, unter anderem als Patin des Kinderhospizes Bethel. »Ich habe aber mal einen Brief bekommen von einer Soldatin im Irak, die mir schrieb, dass sie die Wüste nur übersteht, indem sie *Tintentod* liest.« Über solche Briefe freut sich Cornelia Funke ganz besonders. »Ich möchte ja keine Geschichten schreiben, die man nur gemütlich im Sessel genießt und die so eine billige Illusion der Welt liefern. Ich möchte eine Interpretation der Welt bieten, die dann auch der Wirklichkeit standhält.«

Wir stehen auf und spazieren über den Friedhof. Ende des 19. Jahrhunderts wurde er eröffnet, bis Ende des 20. Jahrhunderts verfiel er und ist nun in privater Hand. Wir möchten noch ein Foto in einer der Hallen mit Nischengräbern machen, die diesen Ort von einer ganz anderen Seite zeigen. Wir laufen über das knisternde Gras zum geteerten Weg und passieren eine Skulptur, die auffälliger nicht sein könnte: Johnny Ramone von der Punkband Ramones lehnt sich zurück, während er in die Saiten seiner Gitarre greift. Cornelia Funke erzählt von den Filmvorführungen, die hier in den warmen Monaten jeden Samstag stattfinden. Der Verkehr staut sich dann auf dem Santa Monica Boulevard. Der vordere Teil des Friedhofs wird zum Parkplatz. »Viele kommen auch zu Fuß mit Stühlen und allem Drum und Dran. Die Leute haben schon ihre Picknick-Decken ausgebreitet. Und dann werden alte Filme auf die Mausoleumswand projiziert.« Hier hat sie *Rear Window* (*Das Fenster zum Hof*) gesehen, umgeben von leuchtenden Gräbern und dunklen Palmen in der Nacht. »Das war schon schick!«

Sähe man nur die langen Schatten der Bäume und wüsste nicht, dass sie von Palmen stammen, dächte man, es wäre später Nachmittag. Doch der Mittag ist gerade erst vorbei. Ein Pfau stolziert in einem Grabfeld. Im Gras versenkte Steine leuchten weiß hervor. Einige verraten nicht einmal den Namen des Toten. *Beloved mother* oder *father* ist dort eingraviert. »Das habe ich in Deutschland auch noch nie gesehen, dass jemand aufs Grab *Mutter* oder *Vater* schreibt und damit den Menschen definiert«, bemerkt Cornelia Funke. »Ich finde das sehr nett. Für mich wäre es auch wichtiger, dass ich Mutter bin, als dass ich Schriftstellerin bin.«

Wozu auch die Namen, Daten und Berufe in großen Gravuren auf pompösen Grabsteinen? »Wir sind doch alle keine Helden«, sagt sie und denkt ans Sterben. Angst hat sie vor dem untätigen, organisierten Sterben im Krankenhaus. »Das zeigt ja unser unnatürliches Verhältnis zum Tod. Wir denken, Leben ist erhaltenswert in was für einer Form auch immer. Selbst wenn es Dahinvegetieren ist.« Die Seele, die in einem Körper gefangen ist, der eigentlich nicht mehr lebt – für Cornelia Funke ist es ein erschreckendes Bild. »Ich hoffe, dass ich da mal drum herumkomme.«

»Ah, guck mal, da! Das Eichhörnchen!«, sagt sie plötzlich. Das graubraune Tier rennt über den getrimmten Rasen, vorbei an russischen Gräbern, und klettert schließlich am Stamm einer Palme hoch. Und mit ihm in Gedanken, bin ich mir sicher, Cornelia Funke.

Weshalb Neil Gaiman in der Totenstadt von Glasgow an seine Frau und einen bestialischen Mörder denkt und was der Autor beim Probeliegen im Sarg empfindet

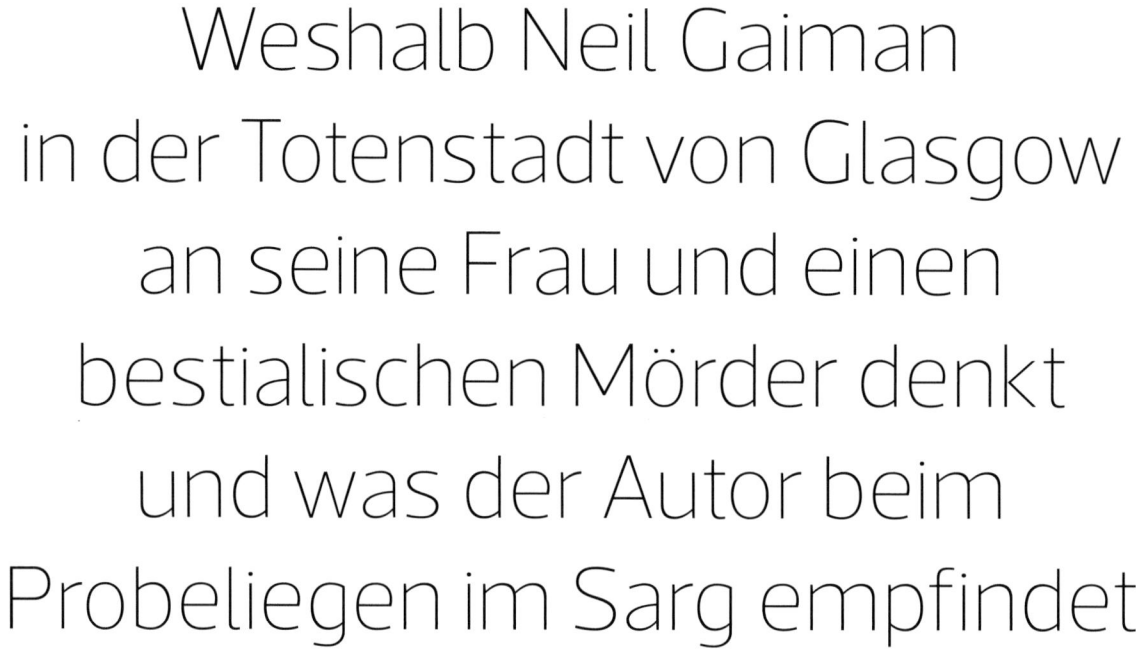

*GLASGOW NECROPOLIS,
SCHOTTLAND, GROSSBRITANNIEN,
23. AUGUST 2011*

Eine Hand in der Dunkelheit, darin ein Messer. Das Messer hatte einen Griff aus poliertem Knochen und eine Klinge, feiner und schärfer als jede Rasierklinge. Das Opfer, in das sie eindrang, spürte den Schnitt gar nicht, jedenfalls nicht sofort.
Das Messer hatte schon fast alles erledigt, weswegen es in dieses Haus gekommen war.

Ein Mann ermordet nachts eine Familie: Vater, Mutter und das ältere Kind. Es fehlt nur noch der eineinhalbjährige Junge. Doch der scheint aus dem Haus getapst zu sein, zum benachbarten Hügel, einem Friedhof. In Neil Gaimans *Graveyard-Buch*:

Der Mann namens Jack sog schnüffelnd die Luft ein. Dann lenkte er seine Schritte ohne Hast den Hügel hinauf.

Als Neil Gaiman am Abend eines Augusttages den Hügel zu mir heraufkommt, kann ich sein Gesicht erst gar nicht erkennen. Schon seit einer Stunde regnet es; und so steckt sein Kopf tief unter einem schwarzen Schirm. Zusätzlich hängen dem fünfzigjährigen Autor von Fantasy-Geschichten seine Locken vor den Augen. Doch der Regen ändert nichts an Gaimans guter Laune. »Ich bin froh, hierher zurückzukommen«, sagt er. In die Glasgow Necropolis, diese Totenstadt. Wir haben uns an ihrem höchsten Punkt verabredet, unter dem Denkmal des schottischen Reformators John Knox, das mit seinen 22 Metern alle anderen Steine und Mausoleen des viktorianischen Friedhofs weit überragt.

»Die Idee, dass die Toten die beste Sicht haben, fand ich immer großartig«, erzählt Gaiman, während der Lärm der Autos als sanftes Rauschen zu uns heraufdringt. »Wir können jetzt die Lichter der Stadt sehen und ganz Glasgow überblicken. Das wollte ich in meinem Buch haben. Von diesem Friedhof habe ich deshalb die Topografie gestohlen.« Und aus dem Fernsehen einen anderen Aspekt seines Jugendbuchs: Ein Kind flüchtet intuitiv auf einen Friedhof und entkommt so dem Tod. Vor Jahren sah Gaiman zufällig eine Dokumentation über die Militärdiktatur Argentiniens: »Darin hat eine Frau erzählt, dass sie ein kleines Mädchen war, als eine Todesschwadron ihre Familie mitnahm. Sie selbst hatte sich aber auf dem Friedhof versteckt und in einem dieser kleinen Grabhäuser übernachtet, die so typisch für argentinische Friedhöfe sind. Da dachte ich: Was für eine schöne Metapher!«

Der Friedhof als Beschützer des Lebens und gerade nicht als Ort gefährlichen Spuks. »Ich selbst hatte als Kind Angst auf Friedhöfen, ganz besonders vor den Schatten der Bäume«, erzählt er, als es aufgehört hat zu regnen. »Deshalb glaube ich, dass es klug ist, Kinder daran zu erinnern, dass Friedhöfe wundervolle Orte sind: ›Das Einzige, was ihr auf einem Friedhof fürchten solltet, steht auf zwei Beinen und atmet.‹«

**Als der Mann namens Jack, das Messer schon in der Hand, über den Friedhof auf sie zuging, kam es ihm vor, als umhüllten Nebelschwaden das kleine Kind und entzogen es seinem Blick. Da war nichts mehr außer Nebel und zitterndem Gras im Mondschein.**
**Er kniff die Augen zusammen und sog die Luft ein. Irgendetwas war geschehen, wenn er auch nicht wusste, was. Er knurrte wie ein wütendes, um seine Beute betrogenes Raubtier.**
**»Hallo?«, rief der Mann namens Jack. Vielleicht hatte sich das Kind ja irgendwo versteckt. [...]**
**Doch der Friedhof hütete sein Geheimnis.**

Die Geister und Untoten des Friedhofs haben den Jungen, den sie Nobody nennen, in ihre Obhut genommen. So wie es die Tiere mit dem Findelkind Mogli in der Geschichte *Das Dschungelbuch* machen. Nobody wächst glücklich und geborgen auf dem Friedhof auf. Zwanzig Jahre hatte Neil Gaiman über *Das Graveyard-Buch* nachgedacht, bevor er es schrieb. Alles begann letztlich 1985 in der englischen Stadt East Grinstead, wo Gaiman schon seit seiner Kindheit lebte: »Mein Sohn Michael war zwei. Er liebte sein Dreirad. Aber bei uns zu Hause fehlte der Platz zum Fahren.« Also ging der Vater mit ihm jeden Tag über die Straße zum Kirchhof der St. Swithun's Church. Da fuhr Michael dann begeistert zwischen den Grabsteinen umher: »Ich beobachtete ihn und dachte: Es sieht so aus, als wäre er hier zu Hause.«

Hier und da sind auf der Glasgow Necropolis Grabsteine mutwillig umgestoßen worden, auch ein Hakenkreuz ist auf zwei Steine aufgesprüht. »Das bricht mir das Herz«, sagt Neil Gaiman, der von osteuropäischen Juden abstammt. »Ich finde aber, dass Friedhöfe wie dieser trotz des Vandalismus etwas Tröstliches haben. Ich liebe diesen Ort.« Auf dem Weg unter uns passiert eine Gruppe von Leuten die Gräber und genießt die Aussicht von diesem als Park angelegten Friedhof. »Menschen kommen hierher, um einen Spaziergang zu machen, um sich hinzusetzen, um miteinander zu kämpfen und zu ficken. Das Leben geht weiter. Das macht mich froh.« Genau deshalb habe er sein *Graveyard-Buch* geschrieben: »Lasst uns dieses Virus hinaus in die Welt schicken, damit Kinder sagen: ›Friedhöfe sind aufregende, coole Orte!‹ Wenn zwei Fünfzehnjährige auf den Friedhof gehen, weil sie mein Buch gelesen haben, dann bin ich glücklich.«

Der Verfall fasziniert Neil Gaiman. Es tröstet ihn, dass alles irgendwann zu Staub wird, selbst der höchste Wolkenkratzer. Gaimans Angst vor dem Tod hörte auf, als er mit seinen Comics und mit Romanen wie *Niemalsland* und *American Gods* ein Millionenpublikum erreichte und zahlreiche Preise erhielt. »Ich hatte das Gefühl, dieser Welt meinen Stempel aufgedrückt zu haben.« Aber dann hat er, der dreifache Vater, der seit den neunziger Jahren in den USA lebt, sich neu verliebt: in die Musikerin Amanda Palmer. Ein halbes Jahr ist er nun mit ihr verheiratet. »Und jetzt mag ich die Vorstellung des Todes wieder weniger, weil ich so gerne in Amandas Nähe bin. Da möchte ich den Tod noch so lange wie möglich hinauszögern.«

Aber ansonsten fürchte er den Tod nicht. Dafür habe er allerdings vor ganz anderen Dingen Angst: »Vor Zahnärzten oder vor Partys, auf denen ich niemanden kenne. Oder wenn meine Frau möchte, dass ich auf die Bühne komme, um vor 2000 Menschen zu singen, das jagt mir einen großen Schrecken ein, da pocht mein Herz wie verrückt. Wenn ich aber denke: Und, wie ist es mit dem Tod? Dann sage ich mir: Geht schon in Ordnung.«

In der Dämmerung spazieren wir die Wege des mächtigen Friedhofshügels hinunter. Vorbei an Grabhäusern, die nun von Scheinwerfern angestrahlt werden. Romantisch und gespenstisch zugleich sehe das aus, sage ich. »Wir lieben es romantisch und gespenstisch«, sagt Neil Gaiman und erzählt, wie er Gast einer Sendereihe im US-amerikanischen Fernsehen war, in *13 Nights of Fright*. Er sollte – als Überraschungseffekt – aus einem geschlossenen Sarg steigen. »In einem Sarg zu liegen, während sie den Deckel schlossen, hat mir erst große Angst gemacht. Es war, als würde ich lebendig begraben, ohne eine Chance, da je wieder herauszukommen. Aber dann habe ich festgestellt, dass es da drinnen gemütlich ist.« Er habe an Sarah Bernhard und andere Künstler gedacht, die Särge zu Lebzeiten nutzten. »Ich kann das jetzt sehr gut nachvollziehen: Särge sind bequeme Orte, sie sind einfach großartig, um darin zu schlafen.«

*Nicht tot, schläft nur* – steht in Gaimans bekanntestem Comic *Sandman* auf dem Grabstein eines Mannes, der sich bis zuletzt gegen seinen eigenen Tod aufgelehnt hat. »Egal, wie reich du bist, wie besonders, wie schön – du wirst sterben«, sagt der Autor, als wir den Friedhof über eine breite Brücke verlassen, die den Hügel mit der Kathedrale und dem Umland verbindet. »Der Tod ist die äußerste Form der Demokratie.« Gaiman blickt noch einmal hoch zum Hügel. »John Knox, der oben seine große Statue hat, ist nicht wichtiger als all die anderen, die hier auf dem Friedhof liegen. Denn auch er ist tot. Das sind die Spielregeln.« Später erfahre ich, dass die Gebeine des Reformators gar nicht im Erdreich unter dem imposanten Denkmal liegen, sondern neben der St. Giles' Cathedral in Edinburgh, unter dem asphaltierten Parkplatz mit der Nummer 23.

Ein Schwarm Möwen fliegt kreischend über unsere Köpfe hinweg. »Friedhofsmöwen«, bemerkt Gaiman und lächelt. Der Hügel ist in das Dunkel der Nacht getaucht. Unweigerlich stelle ich mir vor, wie ihn ein Kleinkind hinaufklettert.

»Ich liebe das Zitat aus *Peter Pan*: ›Der Tod muss ein schrecklich großes Abenteuer sein‹«, sagt Neil Gaiman. »Wenn mich jedoch nichts nach meinem Tod erwarten sollte, wäre das auch okay, weil ich es dann ja nicht mehr mitbekomme. Aber ein schrecklich großes Abenteuer wäre mir schon lieber.«

# Warum Georgi Gospodinov am Grab seiner Tante das Lesen lernte und inwiefern der Weltuntergang eine äußerst persönliche Angelegenheit ist

*ALTER FRIEDHOF DES DORFES GENERAL TOSCHEWO, BULGARIEN, 21. AUGUST 2009*

»Das ist das Zentrum von General Toschewo.« Georgi Gospodinov, ein kräftiger Mann mit dunklem Stoppelhaar, muss selbst lachen, als er das sagt. Jeder Fremde würde hier vorbeifahren, ohne auch nur auf die Idee zu kommen, es könne sich um das Zentrum von irgendetwas handeln. Eine schmale geteerte Straße kreuzt einen Weg im Nirgendwo. Im Schatten einer Linde steht ein Stück grüner Gitterzaun, in den eine Metallplatte eingelassen ist. Schwarzweiße Zettel mit Porträtaufnahmen sind daran angebracht. »Zur Zeit des Sozialismus hingen an dieser Tafel die Fotos der fleißigsten Männer, der Helden der Arbeit«, erzählt Georgi Gospodinov grinsend. »Jetzt kleben da nur noch Todesanzeigen mit den Bildern der Verstorbenen.«

Der 41-jährige Autor ist fast schon ein bisschen enttäuscht, hier nicht auch seinen eigenen Namen zu lesen. Nur wenige Stunden zuvor hat er ihn mal wieder auf einer öffentlich ausgehängten Todesanzeige entdeckt, an einer Friedhofsmauer in seiner Geburtsstadt Jambol, im Westen Bulgariens, hundert Kilometer entfernt vom Schwarzen Meer, eine halbe Autostunde von General Toschewo. Auch in diesem 500-Seelen-Dorf, in dem Georgi Gospodinov seine frühe Kindheit verbrachte, hatte er so manchen Doppelgänger. Ein Dutzend Grabsteine trägt hier seinen Namen. »Ein schöner Anlass, sich einmal von außen zu betrachten«, sagt er und spielt mit dem Saum seines blau karierten Hemdes. »Ich kann mir sogar ein bisschen den ewigen Wunsch der Menschen nach mehreren Leben erfüllen. Ich entdecke einen anderen Georgi Gospodinov und denke mir für ihn einfach eine Geschichte aus. So vervielfache ich mich selbst und kann gleichzeitig an mehreren Orten sein.«

Wie in seinem literarischen Debüt *Natürlicher Roman*. Darin sucht der Ich-Erzähler und Redakteur einer Literaturzeitschrift, Georgi Gospodinov, den Autor eines herausragenden, aber anonym eingesandten Textes und entdeckt ihn schließlich in einem Park, in einem Schaukelstuhl sitzend. Der Fremde scheint sehr persönliche Informationen über den Redakteur zu besitzen.

»Du lässt dich scheiden, nicht wahr, mein Junge?« Es klang fast freundschaftlich, wie jemand, der einem sein Mitgefühl ausdrückt. […] Durch sein Sprechen Hoffnung schöpfend, fragte ich ihn erneut, wie er heiße.
»Georgi Gospodinov.«
»*Ich* heiße so«, schrie ich beinahe.

»Das letzte Mal war ich hier mit sieben Jahren«, sagt Georgi Gospodinov, als wir über einen Feldweg den verlassenen Friedhof des Dorfes betreten. »Den Ort verbinde ich mit meiner Oma.« Ich höre den Schriftsteller kaum. So aufdringlich knistert und knackt das vertrocknete Gras, das uns bis zu den Oberschenkeln reicht. Gospodinovs Frau, eine Dozentin für Englisch, dolmetscht. Auch der Vater des Autors ist mitgekommen. Für den Fall, dass Georgi Gospodinov auf dem verwilderten Friedhof jenen Grabstein nicht mehr findet, den er mir unbedingt zeigen möchte.
»Das hier ist Walnuss«, sagt er, um mich dann zu den Obstbäumen auf dem Friedhof zu führen, zu Kirsch-, Zwetschgen-, Apfel- und Birnbäumen. Es ist, als spazierten wir durch seine Erzählung *(K)eine Menschenseele*, in der ein Mann, der letzte Überlebende des Dorfes, das Grab seines Freundes Suluk besucht. Als Gospodinov die Geschichte schrieb, hatte er tatsächlich diesen Friedhof seiner Kindheit vor Augen:

Es gab auch zwei Feigen, einen Granatapfel, sogar einen Lorbeerbaum. Diese ganze Botanik ließ den Tod irgendwie fruchtig, annehmbar und irdisch aussehen. Gerade so, als ob das Dorf zwei Meter unter der Erde weiterhin seiner täglichen Arbeit nachging, sich um sein kleines Stück Land kümmerte und diese Mühe Früchte trug. Der Alte glaubte daran. Er aber liebte den Baum von Suluk. Dieser trug jedes Jahr große gelbe Birnen, saftig und fest, die von selbst im Mund zerschmolzen und nicht herb waren wie die anderen.
»Na, Suluk, du hast ja mal wieder viele Birnen hervorgebracht, alle Achtung!«, sagte er, als er zum Grab kam.

»Zu diesem Grab bin ich immer mit meiner Oma gegangen, jede Woche, meist nachmittags um diese Zeit.« Georgi Gospodinov deutet auf einen leicht schräg in die Luft ragenden Gedenkstein, dem man sofort ansieht, dass ihn kein Fachmann beschlagen hat. Ein Familienangehöriger muss den Stein mit weißer Farbe getüncht und dann in mühevoller Handarbeit ein Kreuz, Ziffern, Buchstaben, den Namen *Kalja* eingemeißelt haben. Hier liegt Georgi Gospodinovs Tante, die Tochter seiner Oma, die ältere Schwester seines Vaters. 1938 starb das Mädchen mit nur drei Jahren. Kalja hatte sich verletzt. Eigentlich nicht der Rede wert. Aber die Großmutter versorgte die Wunde nach altem Brauch mit Asche. Die Wunde infizierte sich. Das Mädchen starb an den Folgen. Ein Jahr darauf zog Kaljas Vater in den Zweiten Weltkrieg, ließ die Mutter zurück: trauernd und schwanger. Sie erwartete einen Jungen, den Vater von Georgi Gospodinov.

»Meine Oma ging mit mir immer erst am Grab ihrer Schwiegereltern vorbei, mehr so anstandshalber«, erinnert er sich. »Danach stand sie hier, hat lange geweint und von ihrer Tochter erzählt. Währenddessen habe ich meine Körpergröße gemessen. Ich war so groß wie dieser kleine Grabstein.« Er lässt seine Finger über die eingravierten Buchstaben gleiten, so wie er es damals als kleiner Junge tat, um das kyrillische Alphabet zu ertasten. »Der Friedhof war meine Fibel. Die ersten Worte, die ich lesen konnte, waren *verstorben*, *Gott* und *Ruhe in Frieden*.« Während der kleine Georgi das Lesen lernte, begoss seine Großmutter, einem bulgarisch-orthodoxen Brauch folgend, Kaljas Grab mit Rotwein.

Dann öffnete er die Schnapsflasche und leerte zuerst einen Schluck auf das Grab. Die von der Trockenheit aufgeplatzte Erde saugte den Schnaps gierig auf. Der Alte schüttete noch ein bisschen nach. »Du bist aber ganz schön durstig, Suluk«, und selbst trank er einen großen Schluck ab.

Ganz bewusst besuchen wir den Friedhof in der zweiten Augusthälfte, genau zur selben Zeit wie der Alte aus der Erzählung *(K)eine Menschenseele*. Dann genügt ein umgefallenes Grablicht, um das ausgedörrte Gras, um den ganzen Friedhof in Brand zu setzen. In der Fiktion lässt Gospodinov genau das geschehen. Der Mann will sein Dorf warnen: die Toten unter der Erde. Denn er weiß nicht, ob sie da unten sicher vor dem Feuer sind. Laut ruft er ihre Namen. Auch den einer gewissen Kalja.

Georgi Gospodinovs Vater hat uns zu Kaljas Grab geführt, sich dann aber gleich wieder entfernt. Zu nah geht ihm der Tod der Schwester, die er nie kennengelernt hat. Georgi Gospodinov fällt es leichter, am Grab seiner dreijährigen Tante zu hocken. »Wenn jemand unsere Geschichte erzählt, dann gibt es noch etwas nach dem Tod«, sagt er und erzählt Kaljas Geschichte. Ihr Grab und der Friedhof überhaupt rufen bei ihm auch viele schöne Erinnerungen wach. »Dieses Geräusch der Fliegen, ihr Brummen, ist genau dasselbe wie in meiner Kindheit«, sagt er. »Seltsam. Als ob es noch immer die Fliegen von damals wären.«

Damals, in seinem letzten Jahr in General Toschewo, hatte Georgi Gospodinov einen schlimmen Albtraum und wollte seiner Großmutter davon erzählen: »Meine Oma meinte, man dürfe schreckliche Träume nicht erzählen, sonst gingen sie noch in Erfüllung. Aber ich konnte den Traum nicht zurückhalten.« Aus der Not heraus schrieb er ihn auf. Und nicht nur ihn. Vielleicht wäre er nie Schriftsteller geworden, wenn seine Großmutter nicht so abergläubisch gewesen wäre. An Kaljas Grab erinnert sich Georgi Gospodinov, wie seine Großmutter ihm, dem damals Zehnjährigen, ankündigte, die Welt werde im Jahr 2000 untergehen. Immer wieder sagte sie es ihrem Enkelsohn. Der ließ sich aber von der Information wenig beeindrucken: »Ich habe mir damals überlegt, dass ich im Jahr 2000 schon uralt wäre, nämlich 32. Darum hat mir das nicht viel Angst gemacht. Meine Oma ist dann allerdings genau 2000 gestorben. Das zeigt, dass das Ende der Welt, die Apokalypse, eine sehr persönliche Angelegenheit ist.«

# Warum Benoîte Groult die Asche ihres Mannes im Meer versenkt hat und weshalb sie selbst einmal von Fischen gefressen werden möchte

*DAS MEER UND DER HAFEN VON DOËLAN, CLOHARS-CARNOËT, FRANKREICH, 28. UND 29. APRIL 2011*

»Danke für das Bild von T. C. Boyle auf dem Friedhof. Aber ich finde den Gitterzaun trostlos«, schrieb mir Benoîte Groult in einem Brief vom 14. April 2011, nachdem ich sie mit diesem Foto vom Pazifik an unser geplantes Treffen erinnert hatte. »Da sind die Toten ja für immer eingesperrt. Auch hindert sie der Zaun daran, vor dieser doch sonst so schönen, die Unendlichkeit verheißenden Landschaft ins Träumen zu geraten.«

Zwei Wochen später sind wir in der Bretagne verabredet, um ungehindert auf das zu blicken, was Benoîte Groult die »perfekte Landschaft« nennt: das Meer, den Atlantik. Die 91-jährige Schriftstellerin und wohl bekannteste Feministin Frankreichs sitzt, ihr Gesicht hinter einer Zeitung verborgen, auf einer Bank im Bahnhofshäuschen der Kleinstadt Quimperlé. Sie hat darauf bestanden, mich abzuholen, wenn ich mit dem Zug aus Paris käme. Ich habe ihr, der leidenschaftlichen Hobbygärtnerin, einen Kübel Astern mitgebracht, den ich gleich im Kofferraum ihres Kleinwagens verstaue. Sie freut sich. Und so sprechen wir auf der acht Kilometer langen Fahrt in die Gemeinde Clohars-Carnoët, den westlichsten Zipfel Frankreichs, vor allem über Blumen. Benoîte Groult fährt, als hätte sie es sehr eilig. »Hier hat es jetzt schon mehrere Wochen nicht mehr geregnet. Immer nur pralle Sonne«, sagt sie und blickt an mir vorbei zu den vertrockneten Blumen und Gräsern am Straßenrand. »Sie tun mir einfach leid.« Ich sehe, wie sie blind, den Blick immer noch den Feldblumen zugewandt, auf eine Kurve zufährt und dabei auf die andere Spur abdriftet. Ein entgegenkommender Autofahrer kann gerade noch ausweichen. Auch Benoîte Groult reißt – allerdings viel zu spät – das Steuer nach rechts. Mir bleibt das Herz stehen. Aber sie erzählt weiter von Blumen, Dürre und Hoffnung auf Regen, als wäre nichts gewesen.

Eine Glocke bimmelt freundlich, als Benoîte Groult die Pforte zu ihrem Garten öffnet. Der liegt direkt am malerischen Hafen des Dorfes Doëlan. Von hier aus sieht man den Leuchtturm und das offene Meer. Segel- und Motorboote liegen ruhig im Wasser. Stimmen vom anderen Ufer hallen unaufdringlich herüber. Möwen rufen in der Ferne. Jemand wirft seine Angel aus; man hört das Aufschlagen des Schwimmkörpers, leise, aber klar. Benoîte Groult hat aus ihrem Feldsteinhaus Mineralwasser geholt, bunte Macarons und dunkle Mandelschokolade. Ich stehe immer noch an der alten Kaimauer. Die Autorin des Liebesromans *Salz auf unserer Haut* tritt neben mich. »Ich sehe aufs Meer und denke an meinen Mann«, sagt sie. »Da muss ich gar nicht auf den Friedhof gehen. Das ist doch so viel schöner.«

Über das Meer, ihren persönlichen Friedhof, wollten wir eigentlich erst am folgenden Tag sprechen. »Aber fotografieren Sie mich doch schon heute«, schlägt sie vor. »Wir sollten dieses Wetter nutzen!« Als ich sie porträtiere, sitzt Benoîte Groult auf der Kaimauer, ihre Karosocken kommen zum Vorschein. Sie blickt zum Meer und dann in ihren Garten, schließt die Augen und badet ihr Gesicht in der späten Nachmittagssonne. »So, jetzt essen wir aber endlich Crêpes und reden!«, sagt sie und fährt mich zu meiner vier Kilometer entfernten Pension. Ich bringe den Koffer auf mein Zimmer; wenige Minuten später sitzen wir in der nahen Crêperie. Sie ist lieblos eingerichtet und wird von schlechter Radiomusik beschallt. Uns ist es egal. Benoîte Groult erzählt, wie ihre Mutter, eine erfolgreiche Pariser Modedesignerin, so manch einen Mann verführte. Dann spricht sie von Kurt, dem deutschen Juden, der mit zwölf sein Land verlassen musste und 1945 als amerikanischer Pilot Paris befreite und die gutbürgerliche, belesene junge Frau, Benoîte Groult, kennenlernte.

»Wir waren das ganze Leben ineinander verliebt«, sagt sie und nimmt einen Schluck Cidre. »Aber ich habe alle seine Heiratsanträge abgelehnt. Er wusste ja nicht mal, wer Ludwig XIV. war!« Aus dem ungebildeten Piloten machte Benoîte Groult in *Salz auf unserer Haut* einen bretonischen Fischer, der mit einer Pariser Intellektuellen eine Liebesbeziehung eingeht. Der Roman verkaufte sich allein in Deutschland drei Millionen Mal. »Piloten führen ja ein Leben im Abseits, genau wie Fischer sind sie unterwegs«, sagt sie. »Die Fischer Irlands sind zehn Tage am Stück auf dem Meer, sind nicht dabei, wenn ihr Kind geboren wird oder jemand aus der Familie stirbt. Das Meer ist ihre Welt. Und ein bisschen auch meine.«

Benoîte Groult bedeckt ihre erste Crêpe mit einer Schicht aus Salz, als wäre es Zucker. »Es heißt immer, man soll nicht so viel Salz essen«, sagt sie. »Davon bekommt man sonst noch irgendwann einen Herzinfarkt. Mir doch egal.« Mindestens vier Mal jährlich, ein halbes Jahrhundert lang, traf sie sich mit dem amerikanischen Piloten. Auch, als beide schon mit anderen Partnern verheiratet waren. Sie in dritter Ehe mit einem Journalisten. Als Benoîte Groult 1952 ihren vierten Mann, den Schriftsteller Paul Guimard, heiratete, vereinbarten beide eine offene Ehe. »Das Leben ist doch einfach zu lang für nur einen Mann oder eine Frau«, sagt sie und lächelt mich an. »Hat Sie das denn nie traurig gemacht?«, frage ich. »Klar«, antwortet sie, »es hat nicht selten Tränen gegeben: Mein Mann war ein großer Verführer. Aber auch ich habe einige Männer gehabt. Das ist doch viel besser, als sich immer wieder scheiden zu lassen.« Sie bestellt sich eine zweite Crêpe und sieht mich an: »Jetzt erzählen Sie aber von Ihrer Liebe!«

»Darf ich mich bei Ihnen einhaken?«, fragt sie, als wir das Restaurant verlassen. Sie schmiegt sich an mich. Schweigend spazieren wir im Dunkeln bis zu ihrem Auto. »Ich habe es erst vor kurzem gekauft. Ich weiß noch nicht, wo der Hebel für die Scheinwerfer ist«, erzählt sie und steigt ein. Wir suchen gemeinsam und finden ihn. »Bis morgen!«, sagt sie, schließt die Tür und verschwindet in der Nacht.

Am nächsten Tag stehen wir auf ihrem Balkon im ersten Stock und blicken an Kletterrosen vorbei auf das Meer und den Hafen. »Ach, der kleine Junge lernt gerade das Rudern. Da im Boot. Er kommt gar nicht voran«, sagt sie und lacht. »Wie süß!« Die mobile Dorffriseurin hat Benoîte Groult die Haare geschnitten und gelegt. »Schade, dass wir gestern schon die Fotos gemacht haben«, meinte die Autorin, als ich ankam. Und ich verstand und fotografierte sie noch einmal. Doch nun ist es nicht nur bewölkt, sondern auch kühl. So haben wir uns für das Gespräch ins Haus zurückgezogen, in ihr Arbeits- und Schlafzimmer mit dem atemberaubenden Blick auf das Meer. Auf ihren Friedhof.

»Bis ich achtzig war, dachte ich, ich sei unsterblich, aber jetzt bin ich 91 und wirklich alt«, sagt sie, während sie mich mit ihren wachen hellblauen Augen ansieht. Dann erzählt sie von ihrer Mitgliedschaft in der *Association pour le Droit de Mourir dans la Dignité*, einer Gesellschaft für würdevolles und selbstbestimmtes Sterben. »Ich will nicht, dass meine Kinder sehen, wie ich geistesabwesend über einen Schlauch ernährt werde. So sollen sie mich nicht in Erinnerung behalten«, sagt sie sehr bestimmt. »Ich möchte lebendig sterben. Hoffentlich habe ich den Mut dazu.«

Einige Male hat sie sich ihren eigenen Tod schon ausgemalt. »Mir schwebte vor, anstatt in meinem Bett im aufbrausenden Meer vor der Küste Irlands zu sterben. Ich dachte, wenn mein Mann und ich zusammen beim Fischen auf dem Boot untergingen, würden wundervolle Reaktionen in den Zeitungen erscheinen: ›Paul Guimard und Benoîte Groult im Seetang zum ewigen Schlaf versunken‹«, sagt sie und erklärt mir ihre Anspielung auf einen Vers von Victor Hugo. »Das wäre ein schöner Tod gewesen. Aber jetzt ist es zu spät. Ich fahre nicht mehr mit dem Boot hinaus. Ich habe meinen Tod auf hoher See verpasst.«

Als vor fünf Jahren ihr Ehemann starb, entschied sie sich zusammen mit der gemeinsamen Tochter Constance für eine Seebestattung. »Wir wollten das Meer als Grab«, sagt sie. Sie fuhren auf einem bretonischen Rettungsboot hinaus auf den Atlantik und versenkten die Urne. »Ich fand das schön: den Tod mit dem lebensrettenden Boot zu verbinden.« Dasselbe solle auch mal mit ihrer Asche geschehen. »Mein Mann und ich haben so viele Fische getötet. Jetzt ist es an uns, den Fischen als Nahrung zu dienen. Das nenne ich ausgleichende Gerechtigkeit.«

Ich denke an die Garnelen, die wir kurz zuvor gemeinsam mit Tochter Constance und deren Mann in der Küche des Hauses gegessen haben, stelle mir vor, wie die Garnelen an mir und Benoîte Groult knabbern. »Im Meer verwest man nicht!«, wird die Autorin ganz euphorisch. »Vorher fressen einen die Tiere auf. Das gefällt mir. Auch philosophisch gesehen. Friedhöfe, auf denen es doch nur Tote gibt, kommen mir trostlos vor. Im Meer aber halten sich Leben und Tod die Waage.«

Nur einmal in ihrem Leben ist Benoîte Groult gern auf einen Friedhof gegangen. Als der Pilot Kurt sie eines Tages darum bat: »Er hat mir gesagt: ›Ich möchte das Grab deiner Eltern besuchen, um ihnen dafür zu danken, dass sie dich in die Welt gesetzt haben.‹« Gerührt von diesen Worten, nahm sie ihn mit auf den Pariser Friedhof Montmartre. »Das war, abgesehen von ihrer

Beerdigung, das erste und letzte Mal, dass ich das Grab meiner Eltern gesehen habe. Ich mag es lieber ohne Gräber, ohne Inschriften, ohne alles. Einfach nur Unendlichkeit.«

Die Unendlichkeit des Wassers. Als Benoîte Groult Kind war, hatten ihre Großeltern ein Haus in der Bretagne, im Fischereihafen von Concarneau. Alle Ferien verbrachte das Pariser Mädchen dort und fuhr regelmäßig mit ihrem Großvater zum Fischen hinaus. »Ich habe gelernt, wie man Netze auswirft und wie man Käfige für den Hummerfang präpariert«, erzählt sie bei geöffneter Balkontür, in einem Sessel sitzend. »Sofort war mir das Meer vertrauter als das Land.« Die Leidenschaft blieb. Mit ihrem letzten Ehemann fuhr sie noch bis ins hohe Alter aufs Meer hinaus, um zu fischen. Doch das ist nun vorbei. Ihr Mann ist tot. Und nicht nur er. »Ich fühle mich wie ein Baum in einem Wald, in dem ein Sturm alle anderen Bäume gefällt hat«, sagt Benoîte Groult. Nur eine einzige, drei Jahre jüngere Freundin sei ihr noch geblieben. »Sie ist so kostbar für mich. Ich pflege sie wie eine kränkelnde Blume.«

Ansonsten freunde sie sich gerade mit einer jungen Frau an. Die zeichne einen Comic über ihr Leben, besuche sie regelmäßig in Paris, in ihrem Haus am Mittelmeer und hier in Doëlan. Junge Frauen würden ihr noch manchmal helfen, zum Beispiel am Flughafen den Koffer vom Förderband ziehen. »Aber für Männer bin ich in meinem Alter doch nur noch Luft! Für die bin ich keine Frau mehr, ja nicht einmal mehr ein Mensch.«

Sie sei doch nicht krank, auch nicht behindert und sehe schon gar nicht wie tot aus. Sie fahre noch mit dem Fahrrad durch Paris, um ihre beiden Töchter aus dritter Ehe zu besuchen, sie gehe ins Museum, sie arbeite im Garten, sie lese und schreibe. »Oft bin ich fitter als mancher mit sechzig. Aber ich fühle diese Angst der anderen. Wir sind keine Gesellschaft mehr, die den Tod respektiert.« Früher, auf den Bauernhöfen, hätten die alten Großeltern noch am Feuer gesessen und Gemüse geschält. »Heute versteckt man sie lieber im Altenheim. Man will den Tod nicht mehr sehen.« Alle dächten nur noch an ihre Selbstverwirklichung. Gleichzeitig würden die Menschen immer älter, in Zukunft sogar bis zu 120 Jahre. »Was machen wir denn dann mit den ganzen Hundertjährigen?! Wie sollen sie denn leben? Das wird die Katastrophe für viele Familien!«

Heute gebe es auch viel mehr Atheisten. Ihnen fehle somit die Geborgenheit der Religion. Benoîte Groult selbst empfindet das so. Bis zu ihrem zwanzigsten Lebensjahr war sie gläubig. Sie ging auf eine katholische Schule. Aber irgendwann habe sie vom Priestermangel auf dem Land erfahren. Mit Priesterinnen hätte man den beheben können. »Aber das wollten sie nicht, weil sie denken, Frauen seien im Gegensatz zu Männern keine Geschöpfe Gottes! Das kam mir so ungeheuerlich vor, dass ich meinen Glauben verloren habe. So bin ich keine Katholikin, sondern Feministin geworden.« – »Letztlich also wegen Gott«, sage ich. »*Gegen* Gott!«, korrigiert sie mich.

Wir stehen auf. Sie möchte die Balkontür schließen. Aber sie blickt noch einmal lange auf den Hafen und den Atlantik. »Auf dem Wasser ist das Licht noch schöner als auf dem Land«, sagt sie. »Auf dem Meer bewegt man sich außerhalb der Zeit. Man spürt die Ewigkeit.« Ich denke an die Urne ihres Mannes irgendwo da draußen auf dem Meeresgrund. »Kann man einen Menschen nach dessen Tod noch lieben?«, frage ich. »Natürlich kann man ihn noch lieben«, sagt sie und macht eine lange Pause. »Aber nicht sehr stark.« Sie lacht. »Lieben Sie Ihren Mann noch?« – »Nein, das ist keine Liebe mehr, wenn man sich nicht unterhalten kann, über Literatur, Politik und Religion. Da liebt man nur noch eine Erinnerung.« Sie schließt die Balkontür. »Aber ich hatte auch überhaupt keine Lust, mich umzubringen, als er starb«, sagt sie und sieht mich warm und herzlich an: »Ich will weiterleben. Solange ich gehen kann. Solange ich die Bretagne habe, die Sonne und die Pflanzen. Solange ich lebe, kriegt mich der Tod nicht.«

# Wohin der Macho Pedro Juan Gutiérrez sieht, um den Tod auszublenden, und warum er aus Angst keine Friedhöfe betritt

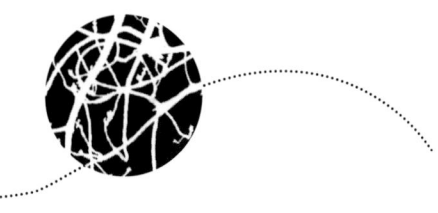

*CEMENTERIO CRISTÓBAL COLÓN,*
*HAVANNA, KUBA,*
*8. NOVEMBER 2010*

Pedro Juan Gutiérrez läuft an der Mauer des Cementerio Cristóbal Colón entlang. Von außen. Alle fünfzehn Meter wechseln sich Mauer und Zaun ab. Fast schon automatisch wird der Blick durch die geschmiedeten Gitterstäbe zu den weißen Marmorgräbern gelenkt. Doch der sechzigjährige Kubaner hält den Kopf abgewandt vom Friedhof. Die kreisrunden Gläser der Sonnenbrille unter der Baseballkappe sind auf die Calle Zapata gerichtet, wo alte Fords, Chevrolets und Buicks vorbeifahren, als wären wir in den USA der fünfziger Jahre und nicht ein halbes Jahrhundert später in der kubanischen Hauptstadt. Aus einem solchen zum Privattaxi umfunktionierten Oldtimer, einem himmelblauen, ist Pedro Juan Gutiérrez kurz zuvor ausgestiegen.

»Bei diesem interessanten Projekt möchte ich gerne mitmachen«, hatte er mir im Juni desselben Jahres geschrieben und sich jenen nach Christopher Kolumbus benannten Friedhof ausgesucht, den mit einer Million Bestattungen größten ganz Amerikas. Aber als es konkreter wurde, verstummte der kubanische Schriftsteller und Maler plötzlich. Ich hakte nach und erhielt Ende September folgende E-Mail:

»Werter Tobias, entschuldige, dass ich Dir nicht geantwortet habe. Es ist so: Ich habe ein bisschen Angst vor dem Tod. Und ich mag keine Friedhöfe. Angst vor dem Tod zu haben, ist vermutlich das Gleiche, wie in jeder Sekunde Angst vorm Atmen zu haben.« Er würde ja mit mir auf den Cementerio Colón gehen, zumal er es mir zugesagt habe. Aber es wäre für ihn schon eine sehr große Herausforderung. »Interviews gebe ich nämlich sonst immer auf meiner Dach-

terrasse mit Blick auf den Malecón. Von dort oben sehe ich den Frauen nach, die so schön mit dem Arsch wippen, trinke Rum und genieße das Leben. Im Vergleich dazu kommt mir ehrlich gesagt diese Sache mit dem Tod und dem Friedhof, puh, schon etwas bedrückend vor. Einen herzlichen Gruß, Pedro Juan«.

Am Nachmittag des 8. November blickt Gutiérrez auf einem Fußgängerweg und kurz darauf auf der Dachterrasse eines Hochhauses stehend in die Kamera, in seinem Rücken jeweils der weltberühmte Friedhof. Betreten werden wir ihn nicht. Darauf haben wir uns schnell geeinigt. Stattdessen sitzen wir bald darauf drei Kilometer nördlich auf der Dachterrasse des Autors und sehen vom siebten Stock hinunter auf die beliebte Uferpromenade und das Meer. Aus der Wohnung dringen Geräusche nach draußen: Kochtöpfe klappern, ein Kind tollt herum.

»Hier gibt es so viel Licht!«, schwärmt Gutiérrez, der vom Soldaten bis zum Eisverkäufer alle möglichen Berufe ausprobiert hat und trotz der desaströsen Wirtschaftslage des kommunistischen Landes nie woanders leben wollte. »Sieh mal, heute ist es bewölkt, aber trotzdem ist alles blau und grün. Seit 22 Jahren habe ich diese Wohnung mit Dachterrasse, so lange sehe ich schon diese Weite. Das alles hat sich mir in meine Seele eingeschrieben, in mein Herz.«

»Ich habe eine unbewusste Angst vor dem Tod«, erzählt er und versucht noch einmal zu erklären, warum er davor zurückschreckt, einen Friedhof zu betreten. Hier oben, den angenehmen kühlen Wind im Gesicht, fällt es ihm sichtlich leichter, über diese Dinge zu reden. »Ich habe Angst davor, eingeschlossen zu werden, zum Beispiel in einem Gefängnis, oder in einem Aufzug stecken zu bleiben. Das ist wohl die Angst vor der Dunkelheit.« Würde der Schriftsteller das nicht mit seiner warmen, herzlichen Stimme sagen, könnte man meinen, er scherze. Dieser Mann, der einem mit seinem kahlen Schädel und den tiefen Augenhöhlen Respekt einflößt, der mit der geplätteten Halskette aus

Gold, dem tätowierten Oberarm und Sprüchen wie »Die Mulattinnen und die schwarzen Frauen hier, die sind schon Sex pur!« den perfekten Macho abgibt, dieser Mann soll Angst haben?

»In jedem von uns steckt ein Engel und ein Dämon. Ich versuche immer, meine helle Facette zu betonen. Aber geschrieben habe ich viele Bücher über die Schattenseite des Lebens: über die materielle Armut, die auch hier in diesem Viertel herrscht und die zu einer moralischen Verarmung geführt hat, über Menschen, die oft nichts zu essen haben und von nur einem Dollar pro Tag leben.«

Gutiérrez mustert mich von oben bis unten und schüttelt den Kopf: »Du hast ja nur schwarze Sachen an! So etwas könnte ich nicht. Ich trage lieber Weiß, Rot oder Blau. Ich besitze nicht mal ein einziges schwarzes Kleidungsstück. Ich lehne alles Dunkle ab.« Und doch holt es ihn beim Schreiben ein, auch in seiner Lyrik: »Gestern habe ich sieben oder acht handgeschriebene Gedichte abgetippt. Und alle hatten mit dem Tod zu tun. In jedem Gedicht: der Tod, der Tod, der Tod. Erstaunlich, oder?«

Ansonsten ertrage er das Leben, indem er es nicht so ernst nehme und am Abend auf seiner Terrasse sitze: »Ich rauche eine Zigarre, blicke auf das Meer und lausche der Ruhe. Dann bin ich glücklich.« Auch Pedro Juan, Erzähler des Episodenromans *Schmutzige Havanna Trilogie* und Alter Ego von Gutiérrez, hat Mitte der neunziger Jahre eine Dachterrasse am Malecón und ist hingerissen von der Schönheit in dieser Stadt voller Elend. In dem stark autobiografischen Buch meistert die Hauptfigur den täglichen Überlebenskampf mit einer gleichgültigen Gelassenheit und vor allem mit sehr viel wildem Sex mit unterschiedlichsten Frauen. Ein Don Juan der Gosse, der sich auf das konzentriert, was das heruntergewirtschaftete Kuba noch im Überfluss zu bieten hat: Kubanerinnen.

»Ich bin praktizierender Buddhist«, erzählt mir der Schriftsteller, während die Sonne hinter den fulminanten Wolken untergeht, und überrascht mich einmal mehr. »Seitdem ist mir klar: Das Leben ist unaufhörlich im Fluss, nichts ist von Dauer. Ich habe gelernt, dankbar zu sein. Ich bin dankbar für unser Treffen hier. Selbst für den Tod meiner Mutter. Schließlich bin ich letztlich gestärkt aus dieser Erfahrung hervorgegangen. Man muss den Tod einfach annehmen, in aller Demut. Das ist für mich eine große Lehre gewesen.« Geblieben ist aber die Angst vor dem Friedhof.

»Als junger Mann musste ich die Leichen meiner Großeltern exhumieren, um dort einen Onkel zu begraben. Ich habe also die sterblichen Überreste meiner Großeltern gesehen, zwölf beziehungsweise fünfzehn Jahre nach ihrem Tod. Das war eine

unglaublich brutale Erfahrung. Deshalb lasse ich den Gedanken, dass sich der menschliche Körper in seine Bestandteile auflöst, dass er verwest, nicht mehr an mich heran. Für mich ist das schlimm: mir bewusst zu machen, dass wir rein biologische Wesen sind und nur aus Materie bestehen. Wir wirken dann so verletzlich, so zerbrechlich.«

Deshalb hat er schon mit seiner Frau und den Kindern besprochen, was nach seinem Tod geschehen soll: »Ich möchte verbrannt werden. Ich will nicht in der Dunkelheit begraben sein und mich auf diese ekelhafte, schreckliche Weise in meine Bestandteile auflösen. Ich möchte lieber im Feuer zu Asche und Rauch werden.«

Der Duft von Tomatensoße strömt aus der Dachgeschosswohnung. Das Essen ist fertig. Pedro Juan Gutiérrez blickt noch einmal zufrieden zum Horizont: »Dieses Meer. Diese Weite. Diese Wolken.« ○

FRIEDHOF VON FLATEY, ISLAND,
16. BIS 18. SEPTEMBER 2011

# Wie Hallgrímur Helgason auf einer isländischen Insel behauptet, der Tod betreffe ihn nicht, auf der Rückfahrt in Seenot gerät und dann alles revidiert

Ein Mann steht am Kai. Er trägt einen schwarzen Mantel und einen grauen Hut und blickt auf den Boden. Mit einem Arm lehnt er sich an einen Geräteschuppen. Um Halt zu suchen, aber auch, um sich wieder zu sammeln. Eine isländische Flagge flattert hoch oben im Wind. Eine Metallöse schlägt aufgeregt gegen die Fahnenstange, erinnert an den Herzschlag des Mannes auf hoher See. Der Mann sieht langsam auf zum Breiðafjörður, zu den meterhohen Wellen, die sich weiter draußen im Fjord wild überschlagen. Diesem tosenden Sturm ist er gerade entkommen. Der Mann ist keine Romanfigur, sondern der isländische Autor Hallgrímur Helgason.

»Dieser Breiðafjörður ist berühmt-berüchtigt für seine starken Böen und Wellen, die der Schifffahrt Probleme bereiten«, sagt Helgason wie im Halbschlaf, die Stimme gezeichnet vom Schock. »Eggert Ólafsson, der bekannteste isländische Dichter des 18. Jahrhunderts, war ein junger, frisch verheirateter Mann, als er in seinem Boot in ebendiesem Fjord in Seenot geriet und starb. Viele Gedichte sind über diesen dramatischen Tod geschrieben worden. Ich habe sie auf dem Boot in Gedanken rezitiert und gedacht: ›Oh mein Gott! Ich bin der Nächste!‹«

Wer den schrägen Humor Helgasons kennt, Grim, seine Comic-Figur mit Vampirzähnen und einer Nase, die so lang ist wie die von Pinocchio, oder Hlynur, seinen pornosüchtigen, unaufhörlich über den Tod witzelnden Antihelden aus dem Roman *101 Reykjavík*, der könnte die Worte des 52-jährigen Isländers am Hafen von Stykkishólmur für einen bösen Scherz halten. Auch ich hätte meine Zweifel, wenn da nicht das kreidebleiche Gesicht des Schriftstellers wäre. Wenn nicht auch ich auf wackligen Beinen an ebendiesem Kai stände, gerade noch in der Lage, das Mikrofon auf Hallgrímur Helgason zu richten. Doch der Reihe nach.

Zwei Tage zuvor stehen wir, beide noch bester Laune, nach einer eineinhalbstündigen Fahrt aus Reykjavík schon einmal am Hafen von Stykkishólmur. Hier, im Westen Islands, nehmen wir das Schiff nach Flatey, zu jener Insel weit draußen im fünfzig Kilometer breiten Fjord, die so malerisch, aber auch archaisch wirkt und einst der Weihnachtsserie *Nonni und Manni* als Filmkulisse diente. Es ist Mitte September. Die Reisesaison ist vorüber. Die Boote fahren nicht mehr täglich. Wer, wie wir, das Schiff am Freitag nimmt, kann Flatey frühestens am Sonntag wieder verlassen. Helgason geht an Deck, bis zum äußersten Punkt des Bugs, hält sich mit einer Hand an der Reling fest, mit der anderen verhindert er, dass der Wind ihm den Hut vom Kopf bläst. »Auf einer Insel in diesem Fjord ist meine neue Hauptfigur aufgewachsen«, sagt er und meint die achtzigjährige Herbjörg María Björnsson, jene kratzbürstige, sterbenskranke Isländerin aus dem Roman *Eine Frau bei 1000°*. Sie wohnt in einer Garage, surft im Bett sitzend im Internet und lässt noch einmal ihr bewegtes Leben Revue passieren:

[...] wenn der Breiðafjörður mein Leben ist, dann sind seine Inseln die Tage, an die ich mich erinnern kann, und jetzt tuckere ich mit dem neumodischen Außenbordmotor, den man Computer nennt, in meinem Bettnachen zwischen ihnen umher. Tucker, tucker, tucker.

Hallgrímur Helgason deutet in Fahrtrichtung: »Da hinten kann man die Häuser der Insel Flatey erkennen, diese weißen Punkte am Horizont.« Zweimal besucht Herbjörg María Björnsson im Roman den Friedhof von Flatey. Das Buch steht wenige Tage vor der Veröffentlichung, als wir an der nur 300 Meter breiten, aber größten Insel des Fjords anlegen. Helgason hat in seinem Koffer die Druckfahnen des isländischen Originals mitgebracht, um noch letzte Korrekturen vorzunehmen.

Das tut er am selben Abend in seinem Fremdenzimmer, nachdem die Hausherrin mich mit Fischfrikadellen und Helgason mit Wurst und dem sogenannten Glückliche-Ehe-Kuchen versorgt hat. Der Autor ist geschieden. Ein Freund der Wirtin, der aussieht wie ein siebzigjähriger

Ernst Jünger, hört von unserem Vorhaben und guckt mich mitleidig an: »Anstatt Schriftsteller auf den Friedhof zu führen, solltest du mal lieber helfen, Leute dorthin zu tragen.«

Am nächsten Morgen laufen Helgason und ich zum Friedhof, auf dem einzigen Weg der Insel. Hier begegnen sich alle zehn dauerhaften Bewohner von Flatey. Ob sie nun wollen oder nicht. Die Hälfte spricht seit Jahrzehnten nicht mehr miteinander. Wegen einer Liebesaffäre, heißt es. »Uah! Schafscheiße klebt an meinen Sohlen!«, sagt Helgason, als wir auf einer Anhöhe vor dem Friedhofsgatter stehen. Außerhalb des Zauns, auch um die strahlend weiße Kirche herum, die nur noch einmal im Jahr für einen Gottesdienst genutzt wird, haben Schafe mit der Konsequenz von Rasenmähern das Gras gestutzt. Nur auf dem Friedhof selbst, der tabu für die Tiere ist, steht es noch saftig und hoch.

»Ich weiß nicht, ob ich hier jemals bei solch einem schönen Wetter gewesen bin«, bemerkt Helgason. Am Horizont hinterm Fjord erkennt man das Festland und schwebend darüber einen weißen Fleck. »Unseren Fuji-Berg« nennt Helgason den Snæfellsjökull, jenen berühmten Gletscher, an dem Jules Verne seine *Reise zum Mittelpunkt der Erde* beginnen lässt. »Siehst du das weiße Haus da hinten?«, fragt mich Helgason und deutet auf eine Nachbarinsel. »Das ist Svefneyjar. Das bedeutet ›Insel des Schlafs‹. Da verbringt die Hauptfigur meines neuen Romans ihre Kindheit.« Dort, auf einem Bauernhof, habe eine junge Frau namens Guðrun, auch genannt Schwitze-Gunna, gearbeitet und sich 1936 aus Liebeskummer ins Meer gestürzt. »Sie liegt hier begraben«, sagt Hallgrímur Helgason und öffnet scheppernd das metallene Gatter. »Sehen wir mal nach, ob wir ihr Grab finden!« Er klingt so zuversichtlich, als glaubte er selbst daran, hier auf den realen Gedenkstein dieser erfundenen Frau zu stoßen.

Ein Hahn kräht auf dem benachbarten Hof. Während ich die Kamera aufbaue, liegt Helgason zwischen den Gräbern im Gras, im Mund einen Halm, und sieht aufs Wasser. Ein Falke blickt herab vom Kreuz des Kirchendachs, dem wohl höchsten Punkt im ganzen Fjord.

Nach den Fotos bitte ich Helgason, eine Passage aus seinem neuen Roman *Eine Frau bei 1000°* vorzulesen. Lustvoll zieht der Autor die Nase hoch und spuckt ins Gras. Dann schlägt er jenes Kapitel auf, in dem die unheilbar krebskranke Hauptfigur aus ihrer Garage beim Krematoriumsbüro in Reykjavík anruft, um einen Antrag auf ihre eigene Einäscherung, möglichst bei 1000 Grad, zu stellen:

»Sie können ihn online ausfüllen und an uns schicken, aber wir bearbeiten ihn eigentlich nicht, bevor ... na ja.«
»Bevor?«
»Nun ja, wir bearbeiten ihn nicht, bevor ... na, Sie wissen schon ... also bevor, äh ..., bevor die Leute tot sind, okay?«
»Gut. Wenn es so weit ist, werde ich tot sein. Darauf kannst du dich verlassen.«
»So? Hm ...«
»Also, wenn's eng wird, komme ich einfach vorbei, und ihr schiebt mich lebend in den Ofen.«

Was würde er tun, wenn *er* nur noch wenige Wochen zu leben hätte, frage ich Hallgrímur Helgason auf dem Friedhof von Flatey. »Ich würde mir eine Garage mieten, mich dort einschließen und schreiben, schreiben, schreiben«, antwortet er und stellt gleich klar, dass er sich nie um seine eigene Einäscherung kümmern würde. Wer am Leben sei, solle einfach nur leben und das Beste daraus machen: »Ich denke nicht über den Tod nach.« Das könne ich mir nicht vorstellen, sage ich und erwähne seine Bücher, in denen der Tod so präsent ist. »Ist nicht das Leben die wilde Party und der Tod der Tag danach«, sinniert Hlynur aus *101 Reykjavík*, der sich jedes Wochenende im Zentrum der Hauptstadt betrinkt und einen Spruch über den Tod nach dem anderen herausschleudert. Er sei nicht gern auf Familienfeiern, viel lieber auf Beerdigungen, sagt Hlynur. Da könne man sich schließlich sicher sein, einen Idioten weniger anzutreffen. Friedhöfe und Müllkippen, für Hlynur ist das irgendwie dasselbe:

**Särge hierhin, Säcke dahin. Opa zur einen Seite, mein alter Videorecorder zur anderen. Er wird wohl noch besser erhalten sein als der Alte. Spule und Seele. Seele und Spule.**

»Der Schriftsteller in mir ist jemand anderes als ich selbst«, sagt Helgason. »Wir sind zwei verschiedene Menschen. Der Schriftsteller in mir denkt sehr viel über den Tod nach. Für mich selbst hat dagegen das Leben nichts mit dem Tod zu tun. Natürlich gehe ich auch mal zu einer Beerdigung. Aber sonst betrifft mich der Tod nicht.«

Am Mittag des nächsten Tages hängen die Wolken dunkel und schwer über der Insel und dem Friedhof. Ich mache ein letztes Foto. Dann gehen wir mit unseren Koffern zum Hafen. Die Fähre, die eigentlich für uns bestimmt war, ist zu den Westmännerinseln abgezogen worden. Als Ersatz liegt nun ein kleines Touristenboot im Hafen. Sieben Passagiere steigen ein. Hallgrímur Helgason geht gleich hoch zum Kapitän, um sich ein bisschen mit ihm zu unterhalten, aber auch der guten Aussicht wegen. Während die anderen hinunter in den Passagierraum steigen, bleibe ich allein im Eingangsbereich des Bootes sitzen, halte Aufnahmegerät und Mikrofon bereit, um die Fahrgeräusche aufzuzeichnen. Doch schon bald werden wir so durchgeschüttelt, dass ich mich nur noch darauf konzentrieren kann, aus dem Fenster zu sehen, um irgendwie den Horizont im Auge zu behalten. Ich höre Passagiere schreien. Der Bootsmann rennt mehrmals hektisch an mir vorbei. Wasser spritzt mir vor die Füße. Ich sehe den Horizont nicht mehr, nur noch Wasser, das angriffslustig gegen die Scheibe knallt. Ich weiß, wir sind mitten in einem gefährlichen Unwetter. Das war's, denke ich und ziehe mein Handy, um noch jemanden anzurufen. Aber beim Blick aufs Display wird mir so schlecht, dass ich es aufgebe und mich nur noch in die Lehne meines Sitzes kralle. Niemand wird jemals die Friedhofsfotos aus Flatey sehen, denke ich. Der Bootsmann rennt wieder an mir vorbei. Ich erinnere mich an ein Kapitel aus *Eine Frau bei 1000°*. Darin stellt sich die kranke Heldin in ihrem Bett vor, wie sie im Breiðafjörður versinkt:

Ja, guckt mich altes Elend an und hört mich untergehend singen:
See, See,
seht meine See!
Jetzt geh ich unter, und alles vergeh!

Wie es wohl Hallgrímur ergeht, da oben beim Kapitän, überlege ich.

»Ich warf einen Blick in den Passagierraum und sah meinen deutschen Radiomann leichenblass dasitzen, an die Stuhllehne geklammert starrte er wie ein verschreckter Hamster aus dem Fenster«, wird Helgason einen Monat später in der *Stuttgarter Zeitung* schreiben. »Die Rolltreppe bei Karstadt war vermutlich das Gefährlichste, was er bis dato erlebt hatte.«

Nach einer Dreiviertelstunde beruhigt sich die See so schnell, wie sie sich aufgetürmt hat. Wir fahren in den Hafen von Stykkishólmur ein. Auf dem Parkplatz steigen Hallgrímur Helgason und ich wie Roboter in sein Auto. Er dreht den Zündschlüssel um, fährt aber nicht los. »Ich kann noch nicht«, sagt er. »Ich auch nicht«, sage ich. Dann lachen wir, ein Lachen zwischen Albernheit und Wahnsinn, und steigen aus. Hallgrímur Helgason geht langsam zum Kai und lehnt sich an einen Geräteschuppen. Das perfekte Foto, denke ich. Aber ich weiß, ich bin gerade außerstande, die Kamera aufzubauen. Ich kann ja kaum stehen. Ich ziehe den Rekorder und das Mikrofon hervor, torkele zum Kai und drücke auf Aufnahme. »Hallgrímur, wie war eigentlich die Bootsfahrt?«, frage ich. Er lacht, holt tief Luft und erzählt:

»Es war schrecklich. Ich bin so froh, wieder in Sicherheit, an Land zu sein. Vorher war ich noch nie in Seenot gewesen. Das war doch sehr gefährlich. Ich hatte große Angst. Ich saß neben dem Kapitän. Riesenwellen sind gegen das Boot geschlagen und haben es fast senkrecht aufgerichtet. Dann ist es wieder heruntergefallen, gegen die nächsten Wellen gekracht und erneut hochgeschleudert worden. Mein Kopf ist gegen die Decke geprallt, und mein Hut kam mir wie ein Schutzhelm vor. Ein großer Kompass ist heruntergefallen. Ich habe den Kapitän gefragt: ›Warst du schon mal in einem so schlimmen Unwetter?‹ Und er hat geantwortet: ›Ich fahre ja sonst nur die großen Boote.‹ Und ich: ›Du bist also noch nie mit einem so kleinen Boot in einem solchen Sturm gewesen?‹ Da hat er geschwiegen. Dann ist der Feueralarm angegangen. Und der Kapitän hat den Bootsmann gefragt: ›Brennt es im Maschinenraum?‹ Da habe ich gedacht: Das ist mein Ende. Ich musste an das Romanmanuskript zu *Eine Frau bei 1000°* denken, das noch nicht auf Isländisch veröffentlicht ist. Ich dachte, der Roman und ich, wir würden beide untergehen. Vor allem habe ich mich um den Roman gesorgt. Nie würde er in der von mir überarbeiteten Fassung erscheinen. All das ist mir durch den Kopf gegangen. Und jetzt bin ich unendlich froh, hier nun wieder festen Boden unter den Füßen zu haben.«

# Warum Keri Hulme Friedhöfe nur mit Knochenschmuck betritt und inwiefern ein Schädel ein anhänglicher Freund sein kann

*TAWHIROKO CEMETERY,
MOERAKI, NEUSEELAND,
25. FEBRUAR 2012*

Die Scheibenwischer kämpfen gegen die ersten Regentropfen des Tages. Doch vom Wetter geht nichts Trübes aus. Zu spektakulär türmen sich die Wolken über der sanft geschwungenen Küstenlandschaft auf. »Der Himmel ist mir vertraut«, sagt Keri Hulme. »Aber es ist wie mit dem Meer: Man sieht nie dasselbe.«

Ich sitze, die Beine angewinkelt, eingeklemmt zwischen Lehne und Armaturenbrett und werfe einen Blick über meine Schulter. Ein bunter Fisch sieht mich an: der Knauf eines Spazierstocks. Drei weitere kuriose Stöcke liegen darunter. Fünf ineinandergesteckte Hüte bilden einen Turm. Bella, ein weißer Schoßhund, hechelt zwischen unzähligen bis zur Decke gestapelten Kisten. Das Inventar eines Lebens, denke ich, eine Wunderkammer auf Rädern. Am Steuer: Keri Hulme, schlabbrige Jogginghose, orange getönte Brille, die grauen lockigen Haare in ein Schwänzchen mündend.

»Ich genieße den Himmel, so wie das Land überhaupt, auch wenn hier Menschen viel zerstört haben«, sagt sie, als wir auf Neuseelands Südinsel auf dem Weg ins Küstendorf Moeraki sind. Spätestens im 14. Jahrhundert haben die aus Polynesien kommenden Maori, Keri Hulmes Vorfahren mütterlicherseits, die Insel entdeckt, nach und nach besiedelt und unter anderem vier Arten des Moa ausgerottet, eines flugunfähigen Riesenvogels. »Der Moa hat sie friedlich angeguckt, bis sie ihm mit einem Stein auf den Kopf geschlagen haben.«

Keri Hulme ist eine intime Kennerin der Flora und Fauna ihres Landes und hat in ihrem Gedächtnis und ihren Texten die ausgestorbenen Arten bewahrt. Seit vierzehn Jahren hat sie Neuseeland nicht mehr verlassen. Selbst die Nordinsel besucht sie nicht mehr. Hier im Süden gebe es doch genug zu entdecken. Solange die Menschen nicht alles zerstörten. »Hier gibt es jetzt viele Touristen. Leider habe ich selbst dazu beigetragen«, sagt sie, als wir an jenem Küstenstück vorbeifahren, an dem bis zu zwei Meter dicke, kugelförmige Gesteinsformationen zur Attraktion geworden sind. »Aber das Hauptproblem ist die stark wachsende einheimische Bevölkerung.« Als Keri Hulme 1947 in Christchurch geboren wurde, lebten nur 1,5 Millionen Menschen im gesamten Land. Mittlerweile hat sich die Bevölkerung verdreifacht. Somit gibt es heute in ganz Neuseeland genauso viele Menschen wie in Berlin und Umland. »Das kommt mir wenig vor«, sage ich und blicke aus dem Fenster in die weite, unberührte Landschaft. Aber für die Naturliebhaberin Keri Hulme sind es erschreckend viele Menschen. Wer in ihrem Buch *Steinfisch* den Text *Einige Nahrungsmittel, denen Sie lieber aus dem Weg gehen sollten* liest, wird das Gefühl nicht los, die Autorin räche sich damit augenzwinkernd an allen, die Raubbau an der Natur begehen. So beschreibt sie eine menschenfressende Auster und einen »falschen Schopftintling«:

In dem Moment, da dem Ding die Gesellschaft anderer Pilze (die es normalerweise meiden) gestattet wird, beginnt es eine ungeheure Anzahl ganz besonderer Fäden zu produzieren. Sobald diese in Kontakt mit menschlichem Speichel kommen, heißt es aus die Maus, bis auf das Gebrüll (und davon gibt es gewöhnlich reichlich). Die Fäden dringen mit erstaunlicher Geschwindigkeit in jede Zelle des Körpers ein: Sie bringen die Zellwände zum Einsturz und verwandeln den Zellinhalt in zähflüssigen, übelriechenden dunkelgrünen Schleim.
Den aus Ihrem Teppich rauszubekommen ist schwierig. Dem Ehepartner/Gefährten/Angehörigen des Verstorbenen das Geschehene zu erklären, ist ebenfalls schwierig.

»Schauen Sie sich dieses potthässliche Ding da oben an!«, sagt Keri Hulme und stößt einen Laut des Ekels aus, als wir über einen Feldweg durch Moeraki fahren. Sie meint ein modernes Haus auf einem Hügel. Elf Jahre ist sie nicht mehr in diesem Dorf gewesen, in dem sie mit ihren Eltern und Geschwistern so oft die Ferien und fast jedes Wochenende verbrachte. Hier schrieb sie später in einer Strandhütte *Unter dem Tagmond*, jenen Roman über eine komplizierte Dreiecksbeziehung, der sie mit einem Schlag weltbekannt machte und für den sie als einzige Schriftstellerin des Landes den renommierten Booker-Preis erhielt.

Sie fährt über einen Schotterweg, der den Strand von einer deutlich höher gelegenen Grünfläche trennt: dem Tawhiroko Cemetery, einem der letzten Friedhöfe, die so klein und unbekannt sind, dass man sie vergeblich im Internet sucht. Keri Hulme parkt. Im Gras vor dem Friedhofszaun liegt ein Seehund. »Dem geht's bestimmt nicht gut«, sagt sie. »Sonst hätte er sich nicht so weit vom Strand entfernt.« Das würden die Tiere nur tun, wenn sie stürben. Keri Hulme steigt aus, klappt ein Holzetui im Fischdesign auf und holt eine Kette mit einem weißen Anhänger hervor. Eine Schnitzerei stellt einen doppelten Vogelmann dar, ein bekanntes Symbol der Maori. »Die Kette lege ich immer an, bevor ich einen Ort zwischen den Welten betrete«, erklärt sie. »Einen Ort zwischen dem Reich der Papatuanuku und dem der Hine-nui-te-pō.« Als ich sie hilflos ansehe, ergänzt sie: »Zwischen dem Reich, über das die Göttin der Erde herrscht, und dem Reich des Todes, für das die Göttin der Nacht zuständig ist.«

Sie legt sich die Kette um den Hals. Der elfenbeinfarbene Anhänger ruht auf ihrem schwarzen Pullover. Später, als sie mich zu *Fish and Chips* einlädt und wir aufgegessen haben, reiche ich ihr eine Serviette. »Nein, danke. Ich mache das immer *so*«, sagt sie, wischt sich die fettigen Finger genüsslich an ihrem Pullover ab und sieht mich dabei schelmisch an. Aus Walknochen sei der Anhänger geschnitzt, erzählt sie, als wir den kleinen Maori-Friedhof betreten, von dem aus man das hellblau leuchtende Meer überblickt. »Früher war es unter den Maori nichts Ungewöhnliches, am Körper Knochen oder Zähne toter Verwandter zu tragen oder der Feinde. Walknochen galten als Geschenk von Takaroa, dem Gott des Meeres. Um sich dankbar zu zeigen, verarbeiteten die Menschen jedes noch so kleine Stück Walknochen, das vom Meer angespült wurde.« Nur fünf alte Gräber, alle aus der zweiten Hälfte des 19. Jahrhunderts, sind noch erhalten. An jedes einzelne erinnert sie sich noch genau. Keri Hulme möchte eingeäschert und dann hier im Meer vor Moeraki versenkt werden: »Grabschmuck, nie im Leben!«

In ihrer Kindheit war sie von Gräbern fasziniert. Mit ihren drei Schwestern und ihrem Bruder spielte sie regelmäßig auf diesem Friedhof. Besonders regte das größte Grabmal ihre kindliche Fantasie an. Am Kopfende ragt ein übermannshoher, stark verwitterter Stein in die Luft. Davor am Boden ein anderer Stein, der einem flachen Sarg mit Deckel gleicht. »Deshalb dachten wir, wenn man ihn öffnete, könnte man die Leiche sehen«, erinnert sich Keri Hulme. »Für uns lag sie nicht unter der Erde, sondern im Grabstein.«

Hier am Tutakahikura-Strand spielte sie mit ihren Geschwistern das Gezeiten-Spiel. Sie warteten, bis sich das Wasser zurückzog, und folgten ihm. Dann rannten sie, so schnell sie konnten, in Richtung Friedhof, um möglichst nicht vom Wasser eingeholt zu werden. Genau aus dieser Perspektive, vom tiefer gelegenen Strand aus, hat Keri Hulme ein Gedicht geschrieben:

[…]

und Tawhiroko
mit seinen Grabsteinen, unsichtbar am Horizont, versunkene Gräber, Steine
über den Köpfen, die Toten die Toten unter einem östlichen Himmel –

es ist ein Strand: könnte ich sagen
da ist das südliche Ende, das ist gut zum Angeln
da ist das nördliche Ende, da liegt ein Freund begraben
ein Versteck der menschlichen Vergangenheit, ein Mischmasch aus Fußabdrücken
und altem Gezeitengut, angespült nach Wellen-Ritten
es ist ein Strand –

und Tawhiroko
mit seinen Grabsteinen, unsichtbar am Horizont, versunkene Gräber, versunkene Steine
über den Köpfen, und die Toten    die Toten    die Toten
unter diesem östlichen Himmel

Das Meer frisst sich immer weiter ins Land hinein. Hier in der Umgebung liegen einige Menschen an Küstenhängen begraben. »Sie wollten einen Seeblick haben. Aber die Hänge rutschen manchmal ab und mit ihnen die Gebeine. Das Meer zerlegt sie dann in ihre Einzelteile«, erzählt Keri Hulme und erinnert sich an einen Vorfall: »Als mein Bruder Andrew zehn oder elf war, hat er am Strand einen Schädel gefunden. ›Na gut, dann bringe ich ihn einfach wieder zurück!‹, hat er gesagt, ist den Hang hochgeklettert, hat mit den Händen ein Loch gegraben, den Schädel reingelegt und ihn mit Erde zugeschüttet.« Aber im nächsten Jahr habe das Meer ihn wieder freigespült. Also habe ihr Bruder den Schädel erneut begraben. Drei oder vier Jahre lang habe sich das Spiel wiederholt. »Da haben wir dem Schädel einen Namen gegeben: Andrews kleiner Freund.«

Keri Hulme hat keine Berührungsängste, wenn es um Knochen geht. Zu sehr fühlt sie sich den Maori verbunden. *The Bone People* (Die Knochenmenschen) heißt die Originalfassung ihres Romans *Unter dem Tagmond*. »Einiges, was die Maori mit Leichen gemacht haben, möchten Sie sicher nicht wissen«, warnt sie mich. »Doch!«, erwidere ich. Sie freut sich sichtlich über meine Antwort: »Na gut, Sie haben es so gewollt! Die Maori haben die Hände besonders verhasster Feinde geräuchert, bis sie steif waren. Dann haben sie die Hände abgehackt und an die Wand genagelt.

So entstanden perfekte Halterungen. Daran konnte man wunderbar Dinge hängen!« Keri Hulme ist nicht mehr zu bremsen und erzählt von Köpfen, die männlichen Feinden oder hochgeschätzten Anführern nach deren Tod abgeschlagen wurden. Die Männer der Maori hatten nämlich einzigartige Gesichtstätowierungen. »Das war ein bisschen so, wie wenn man heute ein Foto macht«, sagt Keri Hulme mit dem britischen Humor, den sie von ihrem Vater hat: »Bitte lächeln, mein Lieber!«

Als ihr Vater starb, war sie elf. »Seine englische Familie war der Meinung, es sei nicht gut für mich als Kind, einen Menschen im Sarg zu sehen. Deshalb habe ich zum ersten Mal einen Toten gesehen, als ein Schulfreund starb, kurz bevor ich das Gymnasium verließ, mit achtzehn.« Keri Hulme begann ein Jura-Studium, musste es aber aus Geldmangel abbrechen. Sie arbeitete als Tabakpflückerin und Postangestellte, war Köchin und Bauarbeiterin. Mit 25 zog sie in ein einsames, achteckiges Haus an der Westküste, um in Ruhe zu fischen, zu schreiben und zu malen. Das tut sie heute noch. Als Atheistin und asexuelle Frau, wie sie sich selbst nennt, genießt sie auf ihre Art das Leben. »Ich habe keine Angst vor dem Tod, aber ich werde es hassen und mich ärgern, wenn ich sterbe«, sagt sie und blickt auf das Meer. »Ich bin nämlich schrecklich gerne am Leben!«

»Was aber, wenn die Lust aufs Leben irgendwann nicht mehr da sein sollte?«, frage ich. »Dann würde ich dafür sorgen, dass ich tot bin«, antwortet sie, ohne zu zögern. »Unter meinen Maori-Vorfahren war Selbstmord recht üblich. Wenn das Leben keine Freude mehr macht: Abgang!«

Als wir den Friedhof durch die Pforte verlassen, ist der sterbende Seehund verschwunden. Ob das Tier schon tot ist? Ich merke, dass auch Keri Hulme die Frage beschäftigt. Der Seehund sei doch genau wie sie ein fühlendes Wesen, sagt sie. Ich überlege, ob sie sich selbst für bedeutender als einen Seehund hält, und zweifle daran. Wenn man von Keri Hulme E-Mails bekommt, wird neben der Betreffzeile ein roter, nach unten deutender Pfeil angezeigt. »Unterste Priorität« heißt das, ihre Nachricht sei unwichtig. Bei einem Online-Buchhändler hat Keri Hulme ganz offen ihr eigenes Werk *Steinfisch* bewertet und ihm nicht die volle Punktzahl gegeben. Begründung: »Nichts, was ich schreibe, wird jemals perfekt sein.« Was also werde fehlen, wenn sie, Keri Hulme, einmal tot sei, frage ich. »Ein fühlendes Wesen«, sagt sie. »Ein fühlendes Wesen, das mehr gegeben als genommen hat. Es ist mir wichtig, danach zu handeln, solange ich lebe.«

# Was Thomas Hürlimann seinem sterbenden Bruder versprochen hat und warum der Autor heute gerne an seinen eigenen Tod denkt

**FRIEDHOF ST. MICHAEL,
ZUG, SCHWEIZ,
28. JULI 2010**

Wie auf Knopfdruck setzt der Sommerregen aus, als Thomas Hürlimann und ich aus seinem Auto steigen, direkt neben dem alten Friedhofseingang. Ich bin misstrauisch und nehme vier Regenschirme aus dem Kofferraum, um uns und die Fotoausrüstung schützen zu können. Thomas Hürlimann schlägt die Heckklappe zu. Zehn Sekunden später stehen wir vor unserem Ziel. »Siehst du, das hier ist es«, sagt er. Kurz zuvor hat er mir das Du angeboten. »Das ist das Grab meiner Eltern und meines Bruders. Der Bruder war der Erste.«

*Matthias Hürlimann 1959–1980* ist ganz oben in den wuchtigen Quader aus Granit eingraviert. Darunter: *Hans Hürlimann 1918–1994. Marie-Theres Hürlimann-Duft 1926–2001.* Der Efeu an der Mauer, die Fuchsien und Hortensien, die roten Rosen, Edellieschen und Begonien, die den Stein umgeben, lassen ihn weniger prosaisch erscheinen. Nirgendwo sonst auf dem Friedhof St. Michael im Schweizer Zug, der Geburtsstadt des Autors, ist es so farbenfroh wie hier. »Das Grab ist ja der Eingang ins Paradies«, sagt Thomas Hürlimann. »Deshalb sollen da auch die Blumen blühen.«

Hier unten, auf dem alten Teil des Friedhofs, der einst geschaffen wurde, um die Pest-Toten beizusetzen, sind die Gräber groß und luftig. Oben am Hang, von wo aus man die Dächer der Stadt und den Zuger See überblickt, trennen nur wenige Zentimeter die dicht gedrängten neuen Steine. »Es ist halt, wie alles in der Schweiz, eine Frage des Geldes«, sagt der 59-jährige Autor. »Da geht es um Quadratmeterpreise genau wie beim Grundstücksbau. Auch die Höhe der Grabsteine ist reglementiert, dafür gibt es sogar eine Bauordnung. Die Welt der Toten ist ein Abbild der Welt der Lebenden.«

Unser Gespräch wird von einem Sprudeln und Plätschern begleitet. Grüne Gießkannen hängen aufgereiht neben einem halbrunden Brunnen. Der ist nur durch das Eingangstor vom Grab der Familie Hürlimann getrennt. Auch deshalb mag Thomas Hürlimann diesen Ort. »Das gehört zum Kreislauf des Werdens und Vergehens«, erklärt er. »Ich kann das auch ganz nüchtern sagen: Eine Leiche produziert etwa vierzig Liter Leichenwasser. Das sickert in die Erde. Und unmittelbar neben diesem vom Leichenwasser gedüngten Friedhof sprudelt dann wieder das Lebenswasser.«

»Nie bin ich gerne auf Friedhöfe gegangen, nie«, heißt es noch in *Die Haare der Schönheit*, einer Erzählung aus seinem Debütband *Die Tessinerin* aus dem Jahr 1981. »Das hat sich sehr stark geändert«, sagt der Wahl-Berliner nun. »Ich habe dem Friedhof und dem Grab sehr viel zu verdanken.« Als sein Bruder mit zwanzig Jahren starb, kauften die Eltern ein Familiengrab und entschieden sich für jenen Granitstein, vor dem wir nun stehen. »Unten ist er ja mit etwas Grünspan beschlagen«, sagt Thomas Hürlimann. »Meine Mutter hat das immer gestört. Sie wollte einen sauberen Grabstein haben.« Also bat sie ihren Sohn regelmäßig, zum Friedhof mitzukommen, um gemeinsam mit ihr den Stein zu reinigen. Damals steckte Hürlimann mit einem Roman in der Sackgasse. »Eines Tages, als meine Mutter schrubbend vor diesem Grabstein kniete und sich gleichzeitig eine Katze heranschlich, hatte ich – das heißt, nicht ich hatte den Einfall, ich dachte immer, er sei mir von diesem Friedhof oder von meinem Bruder zugetragen worden – die Lösung für das, was im Roman nicht aufging, und schrieb in vier Monaten mein erfolgreichstes Buch: *Das Gartenhaus*.« In der Novelle trauert ein Ehepaar um den einzigen Sohn und besucht dessen Grab. Während die Frau den Stein säubert, versteckt der Mann dahinter heimlich Fleisch für eine ihm lieb gewordene Katze:

Der Oberst kauerte hinter dem Grabstein seines Sohnes und drückte die tägliche Ration in die feuchte, klumpige Erde hinein. Es war kühl, es war klar und immer noch hell. Lucienne arbeitete auf der Vorderseite des Granitblocks. Offenbar versuchte sie, mit einer Seifenlauge die eingemeißelten Buchstaben sauberzubürsten; ein Hauch von Grünspan hatte den Namen verschattet. So rasch, dachte der Oberst, begann die Verwitterung. Vor einem halben Jahr war das Getüm vom Himmel herabgeschwebt, und glaubt man unseren Totengräbern, so braucht eine Leiche neun Monate, um alles Vergängliche vergehen zu lassen; diese Zeit war vorbei.
»Kommst du voran, Liebes?«
Sie schrubbte, vergeblich, er wusste es. Der leise Zerfall war stärker als Lucienne und ihre Laugen. Sie sei jetzt an der Neun, rief Lucienne. Das war die Neun des Jahrhunderts. Was bleibt von uns übrig, ein Name, eine Zahl und unter der Erde die Knochen.

»Bleibt wirklich nicht mehr?«, frage ich Thomas Hürlimann. »Doch, natürlich. Es bleibt sehr viel mehr«, antwortet er. »Das ist ja nur die Reduktion an der Grenze.« Aber selbst die sei tröstlich. Hier würden sich alle Taten aufheben. Jeder, ob arm oder reich, sei plötzlich gleich. Was aber bleibe, sei das Leben der Menschen, konserviert in Geschichten: »Geschichten sind wie Friedhöfe. Sie bewahren etwas auf, sie halten die Toten am Leben.« In seiner Literatur hat Thomas Hürlimann genau das getan. Er hat seine Familie am Leben gehalten. Die Mutter Marie-Theres Hürlimann-Duft vor allem in dem Roman *Vierzig Rosen*. Den Vater Hans Hürlimann, der 1979, als der Sohn im Sterben lag, Schweizer Bundespräsident wurde, besonders in dem später verfilmten Buch *Der große Kater*. Den Bruder Matthias zuallererst in der Erzählung *Die Tessinerin*. »Als mein Bruder im Sterben lag«, erinnert sich Thomas Hürlimann, »hat er gesagt: ›Das Schlimme für mich ist, dass ich verschwinden muss, ohne etwas Großes auf dieser Welt bewegt zu haben.‹ Und ich habe ihm geantwortet: ›Hab keine Angst. Solange ich an dich denke oder wenn es mir gelingen sollte zu schreiben, wirst du nicht vergessen, nicht tot sein.‹«

Die Wolkendecke reißt auf. Die späte Nachmittagssonne kriecht über die Schieferziegel der Friedhofsmauer. Wenige Minuten später ist der Himmel schon wieder lückenlos bedeckt. »Ich bin durch das Sterben meines Bruders Schriftsteller geworden«, sagt Thomas Hürlimann. Schon als Kind schrieb er. Als Klosterschüler musste er einmal im Freien, unter Bäumen, einen Aufsatz verfassen und notierte das Wort *Naturkathedrale* in sein Heft. Der Pater glaubte, dieses schöne Wort könne nicht der Fantasie des Jungen entsprungen sein, er müsse es irgendwo abgeschrieben haben. Die Strafe: Schläge mit dem Lineal auf die Hand. Der Junge beteuerte seine Unschuld, kassierte weitere

Schläge, für ihn der schmerzhafte Beleg seines Talents. Mit sechzehn schrieb Thomas Hürlimann ein Theaterstück. Als junger Mann hatte er aber noch nicht seinen eigenen Stil gefunden.

Dann begann sein neun Jahre jüngerer Bruder zu sterben. »Er war vier Jahre lang todkrank, krebskrank«, sagt Thomas Hürlimann. »Mit ihm zusammen fing ich an, die Welt anzuschauen. Eine Welt, die für ihn in die Dämmerung hineinging. Eine Welt im Abschiedslicht, das vieles schöner macht. Mit diesem Blick, der eigentlich seiner ist, schreibe ich.«

Eine schwarz-weiß gescheckte Katze läuft an der Aufbahrungshalle vorbei zu einer großen Linde, als wollte sie noch einmal an *Das Gartenhaus* erinnern. In dieser Novelle wie auch in den späteren Büchern Hürlimanns liegt über allem der Schleier des Versöhnlichen. Auch über dem Tod. »Mein Bruder war jung, war stark. Aber der Krebs sprengte sein Knochensystem. Das waren furchtbare Schmerzen, die durch das Morphium nicht mehr zu bändigen waren«, erzählt er. »Da erlebte ich zum ersten Mal, dass der Tod auch ein Erlöser sein kann, der Schmerzen verbannt.« Schon im Vorfeld, im »Vorraum des Todes«, hätten die Schmerzen nachgelassen. »Ich habe mit meinem Bruder gespürt: Es könnte sogar schön sein, diesen Gang über die Grenze zu machen. Sein Grabstein ist ja eigentlich auch ein Grenzstein.«

Tatsächlich sieht der klobige Stein mit dem eingefrästen Kreuz an der Seite so aus. Auch wenn das nicht die Absicht der Eltern war. »Es ist eine Reise, die man antritt, die man in eine andere Zeit, in einen anderen Raum macht«, sagt Thomas Hürlimann. »Ich bin eigentlich immer gern gereist.«

Dieser leichte Blick auf den Tod hängt nicht nur mit der Geschichte seines Bruders zusammen. Als der schon lange gestorben war, hatte Thomas Hürlimann in einem Bergdorf in der Innerschweiz einen schweren Autounfall: »Ich lag nachts blutend auf der Straße.« Er schaffte es bis zu einem Haus, klingelte, aber niemand öffnete. Dann kroch er in Richtung eines Friedhofs und blieb auf einer Wiese davor liegen. »Plötzlich hatte ich dieses Gefühl: Mein Gott, ist die Welt schön!« Ein weißer Straßenpfosten schien die perfekte Form zu haben. Das Haus, das ihm früher hässlich vorgekommen war, sah plötzlich schön aus. Er fühlte das mit Tau benetzte Gras, sah in den Sternenhimmel dieser Mainacht: »Es war das reine Kosmosglück!« Später sollte er erfahren, dass er die Hälfte seiner acht Liter Blut verloren hatte. Doch sterbend auf der Wiese war er wie im Rausch: »Ich hatte damals eine schwierige Zeit, kam mit einem Buch nicht zurande, hatte mit meiner Frau Probleme. Nun aber dachte ich: Wie schön doch unser Leben war! Wie gut wir alles gemacht haben!« Dann wurde ihm schwarz vor Augen.

Sein Klingeln hatte ein Baby geweckt. Dessen Geschrei wiederum die Mutter, die Tochter eines Försters. Sie trat ans Fenster und sah die Blutspur auf der Straße, dachte an ein angefahrenes Reh, weckte ihren Mann, einen Metzgergesellen, und schickte ihn mit dem Messer nach draußen, um das Tier zu suchen und von den Qualen zu befreien. »Ich bedaure heute noch, dass ich diesen Mann mit dem Messer nicht mehr auf mich zukommen sah«, erzählt Thomas Hürlimann lachend am Grab seiner Familie. »Ich wüsste zu gern, wie ich reagiert hätte auf diese vielleicht mythisch wirkende Gestalt. Wahrscheinlich hätte ich gedacht: Das ist jetzt schon einer von der anderen Seite. Oder: Der gibt mir den Rest.«

Die vielen Zufälle, das Kind, die Mutter, all das habe ihm gezeigt: »In der Nähe des Todes geht alles auf. Diesem Gefüge, glaube ich, kann man sich ohne weiteres überlassen.«

Nun könnten wir das sanfte Abendlicht sehen, das Thomas Hürlimann so mag. Wenn nicht die Wolken wären, die sich im Laufe unseres Gesprächs verfinstert haben und neuen Regen ankündigen. Ein Haus am Friedhofshang, eingekleidet von einem Gerüst und einem weißen Netz, schwebt wie ein Gespenst über dem Kopf des Autors, als ich ihn vor dem Grab seiner Familie fotografiere. In seinen Augen ganz bestimmt ein freundliches Gespenst, denke ich.

»Je älter ich werde, umso schöner empfinde ich es, dass mein Bruder zwanzig und jung geblieben ist«, sagt Thomas Hürlimann. Er könne es nicht erklären, aber es komme ihm so vor, als hätte sich der Altersabstand zwischen den beiden Brüdern überhaupt nicht vergrößert. »Immer wenn ich vor diesem Grab stehe, habe ich das Gefühl: Wir sind noch zusammen. Zum Beispiel auf dem See, den man von hier aus sieht, auf dem Segelboot. Die Zeit ist also nicht vergangen. Sie ist in diesem Bild bewahrt. Sie hat etwas Ewiges.«

# Warum Siri Hustvedt auf einem Friedhof einen Lachanfall hat, welche Totenstadt sie einmal mit Paul Auster bewohnen möchte und wieso Schneemänner Wärme spenden

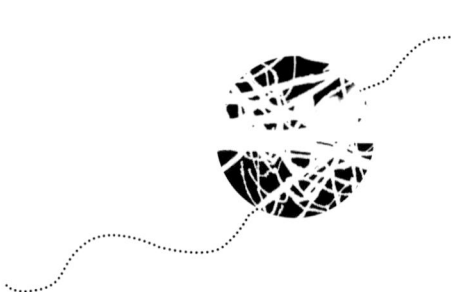

*GREEN-WOOD CEMETERY,
NEW YORK CITY, USA,
16. JANUAR 2011*

Zwei Kanadagänse versinken mit ihren Füßen im Schnee des Green-Wood Cemetery. Es ist, als schwämmen sie auf einem weißen See, als wären die hervorschauenden Grabsteine Bojen, denen es auszuweichen gälte. »Mein Mund ist gefroren!« Siri Hustvedt hat einen Lachanfall. Sie kann ihre Lippen nicht mehr runden, spricht undeutlich. »Ich muss mich mal eben aufwärmen«, sagt sie, rennt im Kreis, rudert mit den Armen und stößt möwenartige Schreie aus. Die Gänse sehen verdutzt herüber. Siri Hustvedt prustet los vor Lachen. »Ich bin wirklich starr vor Kälte.«

Eineinhalb Stunden zuvor sitzen wir noch bei ihr im Warmen, am Esstisch ihres viktorianischen Hauses in Brooklyns Edelviertel Park Slope. Wir sprechen über ihren Roman *Der Sommer ohne Männer*, in dem eine Dichterin die eigene Ehekrise beschreibt. »Es mag ja sein, dass einige Menschen mit Monstern verheiratet sind. Aber in der Regel lassen sie ein Monster zwischen sich entstehen«, sagt Siri Hustvedt, die mit 27 Jahren den damals 34-jährigen Schriftsteller Paul Auster heiratete. »Wahrscheinlich ist der größte Feind der Ehe die Langeweile. Ich war schon manchmal richtig wütend auf meinen Mann. Aber gelangweilt hat er mich noch nie.«

Kurz darauf, als wir auf das Taxi warten, das uns zum zwei Kilometer entfernten Friedhof bringen soll, erscheint Paul Auster auf der knarrenden Holztreppe, sieht mich und will gleich wieder kehrtmachen. »Paul, sag hallo zu Tobias!«, fordert ihn seine Frau auf. »Hallo.« Während er auf der Treppe steht, erinnere ich ihn an unsere letzte Begegnung im September 2008. Da bat ich darum, auch ihn auf einem Friedhof interviewen zu dürfen. Mit angsterfülltem Gesicht sah er mich damals an. Er wohne doch ganz in der Nähe des Green-Wood Cemetery, dieses spektakulären Friedhofs, versuchte ich ihn zu überreden. »Danke für den Hinweis. Dann reserviere ich mir da ein Grab«, sagte er, um irgendetwas zu sagen und das Thema schnell zu beenden.

Nun, mehr als zwei Jahre später, erzählt mir Siri Hustvedt, es stehe schon länger fest, dass sie beide einmal auf dem Green-Wood Cemetery beigesetzt würden. »Es tut mir so leid«, sagt Paul Auster, kommt die letzten Treppenstufen herunter und schwärmt von diesem Friedhof, von dessen Topografie, von den 600 000 Gräbern und erwähnt einige Menschen, die dort begraben liegen: »Leonard Bernstein! Und auch der Klavierbauer Henry Steinway!« Der Friedhof spiele auch eine Rolle in seinem neuen Roman *Sunset Park*, erzählt Auster. Ein junger Mann mache dort Fotos. Ich sehe Paul Auster wohl derart fassungslos an, dass Siri Hustvedt meint, mich trösten zu müssen: »Na ja, gleich sind Sie ja wenigstens mit einem von uns beiden auf diesem Friedhof.«

»Bäume ohne Blätter sind schon verblüffend schön.« Siri Hustvedt geht die mächtigste Anhöhe des Green-Wood Cemetery hinauf. »Dieses Licht! Keine Wolke am Himmel. Und dieser Schnee!« Wenn die Autorin zu Boden blickt, verschwindet ihr Gesicht unter dem eleganten schwarzen Hut. Meterlang muss der Schal sein, den sie sich mehrfach um den Hals gebunden und grob verwoben in den Ausschnitt des Mantels gesteckt hat. Es ist zwei Grad unter Null. In den letzten Wochen haben Schneestürme New York heimgesucht. Die Straßen waren wie leergefegt. An diesem Sonntagnachmittag auf dem Green-Wood Cemetery scheinen Siri Hustvedt und ich die einzigen Besucher zu sein. Nur ein Mitarbeiter des Friedhofs fährt im Auto zur Kontrolle die geteerten Wege ab, die sich durch das hügelige Gelände schlängeln. Hier wäre Platz für 266 Fußballfelder.

»Ich bin schon ein paar Mal auf diesem Friedhof gewesen«, erzählt Siri Hustvedt, als wir ein Grabmal in Pyramidenform passieren. »Und ich habe immer dasselbe empfunden: Hier möchte ich beerdigt werden.« Irgendwann einmal, in vielen Jahren.

»Wenn man mir jetzt sagte, ich sei krank und mein Tod stehe unmittelbar bevor, wäre ich richtig wütend und hätte auch Angst. Ich möchte einfach schrecklich gerne weiterleben.« Jedes Mal, wenn sie die Arbeit an einem neuen Buch beendet habe, wünsche sie sich, dass ihr noch genug Zeit für ein weiteres bleibe. »Diese Dringlichkeit empfinden ältere Menschen immer weniger. Sie blicken anders auf den Tod. Aber aus meiner Warte ist der Tod einfach nur schrecklich. Ich will ihn nicht!«

Siri Hustvedt lacht ihr unvergleichliches Lachen. Sie ist gut gelaunt. Aber vom Stillstehen vor der Kamera ist ihr kalt geworden. Ich gebe ihr zwei Handwärmer, die ich aus Deutschland mitgebracht habe: mit Gel gefüllte Kissen im Schneemanndesign. Siri Hustvedt lächelt. Ihre Hände verschwinden mit den wärmenden Männchen in den Manteltaschen. Die 55-jährige Autorin blickt zum Horizont, auf den Atlantik und Manhattan.

»Ich hatte mal einen sehr schlimmen Autounfall. Hier in Brooklyn, gemeinsam mit unserer Tochter und unserem Hund«, erinnert sie sich an jenen Moment, von dem sie dachte, er könne ihr letzter sein. Ein Lastwagen war an der Ecke 3rd Street/ 4th Avenue in ihr Auto gefahren und hatte es bis zur Unkenntlichkeit zerstört. »Ich war in einem Schockzustand. Der hat mich wohl davor geschützt, Todesangst zu empfinden. Ich stand neben mir. Es war, als beobachtete ich mich selbst.« Wenn man so kurz vorm Tod stehe wie sie damals, werde wohl im Körper ein Schutzmechanismus ausgelöst. »Bei Nahtod-Erfahrungen sehen Menschen ja oft Lichter, fühlen sich entspannt und glücklich. Vielleicht bereitet uns so der Organismus auf den Tod vor.«

Schon seit Jahren ist Siri Hustvedt fasziniert von jenem Bereich, in dem die Grenze zwischen Körperlichem und Psychologischem verläuft. »Wenn es da überhaupt eine Grenze gibt«, sagt sie. In dem Sachbuch *Die zitternde Frau* schildert sie sehr persönlich ihre Spurensuche. Wie besessen studierte sie neurowissenschaftliche Fachliteratur, um einer eigenen Funktionsstörung auf die Schliche zu kommen: einem seltsamen Zittern oder Beben, das ihren ganzen Körper erfasst. Zum ersten Mal im Jahr 2006: Fast drei Jahre nach dem Tod ihres Vaters, eines Nordistik-Professors, hielt Siri Hustvedt eine Rede an jener Fichte, die ihm zu Ehren auf dem Universitätsgelände gepflanzt worden war – und begann vom Hals abwärts zu zittern.

**Meine Arme zuckten. Die Knie knickten ein. Ich zitterte so stark, als hätte ich einen Krampfanfall. Komischerweise war meine**

Stimme nicht betroffen. Sie veränderte sich überhaupt nicht. Verblüfft von dem, was mir geschah, gelang es mir, das Gleichgewicht zu wahren und weiterzureden, obwohl die Karten, die ich in der Hand hielt, vor mir hin und her wackelten. Als die Rede zu Ende war, hörte das Zittern auf.

War das Zittern eine emotionale Reaktion auf den Tod ihres Vaters? So jedenfalls interpretiert Siri Hustvedt den Vorfall heute. Allerdings hatte sie später auch bei rein körperlicher Überbelastung diese Zitteranfälle.

Auch auf dem Friedhof in Brooklyn zittert Siri Hustvedt, nun jedoch aus ganz profanen Gründen: Die Schneemänner in ihren Händen sind längst ausgekühlt. Die Finger so unbeweglich, dass sie kaum die Tasten ihres Handys drücken kann, um ein Taxi zu rufen. Sie schnieft und atmet schwer. Ich entschuldige mich mehrmals. »Ist schon gut«, sagt sie. »Es ist ein Abenteuer!« – »Sie dürfen mich auch verklagen, wenn Sie später bleibende Erfrierungen haben.« Wieder muss Siri Hustvedt lachen. »Eins ist sicher: Ich habe schon lange nicht mehr so sehr gefroren!«

»Hier ist ein sehr elegantes Grab mit zwei Wachhunden aus Stein. Dieser Mensch mochte wohl Hunde«, sagt sie, als wir, auf dem Weg zum Ausgang, den höchsten Punkt des Friedhofs und ganz Brooklyns überschritten haben. »Ich mag diese Kombination aus großen Mausoleen und kleineren, bescheideneren Gräbern.« Sie liest laut die Namen der Verstorbenen. »Van Vlack. Ich weiß nicht, woher der kommt. Aber hier: Howe, ein englischer Name. Da vorne deutsche Namen. Und ein schwedischer: Ålström. Das macht schon Spaß!«

Es ist, als stellte sich Siri Hustvedt vor, hier ihren eigenen Namen zu lesen. Und den von Paul Auster. »Ich möchte eingeäschert werden, aber einen Grabstein haben. Vor allem aber möchte ich neben meinem Mann beigesetzt werden. Ich mag die Vorstellung: zwei Steine, Seite an Seite, in Brooklyn, auf diesem riesigen Friedhof, in dieser Totenstadt. Und wir sind dann ein Teil von ihr.«

# Warum Dževad Karahasan niemals mit dem Auto zum Friedhof fahren würde, wo der Bosnier überall Geister vermutet und wieso er sich schon auf seinen eigenen Tod freut

*FRIEDHOF RAVNE BAKIJE, SARAJEVO, BOSNIEN UND HERZEGOWINA, 28. SEPTEMBER 2010*

»Da oben sieht der Friedhof noch wie ein Garten aus«, sagt Dževad Karahasan und holt tief Luft, »wie eine Wiese mit schönen, weißen, steinernen Blumen.« Da oben auf dem Berg über der Stadt. Doch wir sind noch weit unten in Sarajevo und beginnen erst unseren Aufstieg zum muslimischen Friedhof Ravne Bakije. »Wenn man auf den Gräbern etwas pflanzt, dann duftende Gräser: Rosmarin, Minze, Salbei.« Sehr bald bekomme ich Probleme, mit dem 57-jährigen Schriftsteller Schritt zu halten: Die Fotoausrüstung, dreißig Kilo schwer, scheint mich zurück ins Tal zu ziehen. Ich habe Karahasan ein kleines Mikrofon angesteckt und bemühe mich, mein Keuchen zu unterdrücken, damit es nicht die Aufnahme stört. Die Worte des Autors klingen so langgezogen und gehaucht, als wären sie ein Zauberspruch: »Ich empfinde es als unanständig, zu den Toten mit dem Auto zu fahren«, sagt er, und ich nicke.

Nichts Bedrohliches hätten muslimische Friedhöfe an sich, im Gegenteil, erzählt Karahasan und legt eine Zwangspause ein, als ein vorbeifahrendes Auto jede Verständigung unmöglich macht. »In der bosnisch-muslimischen Tradition tut man alles, um den Friedhof in das alltägliche Leben der Stadt oder des Dorfes zu integrieren. Das habe ich immer richtig gefunden: dass man unser Dasein vor der Erfahrung des Todes und des Sterbens nicht schützt.« Der Tod sei doch ein unumgänglicher Bestandteil des Lebens. Unsere rationalistische Kultur halte allerdings den Tod von uns fern, weil die Vernunft für ihn keine angemessene Erklärung habe. Sagt er, unterbrochen von einer Autokolonne. »Absolut unerträglich! Diese Stadt ist uralt. Sie stirbt buchstäblich unter dem Terror der Autos.«

Und doch liebt Dževad Karahasan Sarajevo. Jeder Mensch, ist sich der Autor sicher, hat einen Ort, an dem er die Welt als Ganzes wahrnimmt und sich mit dem Tod anderer und der eigenen Sterblichkeit versöhnt. »Und für mich ist dieser Schicksalsort Sarajevo. Ich freue mich schon jetzt darauf, einmal auf dem Friedhof Ravne Bakije zu ruhen.« Für den Metaphysiker Karahasan bedeutet der Tod nur den Übergang in eine andere Existenzform. Dieser Übergang sei natürlich anfangs für die Angehörigen traurig, aber für die Welt doch überhaupt nicht tragisch: »Der Fluss des Lebens fließt weiter. Auch die Zeit fließt weiter und trägt vermutlich deinen Leichnam mit. Aber dich gibt es noch. Nur in einer anderen Form.«

Wir biegen in eine ruhigere Seitenstraße ein, die noch steiler hinaufgeht. Die Häuser wirken dörflich und seltsam unversehrt. Unten in der Stadt erinnern noch etliche Einschusslöcher in den Fassaden an den Bosnienkrieg, an die 1992 beginnende und fast vier Jahre währende Belagerung Sarajevos durch die serbische Armee unter dem Anführer Ratko Mladić. An das brutale Ende des friedlichen Zusammenlebens von Bosniaken, Serben und Kroaten.

»Wenn ich in Sarajevo wirklich unter Freunden sein will, muss ich zum Friedhof gehen.« Dževad Karahasan klingt gelassen, gar heiter, als er das sagt. Fast alle seine Jugendfreunde sind im Krieg gestorben. Geblieben ist ihm, abgesehen von seiner Frau, nur noch ein einziger wirklich guter Freund, ein katholischer Theologe. »Sonst bin ich in dieser Stadt beinahe so fremd wie Sie.« In dieser Stadt, vor der auch jener radikale Individualismus keinen Halt gemacht hat, den Karahasan so leidenschaftlich verurteilt. »Der Ausdruck *Selfmademan* ist eine verdammte Lüge!«, sagt der sonst so höfliche Schriftsteller und Theatermann aufgebracht. »Es mag Ihnen zwar wehtun, aber Sie sind geboren worden, mein Lieber! Sie sind Teil einer Gesellschaft, ein Stein in der Mauer.« Wer das nicht begreife, könne vor lauter Selbstverwirklichung die Welt nicht in ihrer Ganzheit erfahren, also auch nicht den Tod als Teil des Lebens verstehen.

Wir sind angekommen am Ziel, 750 Meter über dem Meeresspiegel, 200 über der Stadt. Dževad Karahasan sieht mich mitleidig an. »Sie brauchen einen Schluck Wasser als Lebensrettung!«, sagt er und führt mich zu einem Brunnen. Der Friedhof Ravne Bakije ist einer der ältesten Sarajevos. In den siebziger Jahren wurden hier die Bestattungen eingestellt. Erst zwanzig Jahre später, während des Krieges, nahm der Friedhof wieder seinen Betrieb auf. Der Grund: Platzmangel für die geschätzten 11 000 neuen Toten der Stadt. »Dreieinhalb Jahre wuchsen in Sarajevo nur die Friedhöfe«, erinnert sich der bosnische Autor. »Die Stadt war mit dem Rest der Welt nur noch durch einen unterirdischen Tunnel, eine Nabelschnur, verbunden. Aber aus diesem Anwachsen der Friedhöfe, aus dem Tod heraus wurde diese Stadt neu geboren.«

Eine Straße zerschneidet den Friedhof in zwei Teile, in »zwei Formen der Bestattung«, erklärt der Autor, der hundert Kilometer von Sarajevo entfernt in der Stadt Duvno geboren wurde, »wenn nicht gar zwei Erlebnisse des Todes«. Im unteren Teil, dem uralten, stehen die weißen Steine spärlich auf der Wiese am Hang. Hier sind die meisten Gräber anonym und nicht eingefriedet, sondern über die Wiese mit der Umgebung und den anderen Gräbern verbunden. »Der Tote löst sich so in der Welt auf, verschwindet im Fluss des Lebens«, deutet Karahasan diese Form der Bestattung. »Das finde ich schön. Unter so einem Grabstein möchte ich einmal liegen, nur in ein weißes Tuch gewickelt. Dann komme ich als Pflaume oder als Gräser wieder auf die Welt.« Weniger gefallen ihm die neueren Gräber im oberen Teil des Friedhofs, die stark von der westlichen, christlichen Bestattungskultur beeinflusst sind. Sie sind eingefriedet, grenzen eng aneinander, tragen die Namen und Daten der Toten. Und Sprüche wie *Ewig bleibst du in unseren Herzen lebendig*. Dževad Karahasan schüttelt den Kopf. »Das setzt doch aber voraus, dass unsere Herzen ewig erhalten bleiben. Ich fände es unerträglich, ewig zu sein!«

Wir stehen im Gras, im alten Teil des Friedhofs, und blicken hinab auf die Stadt und die sinkende Sonne darüber, die betörend schön durch einen aufgerissenen Wolkenteppich strahlt. »Stellen Sie sich das einmal vor: Sie leben und leben und leben«, sagt Dževad Karahasan. »Tag für Tag ziehen Sie sich Ihre Hose an, dann die Socken, dann die Schuhe. Die Gesichter, die Sie sehen, sind immer neue. Denn die anderen sterben ja, nur Sie bleiben. Tag für Tag sehen Sie Ihr Antlitz im Spiegel. Und die Menschen, die Ihnen Freude gemacht haben, sind weg. Was soll man da um Himmels willen mit der Ewigkeit anfangen?!«

Ein Mann, der an einem ausgehobenen Grab arbeitet, ruft etwas. »›Ich brauche noch vier Bretter‹, hat er zu seinem Kollegen gesagt«, übersetzt mir Karahasan. »Um ein Dach über den Leichnam zu bauen. So machen das die Muslime.« Ansonsten sind wir allein auf der beruhigenden Wiese. »Gott sei Dank gibt es den Tod«, sagt Karahasan und sieht mich mit seinen leuchtenden Augen an. »Ich mag das Leben. Ich genieße das Dasein. Manchmal. Immer seltener.« Er lacht. »Aber immer noch. Ich freue mich aber auch auf den Tod. Und ich hoffe, dass ich hier in Sarajevo sterbe und auf diesem Friedhof beigesetzt werde.«

1993 flüchtete Dževad Karahasan, der Professor für darstellende Künste, aus der umkämpften Stadt, lebte jahrelang in Deutschland und Österreich. Doch die Todeserfahrungen hatte er mitgenommen. »Unser Verständnis des Todes ist nicht mehr so abstrakt wie bei euch, die ihr mit Kriegsbildern tagtäglich in den Medien konfrontiert werdet, aber keine eigene Todeserfahrung macht«, sagt er. »Eure Oma habt ihr zuletzt gesehen, bevor sie ins Krankenhaus abtransportiert wurde. Da soll sie dann, weit weg von euren Augen, sterben.«

Simon, die Hauptfigur in Dževad Karahasans Roman *Der nächtliche Rat*, die wie der Autor aus dem Exil zurückkehrt, hat den Tod noch selbst erfahren. Wie Karahasan an diesem späten Septembertag steigt auch Simon hinauf zum Friedhof, aber ganz besonders hinab in den Keller, aus dem die Stimmen der Verstorbenen rufen. »Wo sind die Toten? In der Unter- oder Zwischenwelt, in der Stadt, auf dem Bergfriedhof oder gar im Himmel?«, frage ich. »Ich glaube, überall. Die Welt spricht zu uns. Die Welt lebt«, antwortet der Mann, der Literatur- und Theaterwissenschaftler ist, aber wie ein Universalgelehrter wirkt, wie ein moderner Sokrates, dem man fasziniert folgt auf seinen Spaziergängen über die Grenze des Erfahrbaren: »Ich glaube, dass die Welt voller Geister ist. Wir sind nur nicht mehr imstande, mit ihnen zu kommunizieren.«

Obwohl Muslim, beruft sich Karahasan dabei auch auf Franz von Assisi. Der habe noch verstanden, die Welt als eine lebendige zu begreifen. Der beste Freund des Autors ist Franziskaner. Muslime, Katholiken, Orthodoxe und Juden – Sarajevo versammelt sie alle. Auch deshalb liebt Dževad Karahasan diese Stadt. Er selbst habe gerade durch das Gespräch mit seinem katholischen Freund sich selbst als Muslim definieren und seine Gedanken formen können. Auch die über Geister. »Mein Freund und meine Frau halten mich möglicherweise für verrückt. Aber sie mögen mich und sind bereit, mich weiter zu dulden.«

Dževad Karahasan betrachtet schweigend den Sonnenuntergang über den Dächern Sarajevos. »Das Leben kann man doch nur als Ganzes genießen«, sagt er. »Und das Leben besteht nun einmal aus Trauer und Ekstase.« Aus der Ekstase könne wiederum Trauer und aus der Trauer Ekstase entstehen. »Oft sind mir meine Toten viel lieber als die lebendigen Menschen, die ununterbrochen telefonieren und sich voller Freude über Satellit anschreien.« In solchen Momenten denkt er gern an sein eigenes Ende. An seinen Platz im Garten über der Stadt. Dževad Karahasan lacht leise und zufrieden. »Immer öfter sage ich zu meinen lieben Toten: Ich komme. Ich komme zu euch.«

# Warum für Dean Koontz der Tod seines Vaters eine große Erleichterung war und der Tod seiner Hündin eine unbeschreibliche Katastrophe

*GARTEN VON AMAZING GRACE,
DEM ANWESEN DES AUTORS
IN NEWPORT BEACH, USA,
29. AUGUST 2011*

»Hier ist es passiert.« Dean Koontz deutet mit dem Zeigefinger der rechten Hand in die Luft. In der linken hält er eine Urne, die in der Morgensonne aufblitzt. Der 66-jährige Autor von fantastischer Literatur steht unter Peruanischen Pfefferbäumen, vor riesigen Farnblättern auf dem Rasen seines Gartens im kalifornischen Newport Beach. *Amazing Grace* hat Dean Koontz sein Grundstück auf dieser Anhöhe genannt. Von hier aus, 130 Meter über null, kann man bis zum Pazifik sehen. »Der ›Friedhof‹, auf dem Sie mich fotografieren, könnte der Ort auf meinem Anwesen sein, an dem sich die Erscheinung zugetragen hat«, schrieb er mir vier Monate zuvor. »Nur so ein Gedanke«, ergänzte er. Aber ich verstand, dass es sein ausdrücklicher Wunsch war. Der Brief kam in einem Päckchen, zusammen mit dem Buch *A Big Little Life*. Darin beschreibt Koontz sein Leben mit dem Golden Retriever Trixie. Die geliebte Hündin starb im Jahr 2007. Auf die Minute genau drei Wochen später habe Dean Koontz mit seiner Frau Gerda unter den Pfefferbäumen gestanden und eine seltsame Beobachtung gemacht.

»Ein goldener Schmetterling kam von diesem Baum hier herunter, flog drei Mal um unsere Köpfe herum und flatterte uns dabei ins Gesicht«, erinnert sich Koontz. »Der Schmetterling war größer als meine Hand.« Dann sei er gen Himmel geflogen und verschwunden. Seine Frau Gerda neige nicht zum Aberglauben, gehe alles sehr rational an, erzählt er: »Aber als der Schmetterling vorbeigeflogen war, hat sie zuerst gefragt: ›War das Trixie?‹ Da habe ich, ohne zu zögern, geantwortet: ›Ja, das war sie.‹«

Daraufhin spazierte das Paar lange schweigend auf dem Grundstück hinter ihrem im Stile von Frank Lloyd Wright gebauten Haus. »Wir haben den Schmetterling nicht unbedingt für die Reinkarnation des Hundes gehalten«, sagt Koontz. »Aber für ein Zeichen Trixies. Sie wollte uns sagen: ›Mir geht es gut. Ich bin nicht für immer weg. Deshalb müsst ihr nicht so sehr trauern.‹«

Dean Koontz trägt ein weißes, nicht tailliertes Hemd im asiatischen Stil, Bluejeans und Turnschuhe. Ich sehe es erleichtert. Aus Sorge, nicht dem Anlass entsprechend gekleidet zu sein, bin ich ganz in Schwarz gekommen. »Das ist das erste Mal überhaupt«, sagt Dean Koontz und meint: Nie zuvor hat er die Urne mit der Asche seiner Hündin einem Journalisten gezeigt, nie zuvor hat er sie in den Garten getragen. »Seit ihrem Tod hat die Urne immer auf dem Sims unseres Schlafzimmerkamins gestanden. Einige finden den Ort etwas schräg«, sagt er und lacht verlegen. »Aber für uns ist es einfach ein schönes Gefühl zu wissen, dass Trixie jede Nacht bei uns ist.«

Wir machen die Fotos. Dann bringt Koontz die Urne ins Haus. Ich folge ihm. »Gehen wir den ganzen Weg gemeinsam?«, fragt er ängstlich. »Bis ins Schlafzimmer?« »Nein, keine Sorge«, sage ich und bleibe unten, während er ganz langsam, die Urne in beiden Händen, die Treppe hinaufsteigt. Der Boden und die Wände des Flurs sind mit schwarzem Marmor verkleidet. Goldene Skulpturen und Masken leuchten hervor, als würden sie so perfekt angestrahlt wie in einem Museum. Alles wirkt wie eine Symbiose aus ägyptischem Palast und japanischem Tempel im Kleinformat. Ich stelle meine Fotoausrüstung im Arbeitszimmer von Dean Koontz ab. Nirgendwo sehe ich Holz, selbst der Schreibtisch ist aus Stein. Bis zu achtzig Stunden in der Woche arbeitet Koontz hier. Er ist ein Workaholic, süchtig danach, sich neue gruselige, spannende Geschichten auszudenken. Mindestens zwei Werke veröffentlicht er pro Jahr. Fast eine halbe Milliarde Bücher hat er verkauft, mehr als Stephen King, so viele wie J. K. Rowling.

»In diesem Frühjahr wäre ich fast in meinem Arbeitszimmer gestorben«, erzählt Dean Koontz. Wir haben neben den Pfefferbäumen Platz genommen, auf den Steinstufen, die aus einem französischen Schloss stammen und nun als Gartenskulptur nur wenige Meter von der Stelle entfernt stehen, an der sich der goldene Schmetterling zeigte. »Ich habe in meinem Arbeitszimmer das Bewusstsein verloren und bin dann in einer Blutlache aufgewacht. Ich hatte 55 Prozent meines Bluts verloren.« Eine Augenbraue sei vom Aufprall auf den Steinboden aufgeplatzt. Der Grund für die Ohnmacht sei ein blutendes Geschwür gewesen. »Wären Sie nicht selbst wieder zu sich gekommen, wären Sie nach zwei Stunden in Ihrem Arbeitszimmer gestorben«, sagte ihm später ein Arzt. Seine Frau hätte ihn nicht entdecken können: »Wenn ich arbeite, stört sie mich nie.« Im Krankenhaus kämpften sie um sein Leben. »Aber ich habe Scherze mit den Krankenschwestern gemacht. So habe ich mich gefühlt. Ich hatte keine Angst vor dem Tod.« Der Tod und die Toten hätten ihm noch nie Angst gemacht. »Einmal hat mich jemand gefragt, was ich am meisten fürchte. Und ich habe geantwortet: ›Die Abendnachrichten.‹«

Sein Zusammenbruch und die Einlieferung ins Krankenhaus seien eine gute Übung für den Tag gewesen, an dem es dann wirklich so weit sei: »Ich würde gerne so anmutig gehen wie mein Hund«, sagt er und sieht auf den Rasen, der die Treppenskulptur umgibt. Hier hat Trixie oft gelegen. Mit stoischer Ruhe habe die Hündin die Schmerzen zweier Operationen ertragen und danach, bevor das Ehepaar Koontz sie einschläfern ließ, die Krebskrankheit. »Tiere scheinen den Tag zu nehmen, wie er kommt. Das hat meinen Blick auf den Tod beeinflusst«, sagt er. Mehr noch allerdings habe Trixie seinen Blick auf das Leben geprägt. »Sie hat mir wieder gezeigt, dass die Welt ein magischer und besonderer Ort ist. Sie hat meine Fähigkeit zu staunen wiederhergestellt.«

Seit diese Hündin in sein Leben getreten sei, schreibe er Bücher, die komplexer seien und die Menschen mehr berührten. Die Anzahl seiner Fanbriefe sei von 10 000 auf 50 000 pro Jahr gestiegen. Als ich das höre, frage ich mich, wie es mein Brief mit der Anfrage an Dean Koontz überhaupt durch die Fanpost hindurch zum Autor schaffen konnte. In seinen Büchern, in denen er Genres wie Thriller, Horror, Fantasy und Science-Fiction vermischt, lässt er viele Figuren die Grenze zwischen dem Reich der Lebenden und dem Reich der Toten überschreiten und wieder zurückkehren. »Der Tod ist für mich nichts anderes als ein Übergang«, schrieb mir Dean Koontz in seinem ersten Brief. Und so bewegt sich der Autor in seinen Büchern munter hin und her zwischen Diesseits und Jenseits.

»Ich bin ein gläubiger Mensch. Ich glaube also daran, dass auf dieses Leben hier ein anderes folgt«, sagt er und versucht das plausibel zu machen: »Nach der Quantenmechanik existieren zahlreiche Welten nebeneinander. Diese anderen Welten können wir nicht sehen, aber sie sind da, in anderen Dimensionen als unserer. Wenn man den Himmel als Parallelwelt begreift und auch die Hölle als eine, dann ist all das also sehr gut mit der Quantenmechanik zu vereinbaren.«

Manchmal, glaubt Koontz, würden wir einen flüchtigen Hinweis darauf bekommen, dass wir nur einen Teil der Wirklichkeit sehen. Einen Hinweis auf etwas Übernatürliches, einen goldenen Schmetterling zum Beispiel. »Ich glaube nicht an Bigfoot oder fliegende Untertassen. Aber ich weiß, dass die Welt ein seltsamer und mysteriöser Ort ist. Und ich glaube, dass Hunde dafür etwas bessere Antennen haben als wir.« So habe Trixie einmal im Flur etwas für ihr Herrchen Unsichtbares verfolgt und angestarrt. Er werde nie erfahren, was das gewesen sei. Aber dieses und viele andere Ereignisse ließen ihn den Schluss ziehen: »Hunde sehen einen zusätzlichen Teil der Welt, den wir nicht wahrnehmen können.«

Diesseits und Jenseits, Himmel und Hölle, Parallelwelten und Zeitreisen, Hunde, die sensibel für Übernatürliches sind – all das scheint einigen Lesern nicht nur zu viel des Guten zu sein, sondern sie auch in wutschnaubende Kreaturen zu verwandeln. Regelmäßig erhält Dean Koontz Morddrohungen. »Die meisten Hassbriefe kommen von Atheisten. Nun missioniere ich ja nicht mit meinen Büchern, verkaufe keine Religion. Aber meine Bücher werfen die Frage nach dem ewigen Leben auf. Was ist Ewigkeit? Wie ist die Welt jenseits der Zeit beschaffen?« Darüber wollten einige Menschen nicht nachdenken. Deshalb würden sie wütend, wenn man sie daran erinnere, versucht er eine Erklärung für die starken Reaktionen zu finden. »Ich selbst werde nicht so leicht wütend. Was wiederum meine Frau wütend macht, denn sie hat sizilianisches Blut und meint, wenn mir Unrecht widerfährt, sollte auch ich wütend sein. Aber das Leben ist doch zu kurz, um sich andauernd zu ärgern.« Bei seinen seltenen öffentlichen Auftritten lässt er sich immer von denselben vier ehemaligen Polizisten einer Mordkommission bewachen. Die bucht er über eine Agentur. »So habe ich keine schlaflosen Nächte.«

Überhaupt wirkt Dean Koontz ausgeglichen. Ausgeglichen und freundlich. Ich solle mir für die Fotos und das Interview so viel Zeit nehmen, wie ich bräuchte, sagt er, obwohl er noch so viel vor hat an diesem Montag. Dean Koontz ist froh, einer der meistgelesenen Autoren der Welt zu sein. Aber er bildet sich nichts darauf ein. Er, der anfangs Science-Fiction-Literatur schrieb, in einem Jahr sogar acht Romane, und trotzdem so wenig verdiente, dass er nur über die Runden kam, weil seine Frau unter anderem in einer Schuhfabrik Geld dazuverdiente. Er, der 1945 in der Kleinstadt Everett im Bundesstaat Pennsylvania geboren wurde und in ärmlichen Verhältnissen aufwuchs. »Mein Vater war ein gewalttätiger Alkoholiker«, erzählt er mir. »Meine Mutter musste mit ihrer Armut allein klarkommen. Er zog mit anderen Frauen durch die Gegend. Wir bekamen um zwei Uhr nachts Anrufe, weil er betrunken und regungslos auf dem Fußboden einer Bar oder wo auch immer lag.« Die Mutter, Florence Koontz, die immer mutig versucht hatte, das Kind vor den Schlägen des Vaters zu schützen, starb mit 53 Jahren. Der Vater, Ray Koontz, erst mit 81. In den letzten vierzehn Jahren kümmerten sich Dean und Gerda Koontz um ihn. Zwei Mal griff der Vater seinen Sohn mit einem Messer an. »Während dieser Zeit hat er alles darangesetzt, uns das Leben schwerzumachen. Es war widerwärtig«, erinnert sich Dean Koontz. »Als er starb, habe ich nichts empfunden. Er ist für mich nie ein Vater gewesen.« Der Autor bestattete die Asche von Ray Koontz in Kalifornien, 3500 Kilometer vom Grab der Mutter entfernt. »Ihn neben meiner anständigen Mutter zu begraben, hätte bedeutet, ihm zu einer Ehrbarkeit zu verhelfen, die er nicht verdient hat. Es wäre auch für meine Mutter fast schon eine Beleidigung gewesen.«

In der Nacht, in der Florence Koontz starb, saß ihr Sohn an ihrem Krankenhausbett. Sie hatte aufgrund von Schlaganfällen drei Monate nicht mehr gesprochen. In dieser Nacht aber habe sie sich im Bett aufgerichtet. »Sie sagte mir klar und deutlich: ›Es gibt da etwas, das ich dir über deinen Vater erzählen muss. Das musst du erfahren.‹ In dem Moment betrat er den Raum. Und sie sagte: ›Später.‹ Dann starb sie.« Jahrelang hat Dean Koontz darüber nachgedacht, was seine Mutter ihm noch hatte sagen wollen. »Dass mein Vater nicht mein leiblicher Vater war«, vermutet er heute. »Das hätte mir eine große Last von den Schultern genommen. Mein ganzes Leben lang habe ich versucht, nicht so zu werden wie er.« Gerda Koontz empfahl ihrem Mann, DNS-Proben von sich selbst und seinem Vater zu nehmen und sie vergleichen zu lassen, um endlich Gewissheit zu haben. Sie riet es ihm erneut,

als der Vater starb. »Da habe ich gesagt: ›Nein, ich möchte es lieber nicht wissen. Wenn dann herauskommt, dass er doch mein Vater ist! Dann müsste ich für immer meine Hoffnung begraben, dass er es nicht ist.‹«

»Wir haben diese Person verloren«, sagt Koontz und meint seine Hündin Trixie. »Ja, sie war ein Hund. Aber die Beziehung zu einem Hund kann besser sein als die zwischen zwei Menschen. Der Verlust dieses Hundes ist für mich die traumatischste Todeserfahrung überhaupt gewesen.« Fünf Wochen lang konnte Dean Koontz nicht mehr schreiben, er, der in seinem Leben mehr als einhundert Bücher veröffentlicht hatte. »Vorher haben meine Schreibblockaden nie länger als zehn Minuten gedauert.« Die Begegnung mit dem goldenen Schmetterling habe ihm aber geholfen, den Verlust zu verarbeiten und die Blockade aufzuheben. Er schrieb den Thriller *Urangst*, ein Buch, in dem es nur so von Golden Retrievern wimmelt. Auch bekamen Gerda und Dean Koontz mit Anna einen neuen Golden Retriever. Doch Trixie ist bis heute für das kinderlose Ehepaar ein außergewöhnlicher, ein besonderer Hund geblieben. »Sie konnte auf dem Boden sitzen und einem in die Augen schauen, so lange, wie man in ihre sah«, schwärmt Dean Koontz. »Sie sah nie zuerst weg. Auch nicht nach vierzig Minuten.«

Koontz hat Kinderbücher aus der Perspektive von Trixie geschrieben und außerdem auf seiner Homepage vertonte Dialoge zwischen sich und dem Geist seines Hundes veröffentlicht. Eine Schauspielerin leiht dem Hund ihre Stimme. *TOTOS* nennt Koontz diese fiktive Kommunikation, die ihm echt erscheint. *TOTOS* steht für *Trixie On The Other Side*, »Trixie auf der anderen Seite«. »Wenn Trixie einen Geist hatte, was ich glaube, weil sie auch eine Seele hatte«, sagt Dean Koontz, »dann gibt es keinen Grund für mich, nicht zu glauben, dass sie immer noch bei mir ist und irgendwo auf mich wartet.«

Wir erheben uns von der Treppenskulptur, gehen noch einmal an jener Stelle unter den Pfefferbäumen vorbei, die für Dean Koontz so wichtig ist. »Ihre Asche wird bei uns sein, wohin wir auch gehen«, schreibt er in *A Big Little Life*, dem Buch mit Erinnerungen an seine Hündin. Dean Koontz bringt mich ins Haus und dann zur Tür. Doch bevor wir uns in der musealen Eingangshalle verabschieden, erzählt er mir, wo er und seine Frau vielleicht einmal ihre letzte Ruhe finden werden. Die beiden helfen, Spendengelder für den Bau eines Klosters in Kalifornien zu sammeln. Die Mönche des Norbertiner-Ordens haben dem Paar einen Grabplatz am zukünftigen Kloster angeboten. »Wir haben aber auch gesagt, dass wir unseren Hund Trixie dabeihaben möchten«, sagt Koontz. Er glaube nicht daran, dass sie das »in einem heiligen Boden wie diesem« erlauben. Es sei ja nicht einmal auf einem gewöhnlichen Friedhof möglich, sich neben seinem Hund begraben zu lassen. »Ich habe also meine Frau gefragt: ›Wie bekommen wir das nur hin?‹ Da hat Gerda geantwortet: ›Ich weiß, wie! Wir lassen uns beide einäschern. Wenn ich zum Beispiel zuerst sterbe, dann mischst du Trixies Asche unter meine und sagst es einfach niemandem.‹« Dean Koontz lacht sein verlegenes Lachen. »Es könnte also auf ein solches Täuschungsmanöver hinauslaufen.«

# Wie der Alkohol Ko Un einmal das Leben rettete, warum er früher regelmäßig auf Friedhöfen schlief und wieso er nach vier Selbstmordversuchen heute so glücklich ist

*NATIONALFRIEDHOF DER REVOLUTION VOM 19. APRIL, SEOUL, SÜDKOREA, 11. SEPTEMBER 2012*

»Er ist so schnell! Wie ein Kind!« Lee Sang-Wha lacht. Sie versucht ihren Mann Ko Un einzuholen. Aber der bewegt sich derart leichtfüßig und flink zwischen den hügeligen Gräbern, als hätte sich tatsächlich ein kleiner Junge im Körper des 79-Jährigen eingenistet. Der renommierteste und mit mehr als 130 Büchern produktivste Dichter Südkoreas springt im Zickzack, tippt mit der Hand auf einen grauen Betonstein nach dem anderen: »Hier: keine Familie!«, sagt er auf Koreanisch, und seine Frau dolmetscht. »Auch hier: keine Familie! Und hier!«

Ko Un bleibt sich treu: kein Besuch auf dem Friedhof der Revolution vom 19. April, ohne bei den Waisengräbern vorbeizuschauen. Man erkennt sie leicht; auf ihnen fehlen im Gegensatz zu den anderen Gedenksteinen die Namen der Familienangehörigen. »Hier rufe ich mir die Waisenkinder ins Gedächtnis, als gehörten sie zu mir. Ich möchte ihnen eine Familie sein«, erklärt Ko Un, selbst Vater einer erwachsenen Tochter, strahlend. »Oft habe ich Wein mitgebracht und ihn den Waisen in den Gräbern angeboten. Dann haben wir alle gemeinsam getrunken.«

*Essen und trinken verboten!*, mahnt ein Schild im Eingangsbereich des Friedhofs. Wenige Meter daneben stehen Getränkeautomaten. Der Friedhof, der sich im äußersten Norden Seouls an eine grüne Berglandschaft schmiegt, ein gewaltiges Areal von 100 000 Quadratmetern, mit einem künstlich angelegten See, mit Tischen und Sitzen aus Stein, wie man sie von Raststätten kennt, wird längst von der Bevölkerung auch als Park genutzt. Ein alter Mann ist mit seinem elektrischen Rollstuhl in den Schatten eines Baumes gefahren; vorne in einem Eisenkörbchen erkennt man eine Thermoskanne, in den Händen hält er einen tragbaren Fernseher. Am Wochenende nehmen die Menschen hier auf Bänken ihr Mittagessen ein oder ziehen joggend auf den asphaltierten Wegen ihre Bahnen. Da kann die Friedhofsverwaltung noch so oft über Lautsprecher eine Durchsage abspielen, die daran erinnert, dass auch jegliches Rennen auf dem Friedhof verboten ist. Niemand scheint sich etwas von Autoritäten sagen zu lassen an diesem symbolträchtigen Ort der Demokratiebewegung.

Einer der unermüdlichsten und bekanntesten Kämpfer für Demokratie in Südkorea war Ko Un. Dafür wurde er vom Geheimdienst beobachtet und schikaniert. Einige Male wurde er verhaftet. Auch nach dem Staatsstreich des Militärs 1980: »Ich dachte, jetzt bekomme ich die Todesstrafe.« Stattdessen gab es lebenslange Haft, die später auf zwei Jahre verkürzt und dann in Hausarrest umgewandelt wurde. »Wer weiß, was passiert wäre, wenn sich nicht so viele Menschen im Ausland für mich eingesetzt hätten. In Deutschland allen voran Willy Brandt und Helmut Schmidt.«

Zwanzig Jahre zuvor, am 19. April 1960, gehen die Menschen, vor allem Studenten und Intellektuelle, auf die Straßen Seouls und anderer Städte des Landes, um gegen die Wahlmanipulationen des Präsidenten Rhee Syng-Man und dessen autokratische, korrupte Regierung zu protestieren. In der Hauptstadt marschieren mehr als 100 000 Demonstranten zum Präsidentenpalast. Die Polizei eröffnet das Feuer. Die Regierung ruft das Kriegsrecht aus. Allein an diesem »blutigen Dienstag« sterben 115 Demonstranten und Polizisten, 727 Menschen werden verletzt. Eine Woche später erklärt der Präsident seinen Rücktritt. Zwei Jahre darauf wird der Friedhof der Revolution vom 19. April eingeweiht. Heute liegen hier die Opfer des Aufstandes begraben und jene Menschen, die in irgendeiner Form daran beteiligt waren.

»Zuerst habe ich gar nichts von der Revolution mitbekommen«, erinnert sich Ko Un, nachdem er sich auf eine Bank gesetzt hat. Die Septembersonne ist gerade hinter den Bergen untergetaucht. Elstern, in Korea als Glücksbringer verehrt, tummeln sich auf den Grabfeldern und im Gebüsch. »Ich war damals so weit von Seoul entfernt und lebte als buddhistischer Mönch, von der Welt abgeschnitten, hoch oben in den Bergen.« Zuvor hatte der Koreakrieg Anfang der fünfziger Jahre den jungen Mann traumatisiert. Der Norden Koreas hatte mit Unterstützung Chinas den Süden angegriffen und damit letztlich die Teilung des Landes besiegelt. Eine Million Soldaten und bis zu drei Millionen Zivilisten starben. Ko Un entging damals dreimal knapp dem Tod und wurde Zeuge von Morden und Vergewaltigungen. »In dieser Zeit musste ich zwei Wochen lang unglaublich viele Leichen bergen, unter anderem aus Höhlen, wo sich viele Menschen versteckt hatten und dann getötet worden waren. Ich wurde gezwungen, die Leichen auf meinem Rücken zu den Grabstellen zu tragen. Damals atmete ich unaufhörlich den Tod. Er war mir vertrauter als das Leben. Wohin ich auch ging – er klebte mir an den Fersen.«

Damals unternahm er den ersten von vier Selbstmordversuchen – er kippte sich Gift ins Ohr, verlor auf dieser Seite das Gehör – und flüchtete danach vor seinen Todesgedanken

in die Berge, um Mönch zu werden. »Erst die Revolution vom 19. April 1960 hat mich wieder heraus aus meinem Dasein als Mönch und zurück in diese Welt und die koreanische Wirklichkeit geholt.« Ko Un deutet auf das schwarze Marmorpodest vor den weit in den Himmel ragenden weißen Stelen. Hier, in der Mitte des Friedhofsgeländes, im Rücken die Gräber und die Berge, hat er an vielen Jahrestagen der Revolution bis in die Achtziger vor tausenden von Menschen eine Erklärung verlesen, in der er und seine Mitstreiter Demokratie einforderten. »Da hinten standen die Polizisten in einer Reihe. Wenn wir dann den Friedhof verlassen wollten, um demonstrierend durch die Straßen zu ziehen, hat uns die Polizei umzingelt und regelmäßig verhaftet.«

Kaum hatte er 1962 das Leben als Mönch aufgegeben, kamen allerdings die Todessehnsüchte wieder über Ko Un. Es zog ihn zum Meer. Schon einmal hatte er versucht, sein Leben im Meer zu beenden. »Damals bin ich zu einem großen Schiff geschwommen. Ich wollte bis zur Schiffsschraube tauchen, um von ihr zerfetzt zu werden. Aber ein Seemann hat mich gerettet.« Dieses Mal sollte nichts schiefgehen. Er fuhr in die Hafenstadt Mokpo, fand in den umliegenden Bergen einen großen, sich zur Mitte hin verengenden Stein, perfekt geeignet, um daran ein Seil zu binden. In der Nacht nahm Ko Un, im Gepäck Stein und Seil, das Boot nach Jeju-do, der größten Insel des Landes.

Auf dem Schiff konnte man Alkohol kaufen. Ko Un genehmigte sich zum Abschied von dieser Welt einen Drink. »Ich war nervös, nahm also noch einen. Ich trank und trank, war mir aber sicher, alles unter Kontrolle zu haben. Als ich mich mitsamt dem Stein auf halber Überfahrt ins Meer stürzen wollte, brach ich zusammen und fiel in einen tiefen Schlaf.« Um vier Uhr morgens wachte er auf und sah am Horizont schon den Hallasan, den höchsten Berg der Insel und des ganzen Landes. Das Gerücht, der legendäre dichtende Mönch Ko Un sei auf dem Weg nach Jeju-do, hatte sich dort schnell verbreitet. Und so erwarteten ihn bei seiner Ankunft die Dichter der Insel. »Sie dachten, ich hätte das Boot genommen, um mich auf Jeju-do niederzulassen.« Um die Situation nicht zu verkomplizieren, antwortete ihnen Ko Un: »Ich bin gekommen, um hier für immer zu bleiben.«

Als er das, immer noch auf einer Bank des Friedhofs sitzend, erzählt, muss er lachen: »Alles Tragische trägt doch etwas Komisches in sich.« Tatsächlich blieb Ko Un damals auf der Insel und verbrachte dort zufriedene Jahre als Lehrer und Dichter. »Ich wohnte in einem Haus am Meer. Meine Gedanken an den Tod verschwanden, indem ich jeden Tag die Wellen betrachtete und ihnen lauschte. Deshalb möchte ich auch einmal im Meer beigesetzt werden, endlos hin und her wogen und mit dem Klang der Wellen verschmelzen.«

Eine Durchsage, unterlegt mit schwülstiger klassischer Musik, erinnert daran, dass der Friedhof in wenigen Minuten seine Tore schließt. Dann verstummen die Lautsprecher. Nur noch die Zikaden sind zu hören und Kos Stimme.

Mit zehn Jahren erfuhr Ko Un auf drastische Weise, was Einsamkeit bedeutet. Damals war Korea noch eine Provinz Japans. Die Japaner versuchten, in ihrer Kolonie die eigene Kultur und das eigene Denken zu etablieren, auch unter Zwang. Als ein Lehrer die Schüler nach ihrem Berufswunsch fragte und Ko Un an der Reihe war, antwortete der: »Ich möchte Kaiser von Japan werden!« Für diesen Satz wurde der Zehnjährige hart bestraft: Drei Monate lang, von morgens bis abends, musste Ko Un ganz allein auf einem abgeschiedenen Feld stehen und die frischen Ähren von den verdorbenen trennen. »Damit du lernst, wie man Gutes von Schlechtem unterscheidet«, hatte sein Lehrer gesagt. »Die unbrauchbaren Ähren stanken faulig«, erinnert sich Ko Un. »Da ich damals mutterseelenallein auf dem Feld war, hat für mich Einsamkeit noch heute einen fauligen Beigeschmack.«

»Und auf dem Friedhof der Revolution vom 19. April?« Nein, sagt Ko Un, Einsamkeit könne hier erst gar nicht entstehen, bei all den Toten. »Ich lebe. Also gehöre ich auch zum Leben. Aber ich glaube, Menschen kommen mit ihrem Tod nicht an ihr Ende. Die Toten haben immer etwas zu sagen. Und ich fühle mich verpflichtet, ihre Geschichten aufzuschreiben, um die Toten so wieder in die Realität zurückzuholen.« In seinem Opus magnum *Maninbo* (Zehntausend Leben) ist Ko Un dieser Verpflichtung unerhört akribisch nachgekommen. Als er 1982 als politischer Gefangener aus der Haft entlassen wurde, hatte er sich vorgenommen, alle Menschen, denen er jemals begegnet war, in Poesie festzuhalten. 2010 veröffentlichte Ko Un den letzten von dreißig *Maninbo*-Bänden. Exakt ein Vierteljahrhundert lang hatte er an diesem Projekt gearbeitet. Das Ergebnis: 4001 Gedichte mit Porträts von 5600 Menschen, in denen sich die bewegte Geschichte Koreas spiegelt. Allein drei Bände sind jenen Koreanern gewidmet, die an der Revolution vom 19. April 1960 beteiligt waren.

»Manchmal glaube ich, meine Literatur ist Trauerliteratur«, bemerkt Ko Un, um dann mit einem Ausflug in die Archäologie zu überraschen: »Im heutigen Irak hat man eine 60 000 Jahre alte Versteinerung gefunden: Eine Hyazinthe liegt auf der Stirn eines Kindes. Als das Kind starb, haben die Menschen also mit einer Blume als Grabbeigabe ihre Trauer ausgedrückt. Für mich ist das Poesie. Poesie zu einer Zeit, in der die Menschen noch nicht geschrieben haben. Der Akt des Trauerns ist die Wiege der Literatur.«

Der südkoreanische Dichter, der immer wieder als Kandidat für den Literaturnobelpreis gehandelt wird, lässt seinen Blick über den See, die Gräber und die Berge schweifen. »Dieser Ort ist mir so vertraut. Für mich ist es kein Ort des Todes, sondern des Lebens.« Schon immer hat sich Ko Un auf Friedhöfen geborgen gefühlt. Selbst nachts.

Während seiner Zeit auf Jeju-do trank Ko Un oft in einer Kneipe bis zwei oder drei Uhr morgens. Dann machte er sich auf den zwei Kilometer langen Heimweg. »Es gab mehrere Wege. Aber ich habe immer den genommen, der direkt durch den Friedhof führte«, erzählt er. »Wenn ich ein neues Grab entdeckte, habe ich den Neuankömmling fröhlich begrüßt.« Genau diese Szene hat Ko Un 1993 in einem Gedicht über seine »Grabeserinnerungen« festgehalten: »Endlich bist du da!/ Willkommen, Freund!« Irgendwann in der tiefen Nacht kippte der alkoholisierte Ko dann auf dem Friedhof um und schlief seinen Rausch aus. Einmal, heißt es in seinem Gedicht, wurde der wehrlos zwischen den Gräbern Schlafende von einem Tausendfüßler gebissen. Eine Woche lang war eine Gesichtshälfte des Dichters auf »die Größe eines Kürbisses« angeschwollen. Kos Zuneigung zu Friedhöfen und kleinen Tieren hat das keinen Abbruch getan. Begeistert erzählt er nun im Dämmerlicht des Friedhofs der Revolution vom 19. April von Insekten, die, wenn ihr Partner gestorben ist, trauern und drei bis vier Tage keine Nahrung aufnehmen. Auch auf die Frage, was wohl nach dem Tod komme, beruft sich der praktizierende Zen-Buddhist auf ein Insekt: »Ich muss nicht wissen, was für ein Leben mich nach meinem Tod erwartet. Auch eine Ameise weiß ja nicht, wann sie stirbt oder was dann mit ihr passiert. Das ist halt die Natur.«

Als Ko Un das lächelnd sagt, haben wir gerade den Ausgang passiert. Ein Mitarbeiter des Friedhofs schiebt hinter uns mit aller Wucht das stählerne Rolltor zu. Eigentlich der perfekte Augenblick, um das Interview zu beenden. Wenn da nicht noch eine Frage wäre, die sich im Laufe der knapp zwei Stunden mit Ko Un auf dem Friedhof immer wieder aufdrängte: »Wie ist es möglich, dass Sie heute so ausgeglichen wirken und fröhlich über den Friedhof tänzeln, nach diesem traurigen, hochdramatischen Leben?« Einem Leben, in dem auch noch Kos gesundes Trommelfell durch Folter bleibenden Schaden nahm; in dem er bis heute vergeblich versucht hat herauszufinden, wo seine geliebte, in den Wirren des Koreakriegs gestorbene Großmutter begraben liegt; in dem er dem Alkohol verfiel und 1970 erneut einen Selbstmordversuch beging, Gift schluckte und einen ganzen Tag im Koma lag.

»Als mein Leben vom Tod bestimmt war, kannte ich meine Frau noch nicht«, antwortet Ko Un lapidar. »Seit ich sie kenne, bin ich ein sehr glücklicher Mensch.« Während Lee Sang-Wha die Liebeserklärung ihres Mannes ins Englische übersetzt, schiebt sie zärtlich den herausgerutschten Hemdkragen unter das Revers seines blauen Cordsakkos.

Mit einem Mal, ansatzlos, schnappt Ko Un nach meiner Fotoausrüstung und eilt mit einem massiven Stativ in der einen Hand und einem schweren Eimer in der anderen davon, um beides zum nächsten Taxistand zu tragen. Da kann ich noch so schnell hinterherlaufen, um dem mehr als doppelt so alten Dichter die Dinge wieder abzunehmen – der hilfsbereite Ko Un erhöht einfach die Schrittfrequenz und ist uneinholbar. Seine Frau lacht: »Wirklich, wie ein Kind!«

# Warum Donna Leon auf einer Toteninsel den Italienern ihre Liebe erklärt und Hasstiraden gen Himmel schickt

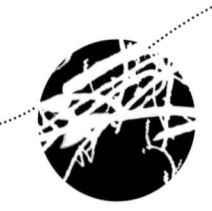

*FRIEDHOFSINSEL SAN MICHELE,
VENEDIG, ITALIEN,
29. JUNI 2011*

»Drop dead!«, sagt Donna Leon entrüstet, als ich ihr erzähle, wie mich ein Autor auf einem brasilianischen Friedhof genüsslich zur Verzweiflung brachte. »Fall doch tot um!«, ruft sie in Richtung Südamerika, hier am Kai der Fondamente Nove von Venedig. »Da legt gerade ein Boot an. Das können wir vielleicht nehmen.« Donna Leon ist sich nicht sicher, ob die Linie 42 nach San Michele fährt. Zu selten besucht sie die Friedhofsinsel. »Murano!« ruft ein Mann aus dem *vaporetto* über die Köpfe der Menschen hinweg, die am Anlegeplatz Schlange stehen. »Auch zum Friedhof?«, fragt Donna Leon auf Italienisch eine Frau. Die nickt. »Danke.«

»Sie haben Glück mit dem Wetter«, sagt Donna Leon auf dem Boot. Der Motor brummt so laut, dass man sie kaum versteht. »Morgen soll es regnen, regnen, regnen.« Aber an diesem Frühsommertag suchen fast alle im überdachten Teil des Boots Schutz vor der aggressiven Sonne. Nur Donna Leon tritt an Deck, um die Sonnenstrahlen geradezu aufzusaugen. »Ich habe lange im Nahen Osten gelebt«, erzählt sie über jene Zeit, in der sie noch als Englischlehrerin arbeitete. »Und wenn es 40, 42, 43 Grad waren, habe ich draußen Tennis gespielt. Eigentlich sollte ich irgendwo in Indien leben. Oder am Äquator.« Aber sie hat sich nun mal in Venedig verliebt, damals in den sechziger Jahren, als Touristin. Da besuchte sie, wie fast alle Venedig-Touristen, auch San Michele.

Die ausgefransten Silhouetten unzähliger Zypressen überragen die hohe rot-weiße Mauer der Insel. Nur 400 Meter trennen den Friedhof von den Fondamente Nove. Sechs Euro kostet die Hin- und Rückfahrt mit dem *vaporetto*. »Es wundert mich, dass man dafür bezahlen muss. Die Einwohner Venedigs sollten umsonst zum Friedhof fahren dürfen«, sagt Donna Leon, kurz bevor wir am Steg der Insel anlegen. »Es sollte nichts kosten, seinen toten Ehemann, seine tote Frau oder die toten Kinder zu besuchen. So wie jetzt ist das nicht in Ordnung.«

Für die räumliche Trennung der Venezianer von ihren Toten ist letztlich Napoleon verantwortlich. In einem Edikt verbot er 1804 die Bestattung der Toten in der Nähe von Kirchen. Das und der allgemeine Platzmangel der Stadt führten zur Auslagerung der Verstorbenen. Aber selbst in den Gräbern auf der Friedhofsinsel dürfen sie nicht ewig ruhen. Nach einigen Jahren werden die Überreste exhumiert und die Gebeine in dafür vorgesehenen Hallen auf der Insel gestapelt. Früher reichte auch hierfür nicht der Platz; und so brachte man die Knochen von San Michele nach Sant'Ariano, auf eine weitere, neun Kilometer entfernte Insel. Mittlerweile ist San Michele nach Plänen des englischen Architekten David Chipperfield um 60 000 Quadratmeter erweitert worden.

»In der Vorstellung vieler Italiener sind die Toten noch am Leben«, sagt Donna Leon, als wir den Friedhof betreten. »Die Freundin einer Freundin kommt hier einmal pro Woche her, um mit ihrem toten Mann zu sprechen. Am Grab erzählt sie ihm, was es Neues von der Familie zu berichten gibt. Sie kehrt dann mit dem Gefühl nach Venedig zurück, Ratschläge von ihrem Mann erhalten zu haben.«

Das Verhältnis der Italiener zu ihren Toten, meint Donna Leon, sei viel magischer als das der Amerikaner: »Amerikaner neigen dazu, die Toten in die Erde zu stecken und sie dann nie wieder zu besuchen. Oder sie ziehen weg von dem Ort, an dem ihre Angehörigen begraben sind. Das ist ein weiterer Unterschied: Italiener suchen die Nähe der Toten auf, Amerikaner nicht. Wenn man einige tausend Kilometer entfernt von den Toten lebt, vergisst man diese Menschen auch leichter.«

»Er ging selten auf den Friedhof; aus irgendeinem Grund hatte er den Kult, den so viele Italiener mit ihren Toten betreiben, nicht angenommen«, heißt es über Commissario Guido Brunetti in Donna Leons erstem Krimi *Venezianisches Finale*. »Er ist nicht Teil dieses Kultes, weil ich es auch nicht bin. Es *ist* ein Kult. Aber im besten Sinn«, sagt Donna Leon, während sie über einen Kiesweg läuft, vorbei an hohen Marmorwänden mit Urnengräbern. Laut und fasziniert liest sie die eingravierten Namen, als erzählten sie allein schon eine spannende Geschichte: »Marco Leone. Salviato Salvaggio. Hui! Ein toller Name!«

Wir treten durch ein Tor und haben mit einem Mal einen weiten Blick auf die Grabfelder zwischen den Zypressen, auf ein Farbenmeer: »Sehen Sie sich das an! Diese Blumen! In einigen Punkten machen mich die Italiener verrückt. Aber eine ihrer besten Eigenschaften ist ihre Verehrung der Toten. Dafür liebe ich sie. Ich glaube nämlich, dass das ein Weg ist, um die Einheit der Familie zu bewahren. In Italien ist die Familie sehr wichtig. Das hier ist ein Beleg dafür.«

Sie erinnert sich daran, wie sie zum ersten Mal bei einer Beerdigung auf San Michele war. Wegen ihrer Freundin Roberta. »Roberta und ich kennen uns schon seit vierzig Jahren. Sie und ihr Mann Franco und ich sind eine Familie. Wegen der Enge unserer Freundschaft haben wir familiäre Verpflichtungen füreinander. Als ihre Tante starb, musste und wollte ich also zu dieser Beerdigung kommen.«

Vogelstimmen sind zu hören. »Was sind das? Raben? Krähen?«, fragt Donna Leon und entdeckt schließlich Möwen am Himmel. »Widerliche Tiere! Ich hasse sie! Sie sind Aasfresser, sie bringen kleinere Vögel um. Sie sind eine vollkommen fremde Art. Vor zwanzig Jahren hat es diese Vögel hier noch nicht gegeben.« Jeden Morgen um vier wird sie von Lärm geweckt: Möwen reißen Müllsäcke auf, um nach Essbarem zu suchen. »Sie sind wie die Pest. Ich hasse sie wirklich.

Ganz sicher bekomme ich jetzt böse Briefe vom WWF.« Donna Leon verstellt ihre Stimme. Piepsend, naiv und wehleidig klingt sie jetzt: »Wie können Sie nur so etwas sagen! Das sind doch Geschöpfe Gottes!«

»Gibt es eigentlich in Händels Werken Möwen?«, frage ich. Denn für ihr Buch *Tiere und Töne* hat Donna Leon die Opern ihres Lieblingskomponisten auf die Fauna hin untersucht. »Nein. Da kommen viele Vögel vor, aber Gott sei Dank keine Möwen. Ihre Stimmen sind einfach zu hässlich.«

Noch hässlicher sind ihre Kadaver. Ein paar liegen im Sand zwischen den Wänden der Nischengräber. Hier haben sich die Möwen zum Sterben zurückgezogen. Oder sind sie einfach tot vom Himmel gefallen? »Was hat es mit dem Ausdruck *drop dead!* auf sich?«, möchte ich wissen. »Das ist amerikanischer Slang«, erklärt sie. »Als ich Kind war, vor über fünfzig Jahren, habe ich ihn aufgeschnappt. Damals haben die Leute so oft *drop dead!* gesagt, dass der Ausdruck seine ursprüngliche Bedeutung, ›fall tot um!‹, schon bald verloren hatte.« Dann habe er nur noch so etwas wie »Blödmann« bedeutet. Und irgendwann sei der Ausdruck überhaupt aus der Mode gekommen, sei von den meisten Menschen vergessen worden. Allerdings nicht von Donna Leon. Vor einigen Jahren war sie von anderen, viel jüngeren Amerikanern genervt und rief ihnen *drop dead!* zu. Sie hatten diesen Ausdruck noch nie gehört.

»Da standen sie also vor einer Frau, die ihnen wünschte, tot umzufallen. Ich erinnere mich noch gut an den Schrecken in ihren Gesichtern. Das war ein Punktsieg für mich. Seitdem gebrauche ich den Ausdruck bei jeder Gelegenheit. Ich liebe ihn.«

In ihrer Sprache und in ihren Venedig-Krimis ist der Tod präsent, aber in Donna Leons Leben überhaupt nicht, erzählt sie. »Ich bin überraschenderweise frei vom Bewusstsein des Todes. Es wäre doch auch schrecklich, unaufhörlich an ihn zu denken. Ich bin nämlich ein fröhlicher Mensch. Das liegt in meinen Genen. Meine Mutter war eine glückliche Frau, mein Vater ein glücklicher Mann, und auch mein Bruder ist ein glücklicher Mensch. Wie sollte ich da nicht auch glücklich sein? Erst wenn ich älter bin, denke ich an meinen eigenen Tod. Ich möchte mal in den italienischen Bergen begraben werden. Da habe ich ein Haus. Nur habe ich eben noch keine Vorkehrungen dafür getroffen. Aber irgendwann tue ich das.«

Als Kind allerdings war Donna Leon, die 1942 in New Jersey geboren wurde, der Tod sehr vertraut. Sie hatte zwei irische Großmütter, die dafür sorgten, dass die irischen Traditionen nicht verloren gingen. Dazu gehörte die Totenwache. »Wenn jemand gestorben war, saß man mit der Familie zusammen, in Gegenwart des Toten, am geöffneten Sarg, meistens einen Tag oder zwei Tage vor der Beerdigung. Ich denke, das ist sehr gut für uns Menschen: die Toten zu sehen. Zwei meiner Freunde, beide Männer, waren dabei, als ihre Mutter starb. Sie waren mit ihr im Raum, als es endete. Keiner der Männer ist gläubig. Aber beide haben davon erzählt, als wäre es eine religiöse Erfahrung gewesen.«

Donna Leon muss an die Gedichte von Emily Dickinson denken, an die »Dichterin des Todes«, wie sie sagt. »Sie hat auch diesen Augenblick beschrieben, in dem der Geist entschwindet. Diesen magischen Moment, in dem etwas passiert. Wir wissen nicht, was. Aber dieser Teil des Lebens endet da. Vielleicht gibt es noch einen anderen Teil. Ich weiß es nicht.«

Donna Leon möchte nicht dabei sein müssen, wenn jemand Geliebtes stirbt. Auch wenn sie es für so wichtig hält. »Aber ganz sicher wünsche ich mir, dass jemand, den ich liebe, bei mir ist, wenn ich sterbe. Ja, es wäre einfacher, wenn ich in diesem Augenblick nicht allein wäre. Das ist eine Tragödie der Moderne. Man muss nur Geschichtsbücher aufschlagen, um zu erfahren, dass früher die Menschen zu Hause gestorben sind, umgeben von Familie und Freunden. Ich glaube, das ist besser, als allein in einem Krankenhaus zu sterben, im Beisein einer schlecht bezahlten und schlecht gelaunten Krankenschwester.«

Das Krankenhaus Venedigs kann man vom Friedhof aus sehen. Donna Leon steht am alten, pompösen Eingangsportal des Friedhofs und schaut durch das abgeschlossene Gitter eines Spitzbogens über das Wasser nach Venedig und beobachtet fasziniert, wie ein Bagger ein Gebäude abreißt: »Das muss zum Krankenhaus-Komplex gehören. Der Bagger hat eine Metallverlängerung und an deren Ende so etwas wie das Maul eines Dinosauriers, das Teile des Gebäudes einfach abbeißt. Das ist eine Metapher für das, was in ganz Venedig passiert. In gewisser Weise stirbt nämlich die Stadt. Früher oder später wird Venedig eine Geisterstadt sein.«

»Aber es kommen doch so viele Touristen hierher«, sage ich. »Genau deshalb wird das hier mal eine Geisterstadt sein«,

entgegnet sie. Die Stadt könne nicht allein vom Tourismus leben. Bäckereien würden geschlossen, Fabriken, Büros, Geschäfte, in denen man Knöpfe kaufen könne oder Waschmaschinen. Für so etwas interessiere sich doch kein Tourist, die ständigen Bewohner der Stadt bräuchten das aber: »Was uns irgendwann bleibt, sind dann nur noch die Dinge, die wir nie kaufen würden: eine venezianische Maske, einer dieser blöden Hüte oder Glas *made in China*. Dieser ganze Touristenschrott, der überall in der Stadt angeboten wird.« Immer mehr Venezianer würden die Stadt verlassen, könnten sich nicht mehr die horrenden Mieten leisten. »Ich glaube, es sind jetzt nur noch 59 000 Venezianer geblieben. Was passiert, wenn die bald auch noch alle weg sind? Wenn niemand mehr Venezianisch spricht? Wenn hier nur noch reiche Deutsche und Amerikaner leben, die höchstens ein bisschen Italienisch können? Ist diese Stadt dann überhaupt noch Venedig?«

Dann könnte auch die Insel San Michele ein Problem bekommen. Denn der Friedhof ist auf die italienische Bevölkerung ausgerichtet. Es ist ein katholischer Friedhof. Nur ein kleiner, abgetrennter Teil bietet Platz für nichtkatholische Ausländer, vor allem für Protestanten. Dort liegt auch Igor Strawinski begraben. Unweit davon besucht Commissario Brunetti in Donna Leons literarischem Debüt das Grab seines Vaters. Denn die Autorin entdeckte einmal tatsächlich einen Grabstein mit der Inschrift *Brunetti* in der Nähe der Überreste Strawinskis, allerdings noch im katholischen Teil: »Brunettis Vater liegt natürlich auf einem guten katholischen Friedhof. Ich würde ihn doch nicht zu diesen Protestanten legen! Uaahhh!«

Sie tut so, als würde sie dieser Gedanke anwidern. Sie scherzt. Wird aber wieder ernster, als ich noch einmal auf die Möwen zu sprechen komme. Einige sitzen auf den Kreuzen der Friedhofsmauer, andere fliegen kreischend über unsere Köpfe hinweg, um ganz in der Nähe im Kies zu landen.

»Möchten Sie, dass diese Möwen hier alle tot umfallen, nicht sprichwörtlich, sondern ganz real?« – »Na ja, als Tierfreundin muss ich antworten: nein. Aber ich hoffe, dass die Möwen eine Entrückung erfahren.« – »Eine was?« – »Vor zwei Monaten hat ein New Yorker Priester seiner Gemeinde erzählt, sie werde am 31. Mai um fünf Uhr nachmittags oder wann auch immer entrückt. Das hat mit einer Bibelstelle zu tun. Gemeint ist Folgendes: Die lebenden Menschen würden von Gott in den Himmel getragen werden, ihre Kleidung würde zurück auf der Erde bleiben. Deshalb haben in New York viele Mitglieder dieser Gemeinde ihre Häuser verkauft, ihre Arbeit und ihre Versicherungspolicen gekündigt. Aber am 31. Mai um fünf Uhr ist nichts passiert. Niemand wurde in den Himmel entrückt. Aber genau das wünsche ich den Möwen. Dass Gott herabsteigt und alle Möwen Venedigs mitnimmt.« Donna Leon imitiert das Geräusch eines kräftigen Windzugs und lächelt. »Nur ihre Federn bleiben dann noch zurück.«

Genau in diesem Moment fliegen einige Möwen wie aufgescheucht in die Höhe. »Sehen Sie! Sie werden entrückt!«, sagt Donna Leon begeistert, um dann plötzlich einen Laut des Ekels von sich zu geben: »Sie sind fieser als Schlangen! Möwen sind schreckliche Wesen!« Und dann verstellt die Bestsellerautorin wieder ihre Stimme, um sich noch einmal in eine gläubige Naturschützerin zu verwandeln: »Gottes kleine gefiederte Geschöpfe!«

# Warum für Colum McCann nicht nur Ground Zero ein Friedhof ist, sondern auch die New Yorker U-Bahn

**GROUND ZERO,
NEW YORK CITY, USA,
1. DEZEMBER 2008**

»Bringen Sie das Ding zurück. Und wenn die Probleme machen, drohen Sie einfach mit der Polizei.« Colum McCann sitzt auf einer Bank des St. Paul's Churchyard und berät minutenlang eine verzweifelte britische Touristin. Sie hat in einem dubiosen Elektroladen am Times Square eine Speicherkarte für ihre Kamera gekauft. Aber die Karte scheint defekt zu sein. »Ich will doch noch zum Empire State Building. Wie soll ich denn da jetzt Fotos machen?!«

Eigentlich hat der 43-jährige McCann überhaupt keine Zeit für solche Gespräche. Denn an diesem Tag ist der Terminkalender des gebürtigen Dubliners vollgepackt. Am Morgen hat er an seinem neuen Roman gearbeitet. Am Nachmittag wird er Studenten in Kreativem Schreiben unterrichten. Und seine Mittagspause opfert er nun für das Interview auf dem Friedhof. Aber die Anspannung lässt sich McCann nicht anmerken. Der Vater von drei Kindern ist wie immer ausgesprochen freundlich und wirkt lässig mit seinem Drei-Tage-Bart, dem viel zu großen, zur Jacke umfunktionierten Sakko und dem locker gebundenen roten Schal. Colum McCann ist der Typ, der hilflose Touristen magisch anzieht. Selbst auf einem Friedhof.

Wie Schmirgelpapier haben Wind und Wetter die Inschriften der meisten Grabsteine abgerieben. Einige sind fast 250 Jahre alt, viel älter als die weit in den Himmel ragenden Platanen des Kirchhofs. In dieser Umgebung erinnert sich McCann an den Augenblick, an dem er zum ersten Mal über den Tod nachdachte. Er war sieben und ging auf die Saint Brigid's National School in Dublin: »Unser Lehrer hielt einen Monolog und sagte: ›Natürlich werden wir alle sterben.‹ Er sah mir in die Augen. Ich muss ein perplexes Gesicht gemacht haben. ›Wie meinen Sie das: Alle Menschen sterben? Heißt das, auch meine Mutter, mein Vater, alle, die ich kenne?‹«

Wolkenkratzer am Broadway fangen die Sonnenstrahlen ab und tauchen den Kirchhof in Schatten. Erst jenseits des Friedhofsgitters, zur Church Street hin, trifft die Sonne wieder ungehindert auf den Boden, auf Bagger und Kräne: auf Ground Zero. Diesen

Ort hat sich McCann für unsere Begegnung ausgesucht. Nicht den benachbarten Friedhof. Auch wenn es über den viel zu erzählen gäbe: Wie eine Platane von Trümmerteilen aus einem der herabstürzenden Zwillingstürme zu Boden gestreckt wurde und so als Schutzschild dafür sorgte, dass die älteste Kapelle Manhattans vollkommen unversehrt blieb. Wie der Kirchhof von Schutt und Asche bedeckt wurde, wie sich Monitore und Papier aus den Büros des World Trade Center unter die Grabsteine mischten. Wie der Pfarrer aus der Kapelle kurzerhand ein Versorgungslager für die Feuerwehrmänner, Soldaten, Stahlarbeiter und andere Helfer machte, die bis zur völligen Erschöpfung in den Trümmern, in 1,8 Millionen Tonnen Stahl und Schutt, nach Überlebenden suchten und annähernd 22 000 Leichenteile bargen.

Sieben Jahre nach alldem stehen Colum McCann und ich auf dem leicht erhöhten Friedhof der St. Paul's Chapel in der Hoffnung, über die Absperrplanen hinweg einen Blick auf Ground Zero zu erheischen. »Meinen Sie nicht, dass es interessant wäre, den ›Friedhof‹ zu fotografieren, der das World Trade Center jetzt ist, bevor der Ort wieder zugebaut wird?«, schrieb mir McCann drei Monate zuvor. »Ground Zero ist für mich schon ein ganz besonderer Friedhof«, sagt er jetzt. Wir haben den Kirchhof verlassen, um im großen Bogen zur gegenüberliegenden Seite von Ground Zero zu laufen, zum Wintergarten des World Financial Center, dem einzigen ebenerdigen Ort, von dem aus man freien Blick auf die Baustelle hat. »Einige Tage nach dem 11. September sah ich plötzlich auf meinem Fensterbrett eine dünne Staubschicht. Darin habe ich mit dem Finger eine Linie gezogen«, erinnert sich McCann. Der Wind hatte den Staub vom Ort des Anschlags bis zum Schriftsteller getragen. Und das, obwohl der etliche Kilometer weiter nördlich wohnte.

»Der Staub bestand aus Partikeln des World Trade Center, aus verbranntem Papier und vielleicht auch aus Überresten menschlicher Knochen. Das war schon seltsam: die Vorstellung, dass dieses Gebäude nun überall war.«

Durch die Fensterfront des Wintergartens kann man bis zum Turm der St. Paul's Chapel sehen; deutlich und spitz ragt er aus den Kronen der Platanen hervor, wirkt aber neben dem benachbarten Hotel wie Spielzeug. Bauarbeiter haben auf Ground Zero hier und da die amerikanische Flagge gehisst.

»3000 Menschen wurden hier umgebracht. Deswegen ist dieser Ort schon für sich genommen ein Mahnmal«, sagt Colum McCann. »Er erlaubt einen besonderen Blick auf die Geschichte und weckt Erinnerungen. Genau das tun ja auch Friedhöfe.« McCann steht mittlerweile in einem provisorischen, aus Holz gezimmerten Durchgang auf der Liberty Street. Von hier aus hatte man einst einen fantastischen Blick auf die Spitzen der Zwillingstürme. Auch an jenem Tag im August 1974, an dem der französische Akrobat Philippe Petit ein Seil zwischen die Türme des World Trade Center spannte. »Wer ihn sah, verstummte. Auf der Church Street. Auf der Liberty. Cortlandt. West Street. Fulton. Vesey«, heißt es in jenem Roman, den Colum McCann zum Zeitpunkt unseres Treffens an Ground Zero schon fast beendet hat und im darauffolgenden Jahr unter dem Titel *Die große Welt* veröffentlicht.

**Die Menschen auf den Straßen hielten gleichzeitig den Atem an. Plötzlich schien die Luft ihnen allen zu gehören. Der Mann dort oben war wie ein Wort, das sie zu kennen meinten, obgleich sie es noch nie zuvor gehört hatten. Er trat hinaus.**

Dieser historische Drahtseil-Coup erscheint McCann, der Höhenangst hat, als das perfekte Bild, um die Geschehnisse vom 11. September zu bewältigen. Der Tanz über das Seil, dieser künstlerische, schöpferische Akt zwischen den Zwillingstürmen, setze dem zerstörerischen Akt der als Waffe missbrauchten Flugzeuge etwas entgegen, erklärt McCann nach Erscheinen des Buchs: »*Die große Welt* ist aber auch und gerade ein Roman über jene Menschen, die ihren ganz persönlichen Seiltanz wenige Zentimeter über dem Boden vollführen und die in Geschichtsbüchern nicht erwähnt werden.«

Eineinhalb Jahre lang fuhr McCann Mitte der Achtziger mit dem Fahrrad durch die USA, um genau solchen Menschen zuzuhören: Ranchern in Texas, Ureinwohnern in New Mexico, einer schwarzen Familie in North Carolina, einer Glaubensgemeinschaft in Pennsylvania, den sogenannten Amischen. Mit dem Roman *Der Himmel unter der Stadt* schrieb McCann schon in den neunziger Jahren eine Hommage an die bis zu 5000 Obdachlosen, die damals im U-Bahn-System New Yorks lebten. Monatelang hatte der Autor unter der Erde recherchiert und dort zehn Tage nacheinander übernachtet, um ein Gespür

für ihr Schicksal zu bekommen, für ihre Sorgen und Sehnsüchte, für ihren Mikrokosmos: »Ich habe Menschen kennengelernt, die da unten mit CD-Playern lebten und mit Fernsehgeräten. Sie zwackten illegal Strom von oben ab, um *Glücksrad* zu gucken.«

Nun, am frühen Nachmittag des 1. Dezember 2008, blickt Colum McCann hoch hinauf ins Nichts, wo einst Philippe Petit von einem Zwillingsturm zum anderen balancierte. Dann taucht der Schriftsteller in den Himmel unter New York ein. Ich begleite McCann noch ein Stück im *uptown express train* der Linie 5. Trotz verstärkter Polizeipräsenz leben heute noch ungefähr 400 Obdachlose in diesen U-Bahn-Schächten. »Wieso leben Menschen in der wohl größten Demokratie der Welt im wahrsten Sinne des Wortes im Untergrund, im Unterbewusstsein der Stadt?«, fragt Colum McCann, kurz bevor wir uns verabschieden. »Darüber sollte jeder von uns einmal nachdenken. Hier unten ist mir eines klargeworden: Auch wir sind manchmal gar nicht so weit entfernt von der Obdachlosigkeit.«

Oft sei es doch nur ein kleiner Vorfall, der die Menschen letztlich mittellos werden lasse: ein stornierter Scheck oder ein Streit mit der Ehefrau. Und plötzlich nehme der soziale Abstieg seinen Lauf, die Negativspirale schraube einen immer weiter hinunter, bis in die U-Bahn-Tunnel. »Das ist ein Begräbnis, ein ganz seltsames«, sagt Colum McCann. »Das ist der Tod. Sich unter die Erde zu begeben, in die Dunkelheit einzutauchen, sich selbst einzugestehen: Das hier ist jetzt mein Haus. Mein Haus unter der Stadt.«

# Wie Péter Nádas nach dreißig Jahren wieder jenen Friedhof betritt, auf den er einst nur illegal gelangte, und warum er die Toten unter seinen Füßen spürt

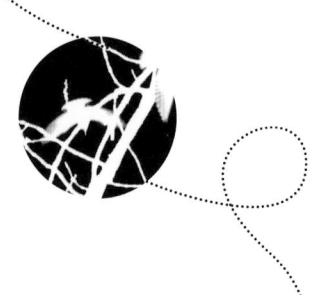

*JÜDISCHER FRIEDHOF AN DER SCHÖNHAUSER ALLEE, BERLIN, DEUTSCHLAND, 13. MÄRZ 2012*

»Ich habe es fast nicht gefunden!« Péter Nádas steigt aus einem Taxi und begrüßt mich herzlich. Es hätte nicht viel gefehlt, und er wäre an diesem jüdischen Friedhof, der ihm so viel bedeutet, vorbeigefahren. Der Taxifahrer hat noch nie von diesem Ort gehört. Und der ungarische Schriftsteller selbst ist schon dreißig Jahre nicht mehr hier gewesen. Sein Anhaltspunkt, der benachbarte Senefelderplatz, habe sich stark verändert. »Da ist nur diese alte wilhelminische Toilette geblieben«, sagt er lachend. »Eine Toilette, die alle Zeit überdauert. Das ist merkwürdig.«

Es ist ein kühler Mittag im März. Péter Nádas trägt einen dunkelgrauen Wollmantel und eine karierte Schirmmütze. Auch diesen jüdischen Friedhof im Ostberliner Stadtteil Prenzlauer Berg dürfen Männer nur mit Kopfbedeckung betreten. Der 69-jährige Autor öffnet das Metalltor. 1972, als er zum ersten Mal kam, war es noch verriegelt. Also wollte er hinüberklettern. In dem Moment sprach ihn ein Mann an: Im hinteren Teil des Friedhofs gebe es ein Loch in der Mauer. »Durch das Loch bin ich wirklich hineingekommen. Ich war jung und verantwortungslos.« Zum Schluss kletterte er dann doch über das Gittertor, um den Friedhof wieder zu verlassen. »Das war nicht ganz ungefährlich. Aber ich habe das gemacht. Ich habe diesen Friedhof als mein Eigentum betrachtet.«

»Dieser Friedhof hat mir die Schönheit eines Opfers gezeigt«, erinnert er sich, als wir auf einem der Sandwege spazieren. Etliche Steine sind noch heute umgestoßen und beschädigt. Jüdische

Gräber dürfen nicht verändert werden. So sind auch Schändungen bewahrt geblieben. »Man sah damals noch die Beschmierungen aus der Kristallnacht«, erzählt er. Auch die Folgen des Krieges habe man klar ausmachen können. Bombentrichter seien mit Wasser gefüllt gewesen. »Diese Wasserlöcher waren voll mit Fröschen. Die haben einen wunderbaren Lärm gemacht.«

Aus dem angrenzenden Polizeipräsidium seien ausgediente Bürogegenstände auf den Friedhof geworfen worden, aus den Hinterhöfen der anderen Häuser Sofas und Fahrräder. »Die Bewohner haben den Ort als Müllplatz missbraucht. Damit haben sie ihre schreckliche Tradition fortgesetzt«, sagt Péter Nádas. »Sie haben die Würde dieses Friedhofs missachtet. Diese unglaubliche Menge an Gegenständen, diese gnadenlose menschliche Grausamkeit, auch den Toten gegenüber, war aber überwachsen von Efeu.«

Selbst die Wege waren damals in den Siebzigern von Efeu überwuchert. Es war die Zeit der letzten Begräbnisse, die seit 1880, dem Jahr der offiziellen Schließung, ohnehin nur noch sehr sporadisch erfolgten. Die wilde Natur hatte einen versöhnlichen Schleier über den geschändeten Friedhof gelegt. Gerührt von dem, was er sah, nahm der dreißigjährige Nádas etwas Efeu mit nach Ungarn. Als er und seine Frau ins Dorf Gombosszeg umzogen, reiste auch der Efeu mit und wurde verpflanzt: »Der bedeckt jetzt einen Teil meines Hauses.«

Auf einem der Fotos, die Nádas in dem Band *Etwas Licht* veröffentlicht hat, ragen aus einem Efeu-Meer ein Grabstein hervor und ein an ihn gelehnter, demolierter Kinderwagen. Die verstörende Gleichzeitigkeit von Tod und Geburt verfolgt Péter Nádas schon sein ganzes Leben lang. Am 14. Oktober 1942 wurde er als Sohn eines im Ministerium tätigen Abteilungsleiters und einer kommunistischen Aktivistin in einem jüdischen Krankenhaus in Budapest geboren. Am selben Tag trieben die Nazis mehrere tausend Juden aus dem polnischen Mizoč in eine Bergmine und erschossen sie. Zufällig ist Nádas auf diese Gleichzeitigkeit gestoßen. »Ich kämpfe seit langem damit, wie ich mitten in diese Grausamkeit überhaupt hineingeboren werden konnte. Ich halte das für eine Ungerechtigkeit des Schicksals. Das belastet mich sehr.« Immer wieder hat er versucht zu verstehen, was in Deutschland passierte. »Warum haben das die Deutschen gemacht, zugelassen?« Die Frage, da ist er sich sicher, wird ihn bis zu seinem Tod begleiten.

Péter Nádas bückt sich, um eine violette Blume zu pflücken. Ein gestreiftes Hemd kommt unter dem Mantelkragen zum Vorschein. »Wahrscheinlich haben die Vögel die Blumen hierher gebracht«, sagt er. Denn auf den meisten jüdischen Friedhöfen ist es verpönt, Gräber zu bepflanzen. »Das ist eine Art wilde Hyazinthe oder Schlüsselblume.« Später will er sie in die Kamera halten, bis er erfährt, dass ich nicht in Farbe fotografiere. »Ich habe hier keine Verwandten«, sagt er, dessen Mutter nichtpraktizierende Jüdin war. »Aber als Menschen sind mir alle verwandt, die hier liegen.« Ich erzähle ihm von einer Kollegin, die diesen Friedhof nach der Wende als Park genutzt hat, und mache ihn entgegen meiner Absicht traurig:

»Die Menschen haben die Eigenschaft, nicht Kenntnis davon zu nehmen, was wie entstanden oder was wie verschwunden ist«, sagt er. »Wo lebe ich? Was ist unter meinen Füßen? Wie viele Knochen sind unter meinen Füßen?«

Péter Nádas hat für all das ein feines Gespür entwickelt. Genauso wie für die Gräueltaten im Europa des 20. Jahrhunderts, die er so erbarmungslos in seinem Roman *Parallelgeschichten* festgehalten hat.

Ich fotografiere ihn vor einem Gräberfeld mit Bäumen, in die der Efeu bis hoch in die Kronen geklettert ist. 1944 erhängte die SS in den Bäumen jene Kriegsgegner, die sich auf diesem Friedhof vergeblich versteckt hatten. Das Licht ist trüb, der Himmel lückenlos bedeckt. Und so versuche ich mit einem Reflektor, wenigstens das Gesicht von Péter Nádas etwas aufzuhellen. Er ist Porträtierter und Assistent zugleich, sagt »jetzt«, wenn ihn der gebündelte, aber immer noch dünne Schein trifft. Ich denke an seine Worte aus dem Buch *Etwas Licht*. Wie er als junger Mann in einem Fotoatelier in Ungarn arbeitete und das Ausleuchten des Kunden als Qual empfand:

**Es war, als hätte ich dabei das Licht breit verschmiert. Als hätte ich die Person, die sich vor mich hingesetzt und sich mir freundlich ausgeliefert hat, zerbrochen und zerschmettert. Als hätte ich voller Absicht ihre Züge gar nicht entdecken wollen und als wollte ich auf keinen Fall etwas über sie erzählen.**

Später fotografierte er andere und sich selbst, indem er eine Gesichtshälfte im Schatten beließ. Eine Ausbildung zum Fotografen hatte

er auf Beschluss des Familienrats hin gemacht, als er fünfzehn war. Seine Mutter war zwei Jahre zuvor an einer schweren Krankheit gestorben. Sein Vater nahm sich das Leben, als Péter Nádas sechzehn war. Danach wuchs der Vollwaise bei Verwandten auf. Mit zwanzig schrieb er Die Bibel, seine erste große Erzählung. Früher hatten seine Eltern zwar eine Bibel, aber nur als literarisches Kulturgut. Den Sohn erzogen sie atheistisch: »Alle, die an Gott glaubten, waren in den Augen meiner Eltern dumm, blöd, irregeführt. Daraus ist ein unglaublicher Konflikt in mir entstanden. Ich war nämlich gläubig. Bis heute beschäftigt mich dieser innere Konflikt und diese große Frage, ob es Gott gibt oder nicht gibt, und wenn es ihn nicht gibt, was dann.« Das erzählte mir Nádas an einem Septembertag im Jahr 2009. Damals schlug er den Besuch ebendieses jüdischen Friedhofs vor.

Jetzt gehen wir dort an einer Reihe von Grabsteinen vorüber, die in mehrere Teile zerbrochen auf der Erde liegen, überzogen von Grünspan und Moos. Wurden sie von Granaten zerstört oder von Menschenhand? Von Nazis? Von Jugendlichen, die hier noch zu DDR-Zeiten randalierten, oder von jenen Unbekannten, die 1997 ihrem Vandalismus freien Lauf ließen? »Das wissen wir nicht mehr«, sagt Péter Nádas. »Gott sei Dank! Etwas nicht zu wissen, ist eigentlich sehr gnadenvoll.«

Schließlich hat er gefunden, was er die ganze Zeit über gesucht hat. An einer Stelle der Friedhofsmauer sind die Ziegelsteine deutlich heller. »Hier war das Loch. Da konnte ich zwischen zwei Gräbern ganz einfach hindurchkommen.« Bis es zugemauert wurde. Wenige Meter davon entfernt entdeckt der Autor und Fotograf jenes Motiv, das er einst mit seiner Kamera festhielt: das pompöse Grab der Familie Manheimer. »Über Eugenie Manheimer wissen wir«, beginnt er mit leicht ironischem Unterton, um dann die Grabinschrift vorzulesen: Schön war sie an Geist und Körper. Eine schwarze Marmorsäule ist seitlich beschädigt. Einschusslöcher von Maschinengewehren. »Da muss auch ein Straßenkampf stattgefunden haben«, versucht Nádas, sie zu deuten. Gegen Kriegsende ließen die Nationalsozialisten Schützengräben auf dem Friedhof ausheben und befestigten sie mit den jüdischen Grabsteinen. Jahre zuvor hatten sie die Gitterstangen der bürgerlichen Gräber entwendet, um sie für die Waffenproduktion einzuschmelzen.

»Sie können hier spüren, dass noch mit Braunkohle geheizt wird.« Nádas hat seine Nase in den Wind gesteckt. »Die Luft ist nämlich wie früher voll von Braunkohlenduft. Das war eine Ostberliner Spezialität. Wenn man hinüberkam aus Westberlin, dann wurde man von diesem Schwefelgeruch geradezu erschlagen.«

Am 28. April 1993 setzte bei Péter Nádas der Geruchssinn aus. Er hatte in Budapest einen Herzinfarkt erlitten. Dreieinhalb

Minuten war er tot. Dann wurde er wiederbelebt. Über diese Erfahrung schrieb er ausführlich in seinem Buch *Der eigene Tod*. Wie sich das angefühlt habe, nichts mehr riechen zu können, möchte ich nun auf dem Friedhof wissen. »Das war eine Befreiung«, erzählt er im Gehen. Er habe sich an Gerüche nur noch *erinnern* können, allerdings auf abstrakte und zugleich emotionale Weise:

»Dieser Geruch war anziehend, der da war abstoßend, war so und so. Aber die Konsistenz des Geruchs war weg.« Die ganze Nahtod-Erfahrung sei sehr angenehm gewesen. »Das war ein Glückszustand«, schwärmt er, wobei seine sonst so zurückhaltende Stimme geradezu euphorisch wird. »Das war eine Freude ohnegleichen. Eine Freude, nach der ich mich immer gesehnt und die ich nur zum Teil erlebt hatte.«

Vor seinem Herzinfarkt hatte Péter Nádas sich nicht vorstellen können, eines natürlichen Todes zu sterben. Entweder werde er Selbstmord begehen, war er sich sicher, oder man werde ihn töten. Das hänge wohl mit seinen historischen Erfahrungen zusammen, sagt er mir nun. »Ich bin immer mit gewaltsamem Tod umgeben gewesen. Deshalb habe ich einen Todeswunsch gehabt, einen ziemlich heißen.« Ganz so wie Krystof, eine der Hauptfiguren aus seinem Roman *Parallelgeschichten*, die auch sonst einige Gemeinsamkeiten mit dem Autor teilt. Es habe sehr lange gedauert, bis er, Nádas, sich von diesem Wunsch zu sterben habe befreien können. Beim Ungarischen Volksaufstand 1956, den die Sowjetarmee niederschlug, sah Péter Nádas als Vierzehnjähriger, wie Menschen getötet wurden. »Meine erste Erinnerung ist aber ein Bombenangriff auf das Haus, in dem wir wohnten. Die Hälfte des Hauses wurde zerstört. Und wir waren gerade in der anderen Hälfte, in einem anderen Treppenhaus.« Die Rote Armee und die deutsche Wehrmacht lieferten sich erbitterte Kämpfe in dieser Schlacht um Budapest, gegen Ende des Krieges. Zwei Jahre war damals Péter Nádas, eigentlich zu jung, um das im Gedächtnis zu bewahren. Aber er habe später seiner Tante von seiner Erinnerung berichtet. »Sie hat mir bestätigt, dass es diesen Bombenangriff gab und diesen Sturz mit meiner Mutter von der Treppe, ausgelöst durch eine Schockwelle.«

Ein Specht hämmert irgendwo über unseren Köpfen. Wir haben bei den alten verwitterten Grabsteinen aus der ersten Hälfte des 19. Jahrhunderts Halt gemacht.

Einfacher und natürlicher sei ihm der Tod im Laufe der Zeit geworden, erzählt er. »Ich habe diese Todessehnsucht nicht mehr, aber ich habe auch keine Angst.« Vorausgesetzt, sein Tod werde kein gewaltsamer. Menschen, die beinahe gewaltsam ums Leben gekommen wären, aber wiederbelebt worden seien, würden oft von einem negativen Nahtod-Erlebnis berichten. Das gelte auch für Selbstmörder. Vielleicht, spekuliert Nádas, hat es nicht nur kulturelle Gründe, wenn man den Selbstmord anderer ablehnt. »Die Antike hat ihn akzeptiert. Wir akzeptieren ihn nicht. Vielleicht mit Recht«, sagt er. »Das ist ein so gewichtiges Gepäck für das Leben der Angehörigen. Die können das wirklich nicht tragen, ohne Schaden zu nehmen. Ich bin der Sohn eines Selbstmörders. Ich weiß es.«

Péter Nádas sieht mich an. »Jetzt bin ich erfroren«, sagt er. Mir ist nicht klar, ob vorwurfsvoll oder melancholisch. Er habe Angst, krank zu werden. Das könne er sich gerade jetzt nicht leisten, wo er doch mit seinem Roman *Parallelgeschichten* auf Lesereise durch Deutschland sei. Siebzehn lange Jahre hat er an diesem Buch gearbeitet. Weltliteratur, waren sich die meisten Kritiker einig. Nun gilt Nádas als Anwärter auf den Nobelpreis.

»Ich habe zu viele Spuren hinterlassen«, sagt er langsam und leise. »Ich möchte verbrannt und verstreut werden. Nicht auf einem Friedhof. In einem Wald oder einem Fluss oder in einem Tümpel. Nicht in der Stadt. Es ist unangenehm, in der Stadt verstreut zu sein. Ich will keine Spuren hinterlassen.«

Wir verabschieden uns schon auf dem Friedhof. Vielleicht kommt er nie wieder hierher zurück, denke ich. Péter Nádas verschwindet hinter Stämmen, Steinen und Efeu. Dem Efeu, der an seinem Haus im ungarischen Gombosszeg auf ihn wartet. Schönheit, die Schändung verdecken kann.

# Wie Cees Nooteboom das Grab einer Fliegerin sucht, auf die deutsche und seine eigene Geschichte stößt und warum selbst für Kardinäle der Eintritt in den Himmel mühsam ist

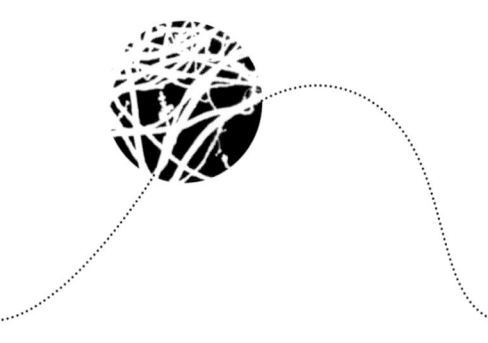

*INVALIDENFRIEDHOF,
BERLIN, DEUTSCHLAND,
16. DEZEMBER 2009*

»Schriftsteller auf Friedhöfen in aller Welt? Das Buch gibt es doch schon. Cees Nooteboom hat es geschrieben.« Ich weiß noch genau, wie mir plötzlich ganz heiß wurde an jenem Tag Anfang 2009, an dem mir eine Kollegin in der Redaktion von Deutschlandradio Kultur diese Sätze sagte. »Das hat er zusammen mit seiner Frau gemacht, einer Fotografin.« Mein Herz pochte bis zum Hals. Ich lief zum nächsten Computer, suchte im Internet, stieß auf sein Buch *Tumbas. Gräber von Dichtern und Denkern* und ließ mich erleichtert in den Bürostuhl fallen: Cees Nooteboom hatte keine *lebenden* Schriftsteller auf Friedhöfen porträtiert.

Welchen Friedhof würde der niederländische Schriftsteller wohl wählen, der auf den unzähligen Reisen mit seiner Frau Simone Sassen die Gräber so vieler Kollegen aufgesucht hat? »Es gibt da eine junge Fliegerin, die tragisch ums Leben gekommen ist«, sagte er mir nach einem Interview zu seinem Erzählband *Nachts kommen die Füchse*, in dem es nur so von Tod und Abschied wimmelt. »Sie soll irgendwo in Berlin liegen. Können Sie das herausfinden? Diese Frau interessiert mich.«

Eine Woche vor Weihnachten betreten wir den schneebedeckten Berliner Invalidenfriedhof. In der Mitte des 18. Jahrhunderts wurde hier in unmittelbarer Nähe ein Haus für Kriegsversehrte gebaut. Starben sie oder ihre Angehörigen, wurden sie meist auf dem angrenzenden, eigens dafür geschaffenen Friedhof beigesetzt. Auch jener Kommandant, vor dessen Grabmal Cees Nooteboom nun stehen bleibt: »Eigenartig: ein Grab mitten auf dem Pfad. Jeder Wagen, der einen neuen Toten bringt, muss hier herumfahren. Das macht mich neugierig.« Er beugt sich über den Metallzaun, um mit der Hand etwas Schnee von der Grabplatte zu wischen. Doch er zögert, zieht die Hand zurück und steckt sie wieder in die Tasche seines schwarzen Wollmantels: »Es wäre vielleicht nicht schicklich nachzusehen, wer da liegt«, sagt er, als wäre der vom Schnee begrabene Stein selbst eine Leiche. »Na ja, muss ich eben noch mal zurückkommen.« Im Frühling, wenn der Schnee geschmolzen ist.

»Auf Friedhöfen kann man sehr viel lernen«, sagt Cees Nooteboom. »Dieser hier zum Beispiel ist ein wirklich deutscher Friedhof: mit einem Von-Soundso und einem Oberleutnant. Und dann diese Inschriften: *Er war ein großer Freund, er war ein Seelenmensch.*« Die zahlreichen Militärgräber lösen etwas Befremden bei dem Niederländer aus. Sein Vater kam 1945 bei der Bombardierung Den Haags ums Leben. Trotzdem fühlt sich Cees Nooteboom wohl an diesem Ort, der so offen wirkt wie ein Park.

Und seine Lust am Deuten von Gräbern lässt er sich ohnehin nicht nehmen. Manchmal könne man an ihnen sogar ablesen, wie die Menschen einst zum Tod standen, glaubt er. Auf einem Friedhof in Zürich hat er die Gräber von James Joyce und Elias Canetti besucht und verglichen: »Joyce sitzt da locker auf einem Stuhl, eine richtige Statue, freundlich und friedlich. Aber Canetti hat eine fast fanatische Handzeichnung in seinem Beton. Es heißt, Canetti war wütend darüber, dass er sterben muss. Das kann ich mir vorstellen. Aber die Alternative des ewigen Lebens leuchtet mir auch nicht ein.«

Cees Nooteboom lacht. »Wir sind halt Teil der Natur. Und in der Natur wird am Ende gestorben.« Vor einem Stück grauer Betonwand bleibt er stehen: »Eine Mauer? Ach! Die war hier? Quer durch den Friedhof?!« Der niederländische Schriftsteller kann es kaum glauben. Das soll die Berliner Mauer sein? »Die sieht so unmauerlich aus. Vielleicht, weil niemand darauf gemalt hat.«

Er macht einen Bogen um das Mauerstück und steht plötzlich vor dem Ziel seines Friedhofsgangs. Laut liest er die Gravur im Findling; der liegt gerade mal vier Meter von der Mauer entfernt. *Der Flug ist das Leben wert. Marga Wolff von Etzdorf.* Die Inschrift ist der Mauer zu-, nicht, wie man es erwarten würde, abgewandt. »Es ist, als hätte jemand den Grabstein einfach umgedreht!«, sagt Nooteboom. »Sie ist nur 25 geworden. Sie ist in dem Jahr gestorben, in dem ich geboren bin: 1933.« Zwei Jahre zuvor war die Pilotin als erste Frau allein von Deutschland nach Japan geflogen, war stolz, wurde gefeiert. Ein Selbstmord? Damals unvorstellbar.

Cees Nooteboom ist bewegt von diesem unerwarteten Zusammentreffen: vom Grabmal der ehrgeizigen Fliegerin und der Ostberliner Hinterlandmauer zu ihren Füßen. Es ist, als

würde der Niederländer magisch von historisch bedeutsamen Orten angezogen oder von solchen, die es einmal werden. 1956 war er in Budapest Zeuge des Ungarischen Volksaufstandes geworden, hatte das Land aber verlassen, bevor die Sowjetarmee die Freiheitsbewegung niederschlug.

»1963 fuhr ich wieder in die entgegengesetzte Richtung, und auch dazu gehörte ein Gefühl, Angst«, schreibt er in seinen *Berliner Notizen* über seinen Besuch Ostberlins:

**Dies war das verbotene Reich, es wurde durch Wachposten, Hunde, Türme, Stacheldraht, Absperrungen geschützt. Es war kalt, Winter. Es lag Schnee, und im Schnee waren die suchenden hechelnden Hunde, die man vom Auto aus sehen konnte, unheimlich.**

Nun, fast ein halbes Jahrhundert später, steht Nooteboom wieder im Schnee, in jenem Bereich des Invalidenfriedhofs, der gleich ein doppelter Todesstreifen war, unter und über der Erde. Das Westufer des Schifffahrtskanals markierte die Grenzlinie. Der Kanal selbst war schon Ostterritorium, ebenso wie der benachbarte Invalidenfriedhof. Die DDR-Machthaber ließen eine Linie durch den Friedhof ziehen, parallel zum Kanal, errichteten darauf Wachtürme und einen Zaun, später die Mauer. Um für die Grenzposten freie Sicht auf den Todesstreifen zu schaffen, wurden die meisten Gräber zwischen Mauer und Kanal einfach eingeebnet, Tonnen an Stahl und Stein wurden beseitigt. Auch der Findling der Fliegerin Marga von Etzdorf. Von den 3000 Grabstätten im Jahr 1961 waren nur noch 230 übrig, als die Mauer fiel. Da lebte Cees Nooteboom gerade als Stipendiat in Westberlin, wurde einmal mehr zum Chronisten und literarischen Kommentator der Geschichte.

Ein Mann im purpurroten Trainingsanzug joggt auf einem asphaltierten Weg über den Invalidenfriedhof. Ob er weiß, dass er den Fluchtweg jenes 29-jährigen Mannes kreuzt, der 1964 erschossen wurde, als er versuchte, über die alte Friedhofmauer in Richtung Kanal zu klettern? Fahrräder sausen vorbei, als gäbe es keinen Schnee. Eine Frau schiebt einen Kinderwagen und zieht gleichzeitig einen Jungen hinter sich her. »Ist wohl ein öffentlicher Weg«, bemerkt Cees Nooteboom und beobachtet das Treiben ein paar Sekunden fasziniert, um sich dann wieder den Gräbern zuzuwenden: »Es kommt der Augenblick, an dem man mehr Tote als Lebende kennt. Und dann hat man sich doch ein bisschen an den Gedanken des eigenen Todes gewöhnt.« Da sei es unsinnig, daraus ein Drama zu machen. Zumal auf einem so schönen und ruhigen Friedhof wie diesem. Der würde einen auch für den Fall entschädigen, dass mit dem Tod endgültig Schluss sei.

Ein Leben nach dem Tod kann sich Nooteboom nicht so richtig vorstellen. Das überlässt er, der von seinem Stiefvater streng katholisch erzogen wurde, lieber anderen. Einmal hat er im Radio ein Interview mit einem niederländischen Kardinal gehört: »Da würde man doch denken: So ein Kardinal, der muss sich in dieser Frage ganz sicher sein. Schließlich hat er das doch sein ganzes Leben lang verkündet. Die Antwort des Kardinals auf diese Frage war aber alles andere als großartig, sie war eher klein: ›Am Ende muss man durch ein ganz kleines Pförtchen gehen‹, hat er gesagt. Ich hatte gedacht, als Kardinal schreitet man hoch in den Himmel!«

»Diese Ekstase, wenn man da oben ist und nicht mehr dazugehört zu dieser Welt hier unten.« Cees Nooteboom versucht, sich in Marga von Etzdorf hineinzuversetzen, wie sie über den Wolken schwebte. In ihren Rekordflug von Berlin nach Tokio in zwölf Tagen. Wo ist sie gelandet? Wo hat sie sich Pausen gegönnt? Welche Gedanken sind ihr durch den Kopf geschossen? Am 27. Mai 1933 startet sie ihren nächsten Rekordversuch: den Flug mit dem Ziel Australien. Doch schon am darauffolgenden Tag beschädigt sie ihr Leichtflugzeug bei der Landung in Syrien.

»Sie dachte wohl, sie würde keinen Sponsor mehr finden, hatte vielleicht auch Angst, bei ihrer Rückkehr ausgelacht zu werden«, versucht Nooteboom, ihre Gefühlslage zu deuten. »Da hat sie gesagt: ›Ich möchte mich eine halbe Stunde zurückziehen.‹ Da auf dem Flughafen in Syrien. Das muss man sich alles natürlich unendlich primitiv vorstellen. Und in dieser halben Stunde hat sie sich selbst erschossen.«

Die Sonne ist untergegangen. Um sich aufzuwärmen, ist Cees Nooteboom ein wenig zwischen den Gräbern spaziert und dann wieder zu jenem von einer Schneehaube bedeckten Findling zurückgekehrt, den ehrenamtliche Mitarbeiter des Friedhofs nach der Wende wieder an seinem ursprünglichen Ort aufgestellt haben. Der niederländische Autor blickt ein letztes Mal auf den eingravierten Namen der Pilotin, in seinem Rücken prangt die Berliner Mauer: »Das ist die Ironie der Geschichte: dass diese Frau auch noch mit ihrem Gesicht der Mauer zugewandt liegt. Sie hat nicht wissen können, dass einmal eine Mauer ihr Land, ihre Stadt und auch noch direkt vor ihrer Nase ihren Friedhof zerschneiden würde. Das ist schon eigenartig. Ein deutsches Schicksal. Im doppelten Sinn.«

# Inwiefern sich Sofi Oksanen einem Leibeigenen verbunden fühlt, warum sie keine Mücken totschlägt und wieso wir Sargdeckel nicht zu früh schließen sollten

*FRIEDHOF VON KULLAMAA,
ESTLAND,
25. MAI 2011*

Vier Feuerwanzen sonnen sich auf einem alten, von Flechten überzogenen Grabstein. Eine Kastanie blüht weiß, im gleichen Ton wie die Kirche neben ihr. Flieder wuchert über die alte Mauer, macht Lust, den Friedhof zu betreten. Doch etwas passt nicht ins Bild dieser Idylle im estnischen 300-Seelen-Dorf Kullamaa: Vor dem Seitengatter steht ein Kran mit einer kleinen Kamera am Ende. Ein Mann am Boden bedient das Ungeheuer. Ein anderer trägt eine große Kamera auf der Schulter. »Ich weiß nicht, ob dir Sofi schon gesagt hat …«, beginnt Regisseur Marko Gustafsson, da greift mir der vierte Mann unter das T-Shirt und befestigt ein Funkmikrofon.

Sofi Oksanen steigt schlaftrunken aus dem Auto des Filmteams und begrüßt mich herzlich. Zehn Stunden ist die 34-jährige Autorin an diesem Tag schon mit den Finnen unterwegs, um für einen Dokumentarfilm im Westen Estlands zu drehen, in jener ländlichen Region, aus der ihre Familie mütterlicherseits stammt und in dem *Fegefeuer* angesiedelt ist. Der Roman, in dessen Zentrum die Leidensgeschichte zweier estnischer Frauen steht, verhalf der Tochter eines finnischen Elektrikers und einer estnischen Ingenieurin zum internationalen Durchbruch. Sofi Oksanen wurde mit Preisen überhäuft. Finnland hatte plötzlich seinen Literaturstar. Und dann noch einen so schillernden.

Sofi Oksanen zelebriert den Gothic-Look. Sie trägt schwarze Dreadlocks mit violetten Akzenten. Violett sind auch ihre Augenhöhlen und ihr Lippenstift. Der Rest des Gesichts ist bleich geschminkt. Weinrote Schnürstiefel gucken unter dem schwarzen Mantel hervor. An dem ist eine Brosche befestigt mit einem Jugendfoto der Schriftstellerin Marguerite Duras. Welcher Fotograf wollte Sofi Oksanen nicht porträtieren! Wer würde diese meinungsstarke Autorin nicht interviewen wollen! Und genau deshalb ist sie im letzten halben Jahr zu so vielen Terminen durch die ganze Welt geflogen. »Wenn man mich fragt: Wo warst du vor einem Monat? Dann weiß ich das schon nicht mehr«, erzählt sie, als wir an diesem Abend, viel später als geplant, ihren Lieblingsfriedhof betreten, verfolgt von Kameramann und Regisseur.

»Da beginnt der neue Teil des Friedhofs«, sagt Sofi Oksanen und deutet über eine Mauer, die von einer dicken Moosschicht bedeckt ist. Dort wirkt der Friedhof wie ein Wald. Die Kreuze, oft verrostet, fallen kaum auf in dem Braun und Grün der Natur. »Meine Großeltern liegen da begraben«, sagt Sofi Oksanen. Ich fotografiere sie, auf der Mauer stehend, an dieser Grenze zwischen dem neuen Friedhofsteil und dem alten baltisch-deutschen. Den hat die Schriftstellerin in einer im Jahr 1936 angesiedelten Schlüsselszene ihres Romans *Fegefeuer* beschrieben. »Als meine Großmutter Jugendliche war, ist sie nach der Sonntagsmesse mit den anderen jungen Leuten hier über den Friedhof spaziert. Das war damals ein beliebter Ort, um schöne Mädchen und auch junge Herren kennenzulernen«, erzählt sie. So heißt es entsprechend im Buch:

**Die Schwestern hatten den ganzen Friedhof gerade einmal umrundet, wobei sie zwischendurch miteinander getuschelt hatten oder stehen geblieben waren, um mit Bekannten zu plaudern, als Aliides Seidenkleid am Schnörkel eines Eisenzauns hängen blieb und sie sich bückte, um es zu lösen. Da sah sie einen Mann bei den deutschen Gräbern, IHN, neben der Mauer, Weiden, Sonne, das Moos an der Mauer, helles Licht, helles Lachen.**

Aliide verliebt sich in den Bauern Hans. Aber er nimmt sie nicht einmal wahr, stattdessen jedoch Aliides Schwester Ingel, die genauso von ihm eingenommen ist. Hans und Ingel heiraten. Doch Aliide träumt weiter von einem Leben mit Hans, ist von diesem Mann besessen, versteckt ihn, den Kämpfer für ein freies Estland, in stalinistischen Zeiten und belügt ihn, um ihn für sich zu behalten. Die Enttäuschung auf dem Friedhof bestimmt ihren gesamten Lebensweg.

»Ich habe diesen Friedhof schon besucht, als ich zwei, drei Jahre alt war«, sagt Sofi Oksanen. Ich unterbreche die Autorin, weil ein Mückenschwarm ihr Gesicht angreift. »Nein, nein, schon gut«, sagt sie. »Mücken stechen mich nicht.« Und dann erzählt sie, wie sie mit ihren Eltern aus Finnland ins sowjetisch besetzte Estland einreiste, wie ihnen manchmal das Visum verwehrt wurde, wie sie offiziell bei einer Tante im Küstenstädtchen Haapsalu wohnten, weil Ausländern der Aufenthalt auf dem Land nicht erlaubt war. »Und das hier, Kullamaa, liegt nun wirklich auf dem Land«, sagt sie. So besuchte die Familie den Friedhof einfach heimlich.

Es fällt mir schwer, mich auf ihre Worte zu konzentrieren. »Der Tod ist für mich das Tor zu einem anderen Leben«, sagt sie, während eine weitere Mücke hörbar summend auf Sofi Oksanen zufliegt und sich zu den anderen acht Mücken auf Stirn und Wangen gesellt.

»Ich glaube an Reinkarnation«, fährt sie fort, und ich stelle mir Sofi Oksanen als Mücke vor. »Nur reichen unsere sprachlichen Mittel nicht aus, um die Reinkarnation zu beschreiben. Das geht über unsere Vorstellungskraft hinaus.« Die Finnin fächelt mit ihrer Hand die Mücken sanft, wie in Zeitlupe, beiseite. Doch die drehen nur eine Ehrenrunde, bevor sie wieder auf dem weiß geschminkten Gesicht landen.

»Brauchen wir die Toten?«, frage ich und schaue, um mich abzulenken, schräg an der Autorin vorbei zum weit entfernten Kamerakran. »Ich denke: ja«, sagt sie. »In Finnland bekommen die Menschen keine Toten mehr zu Gesicht. Die Särge werden sofort geschlossen. In Estland stehen die Särge noch lange offen. Ich habe deshalb schon einige tote Menschen gesehen. Aber viele meiner finnischen Freunde noch nie.« Die Finnen würden den Tod allgemein beiseiteschieben. »Heute versuchen doch viele Menschen, alles unter Kontrolle zu haben. Ihnen ist die Vorstellung von etwas, das sich wie der Tod nicht kontrollieren lässt, das nicht in ihren Händen liegt, unerträglich. Aber genau deshalb wäre es gesund, Kontrolle abzugeben, wieder eine engere Beziehung zum Tod aufzubauen und die Angst vor ihm zu verlieren.«

»Das ist das Grab von Sitta Kodt Matz, von Scheiß-Taschen-Matthias.« Sofi Oksanen lacht über ihre eigene Übersetzung. Die Autorin ist mit mir zum ältesten Grabstein des Friedhofs gegangen. Sie legt eine Münze zu den anderen Münzen auf dem Stein und sagt: »Estland ist ein ziemlich abergläubisches Land.« Der Grabstein sieht aus wie ein gestutztes Keltenkreuz, wie ein klobiges Rad mit zwei dicken Speichen. »Er war ein Leibeigener, der sich schließlich freikaufen konnte«, erzählt sie über diesen estnischen Bauern Matz, der 1621 starb. »Natürlich musste er den ganzen Tag für seinen Lehnsherrn arbeiten. Aber Matz hatte immer eine Art Tasche dabei, in der er den Kot von Pferden und anderen Tieren gesammelt hat. Damit hat er dann sein eigenes kleines Feld gedüngt.« Und so, heißt es, verdiente Scheiß-Taschen-Matz mit seinem eigenen Getreide und seiner eigenen Schweinezucht genug Geld, um sich von seinem Herrn freizukaufen und dann selbst ein reicher Mann zu werden.

»Diese Geschichte hat man mir schon als Kind erzählt«, sagt Sofi Oksanen. »Es ist die Geschichte von der Sehnsucht nach Freiheit. Aber für mich hat sie noch eine andere Bedeutung: Egal, aus welcher Familie du stammst, du kannst immer noch tun, was du wirklich willst.«

Die Sonne ist hinter den Baumstämmen des neueren Friedhofsteils verschwunden. Auch die Mücken sind fort. Das Fernsehteam steht schon zur Abfahrt bereit. Der Kamerakran ist abgebaut. Sofi Oksanen zündet sich eine Zigarette an. Ich sehe die zwei silbernen Ringe an der linken Hand, die länger sind als ihre Fingerknöchel, und frage, ob die Gothic-Welt ihren Blick auf den Tod verändert hat. »Die Gothic-Subkultur hat nicht zwangsläufig mit dem Tod zu tun, auch wenn das viele Menschen glauben«, erklärt sie und liefert dann lächelnd ihre eigene Definition: »Es ist das nostalgische Gefühl gegenüber einer Welt, die nie existiert hat.«

# Wie Joseph O'Neill das Grab von Samuel Beckett besucht und der Friedhofsgang zum absurden Theater wird

**CIMETIÈRE MONTPARNASSE, PARIS, FRANKREICH, 29. JUNI 2009**

»Er hat mir gezeigt, was es heißt, ein Mensch in diesem gottlosen Zeitalter zu sein.« Joseph O'Neill blickt auf eine polierte Granitplatte am Boden: *1906–1989*. Unterhalb der Gravur hat jemand eine rote Rose abgelegt; ein Stein beschwert ein Foto und einen handgeschriebenen Brief, hindert den Wind daran, sie von diesem zu einem anderen Grab auf dem Cimetière Montparnasse zu tragen. »Samuel Beckett ist einer meiner großen literarischen Helden. Es bedeutet mir viel, ihn hier zu besuchen.«

Der 45-jährige New Yorker Autor irischer und türkischer Abstammung sagt das nicht einfach so daher. Denn eigentlich hat er gar keine Zeit für diesen Friedhofsgang. *Netherland*, deutsch *Niederland*, sein Roman über einen Niederländer in New York und dessen Liebe zum Cricket-Spiel, ist auch in Frankreich ein Medienereignis. *Le Monde, Le Figaro, Libération, Paris Match, Elle, Marie-Claire* – alle wollen O'Neill sprechen und fotografieren. An diesem Morgen ist er in Paris gelandet, hat eine Stunde in seinem Hotel geschlafen und ist dann ins 14. Arrondissement geeilt, um unter der grellen Spätjunisonne Samuel Beckett, dem Meister des Absurden Theaters, die Ehre zu erweisen, bevor der Interviewmarathon beginnt.

»Ich habe eine sehr konkrete Angst: die Angst, tot zu sein«, sagt, stark gezeichnet vom Jetlag, Joseph O'Neill am Grab jenes Mannes, mit dem er einst einen Briefwechsel über die gemeinsame Leidenschaft, das Cricket, führte. »Ich habe kein Problem damit, dass ich dann ohne Bewusstsein bin. Was mir Sorgen macht, ist die Unendlichkeit des Todes. Ich bin nicht gerade begeistert von der Vorstellung, dass alles irgendwann für immer endet. Darauf, glaube ich, läuft der Tod aber leider hinaus. Seit ich etwas älter bin, ist meine Todesangst aber nicht mehr so narzisstisch. Sie umfasst jetzt zum Beispiel auch meine Kinder.«

Seine Frau. Überhaupt die Familie. Vor einigen Jahren starb O'Neills irische Großmutter: »Ich weiß noch, wie ich mit ihrer Leiche in einem Raum war. Ich war schon leicht schockiert von der Absolutheit dieser Verwandlung. Das war nicht mehr sie. Das war nur noch ein Haufen Moleküle.«

In O'Neills Roman *Niederland* behauptet der Ich-Erzähler Hans, nach dem Tod eines Menschen würden dessen Haare und Fingernägel weiterwachsen. Wenn auch nur wenige Stunden. »Kann man da den Menschen überhaupt schon als tot bezeichnen, selbst wenn Herz und Hirn nicht mehr arbeiten?«, möchte ich wissen. »Das ist eine ziemlich philosophische Frage«, antwortet Joseph O'Neill. »Ich glaube, als Hardcore-Materialist würde man wohl sagen, dass der Körper in diesem Zustand noch nicht tot ist.«

Vergeblich habe ich den ganzen Morgen versucht, im Labyrinth der Pariser Friedhofsverwaltung eine Fotogenehmigung zu erhalten, um O'Neill vor dem Grab Becketts zu fotografieren. »Ach, wenn uns jemand Ärger macht, sage ich einfach, ich sei ein enger Verwandter von Beckett«, hat mich Joseph O'Neill beruhigt.

Als gerade die Kamera ans Stativ geklemmt und der Auslöser noch kein einziges Mal betätigt ist, stehen mit einem Mal vier Friedhofswärter in Uniform vor uns. Sie möchten die schriftliche Genehmigung sehen. Joseph O'Neill erzählt ihnen eine Geschichte von seinem »besten Freund« Samuel Beckett. Wäre O'Neill wie früher, als er noch in London als Anwalt für Wirtschaftsrecht arbeitete, mit Anzug und Krawatte erschienen, hätte er die Sicherheitskräfte des berühmten Friedhofs vielleicht beeindrucken können. Aber so, in T-Shirt und Leinenschuhen, wird er von den uniformierten Wärtern einfach ignoriert. »L'autorisation!« Als ich nichts vorzeigen kann, führen mich zwei der Sicherheitsleute, darunter eine Frau mit streng nach hinten gebundenen Haaren, zum Friedhofsbüro ab. Die beiden anderen bewachen Joseph O'Neill. Nicht, dass er der Versuchung erliegt, sich heimlich selbst zu fotografieren.

Der Direktorin des Friedhofs ist die Situation sichtlich peinlich. Sie ist bemüht, eine Lösung zu finden, telefoniert mit einem Mann im Rathaus. Biagio Milano ist »Attaché der Pariser Verwaltung, Leiter des Amtes allgemeine Angelegenheiten, Verantwortlicher für die Prüfung von Haushalt und Buchführung« – und zuständig für die Erteilung von Genehmigungen zum Fotografieren auf Pariser Friedhöfen. Er verlangt eine schriftliche Anfrage. Die Direktorin bietet mir, verlegen lächelnd, ihren Schreibtischplatz an. Von ihrem Computer aus schicke ich eine knappe E-Mail an den Beamten im Rathaus. »Angekommen«, sagt mir Monsieur Milano am Telefon. »Mal sehen, wie lange ich für die Bearbeitung brauche. Normalerweise sieben Tage.«

Seine Stimme klingt wie die eines Mannes, der kurz vor der Pensionierung steht, aber den Ruhestand schon mal intensiv im Amt probt. Ich erkläre ihm die Dringlichkeit, erwähne, Joseph O'Neill sei extra aus New York gekommen und ich aus Berlin.

»Ich könnte die Bearbeitungszeit auf ein paar Minuten reduzieren. Aber warum sollte ich? Vielleicht werden es auch zwei Stunden.« Er würde jedenfalls im Büro des Cimetière Montparnasse Bescheid geben.

Zurück am Grab von Samuel Beckett. Nur noch ein Sicherheitsmann ist auf uns angesetzt.

Er hält ein Funkgerät in der Hand, wartet darauf, dass seine Chefin aus dem Friedhofsbüro die Entscheidung aus dem Hôtel de Ville übermittelt. Schon eine halbe Stunde ist nun vergangen.

»Tolle Kamera«, sagt der Wachmann. »Richtig altes Ding.« Ob er sie sich mal genauer ansehen wolle, frage ich. Er dürfe auch gerne einen Blick durch die Linse werfen. Als sein Kopf unter dem großen schwarzen Tuch des Fotoapparats verschwunden ist, fordere ich Joseph O'Neill stumm, wild gestikulierend auf, in Position zu gehen. Er tritt zwischen Becketts Grab und ein benachbartes und tut so, als wäre er in Gedanken versunken. »Ich sehe aber gar nichts«, wundert sich unter dem Tuch der Friedhofswärter, der nicht weiß, dass ich die Blende geschlossen habe. »Nur einen kleinen Augenblick!«, antworte ich, schiebe in die Kamera eine Kassette, lege das Negativ darin frei, drücke den Drahtauslöser und mache auf gut Glück ein Foto. »Sehen Sie jetzt etwas?«, frage ich den Mann, der mit seinem weiterhin stummen Funkgerät geduldig unter dem Tuch ausgeharrt hat. »Nein, immer noch nicht.« – »Seltsam.«

O'Neill und ich verlassen zügig den Friedhof. Der Autor möchte nicht zu spät zum Interview mit *Le Monde* kommen. Ein zweites, letztes Foto machen wir noch vorm Eingang des Cimetière Montparnasse. Dafür, hat man mir versichert, bräuchten wir nicht einmal eine Genehmigung. Joseph O'Neill steht neben dem Schild, auf dem die Rathausverwaltung die Öffnungszeiten des Friedhofs vermerkt hat, und blickt müde in die Kamera. Eine Frage habe ich noch: »Der Einsatz der Sicherheitskräfte, das Gespräch mit dem Beamten Milano, der Kampf gegen die Friedhofsbürokratie für ein Foto an seinem Grab: Wie hätte Samuel Beckett all das wohl gefunden?« – »Absurd.«

# Warum Annie Proulx nicht so sehr an Menschen hängt und am liebsten einen Friedhof für Dinosaurier besucht

*DINOSAUR NATIONAL MONUMENT, UTAH/COLORADO, USA, 20. OKTOBER 2011*

Ein grüner Dinosaurier mit freundlichem Comic-Lächeln steht am Highway 40. An seinem acht Meter hohen Hals ist eine LED-Wand angebracht, die auf »Flauschige Handtücher« aufmerksam macht. Das Urzeittier soll die Autofahrer ins Motel *Dinosaur Inn* locken. Die Tür von Zimmer 261 öffnet sich. Annie Proulx bittet mich hinein. Sie trägt einen blau gestreiften Pyjama.

»Ein verfrühter, heftiger Schneesturm könnte meine Anfahrt zum Problem werden lassen«, schrieb mir Wochen vor unserem Treffen die 76-jährige Autorin über das unberechenbare Herbstwetter in Wyoming und Utah. »Berge und unwegsame Straßen liegen nämlich zwischen meinem Haus und den Dinosauriern.« Aber der Aufwand lohne sich: »Ich bin froh, dass Sie das mitmachen. Es ist ein fantastischer Ort. Wir haben ein Abenteuer vor uns.«

Nach fünf Stunden Fahrt ist Annie Proulx am Abend in der Kleinstadt Vernal im Nordosten Utahs angekommen. Wir übernachten im selben Motel; nur drei Zimmer trennen uns. Ob ich nicht bei ihr auf ein Glas Weißwein vorbeischauen wolle, um alles für den nächsten Tag zu besprechen, fragt sie mich über das Haustelefon. Kurz darauf sitzen wir in ihrem Zimmer, ich in Hemd und Hose, sie bettfertig, stoßen an mit Wein und Wasser. Unser erstes persönliches Zusammentreffen, nachdem wir ein Jahr lang Briefe ausgetauscht haben. Die Autorin des Romans *Schiffsmeldungen* und der verfilmten Erzählung *Brokeback Mountain* hatte sich ausreichend Zeit erbeten, darüber nachzudenken, welcher Friedhof ihr wirklich etwas bedeutet, und sich schließlich für das Dinosaur National Monument im Grenzgebiet von Utah und Colorado entschieden, für jene Felswand, an der man rund 1500 versteinerte Dinosaurierknochen auf einen Schlag betrachten kann.

Am nächsten Morgen ist Annie Proulx voller Tatendrang. Sie trägt eine beigefarbene Schirmmütze, einen Sonnenbrillenaufsatz und eine violette Bluse mit schwarzen Streifen im

Zebra-Look. Ein Fernglas liegt griffbereit. Es fühlt sich an, als brächen wir zu einer Safari auf, als wir in ihren geländetauglichen, von rotbraunem Staub überzogenen Wagen steigen. Die Windschutzscheibe hat zwei große Längsrisse und fünf Steinschläge. »Wer stolz darauf ist, in Wyoming zu leben, hat einfach so eine Scheibe«, sagt Annie Proulx. Oft würden die Räder von LKWs kleine Steine von der Straße auflesen und auf die entgegenkommenden Fahrzeuge schleudern.

Im Sommer hätte eine Begegnung mit LKWs Annie Proulx fast ihr Leben gekostet. Sie hatte Einkäufe gemacht, gut 200 Kilometer von *Bird Cloud* entfernt, ihrem abgeschiedenen Anwesen in der Wildnis von Wyoming: »Ich bin auf eine schwarze Wolke zugefahren und war plötzlich in einem Unwetter mit wildem, prasselndem Regen. Meine Windschutzscheibe war auch noch beschlagen. Ich konnte nur einige Zentimeter weit sehen. Da habe ich gerade noch erkannt, dass ein riesiger Sattelschlepper mir links entgegenkam und ein anderer Sattelschlepper ihn überholte und direkt auf mich zufuhr.« Annie Proulx blieb nur noch die Mitte zum Ausweichen und Hoffen. »Die Sattelschlepper sind so dicht an mir vorbeigefahren. Ich dachte, sie reißen mir die Außenspiegel ab. So etwas möchte ich nicht noch mal erleben.«

Kurz bevor wir Vernal verlassen, jene besonders von Mormonen bewohnte Kleinstadt, fahren wir an einem Tattooladen vorbei. »Sie sollten sich hier eins stechen lassen«, scherzt Annie Proulx. »Und was für eins?«, frage ich. »Einen Dinosaurier!«, sagen wir beide gleichzeitig und lachen. »Mit so einer blöden Tätowierung will mich aber keine Frau mehr. Höchstens eine Mormonin aus Vernal.« – »Das wär' doch was!« – »Kommen Sie dann zu unserer kirchlichen Trauung?« – »Na klar.« – »Dann müssen Sie aber auch mit uns beten.« Annie Proulx ist Atheistin. Ich weiß es. Und sie weiß, dass ich es weiß.

»Darf ich Ihnen nachher ein Mikrofon anstecken, um unseren Friedhofsgang zu dokumentieren?«, frage ich auf halber Strecke zum dreißig Kilometer entfernten Nationalpark. »Nein!«, sagt sie sehr bestimmt, fast schon entrüstet. Ich bin verwirrt und sprachlos. Sie fährt mit dem rechten Daumen an der Unterseite ihres Sicherheitsgurtes auf und ab.

Die Stimmung ist mit einem Mal gekippt. Ich habe Angst, das Ende unserer Begegnung stehe kurz bevor, und denke an eine Stelle ihres Buchs *Ein Haus in der Wildnis*, wie Annie Proulx, beeindruckend ehrlich, ihre negativen Charaktereigenschaften aufzählt: »Herrschsucht, Ungeduld, krankhafte Schüchternheit, Jähzorn, Eigensinn.« Ihre guten Eigenschaften seien schwerer auszumachen, schreibt sie, aber eine sei wohl das »Mitgefühl als Abfallprodukt der schriftstellerischen Fantasie«. Und nun spürt sie im Auto, wie unglücklich ich mit ihrer Antwort bin, und bricht die unangenehm lange Stille: »Sie können sich ja Notizen machen«, sagt sie. »Ich arbeite doch fürs Radio«, erkläre ich. Wieder schweigen wir. Ich hole ein Reportagemikrofon hervor, wage nicht, es auf Annie Proulx zu richten, halte es stattdessen ratlos zur Windschutzscheibe, nehme das Brummen des Motors auf und das Vibrieren der Karosserie und sehe aus dem Fenster.

Die Landschaft übt in ihrer Kargheit eine seltsame Anziehungskraft aus. Wuchtige, schlammfarbene Berge türmen sich vor uns auf, Ausläufer der Uinta Mountains, eines Gebirgszuges in den Rocky Mountains. Vereinzelt leuchten Pappeln und Sträucher so intensiv gelb und grün aus dem staubigen Sand hervor, als hätten sie über ihr Wurzelwerk dem Umland die gesamte Farbkraft entzogen. Wir haben das Dinosaur National Monument erreicht, ein Schutzgebiet, so groß wie Berlin, durch das sich die Schluchten des Green und Yampa River schlängeln.

Die gerade wiedereröffnete Ausstellungshalle ist mit der weltberühmten Felswand verbunden und schützt so die Fossilien der Dinosaurier vor der Witterung. Annie Proulx hält auf dem Parkplatz, betritt kurz darauf die Halle und macht gleich wieder kehrt, als sie die anderen Besucher, vielleicht zwei Dutzend, Familien mit Kindern, sieht. »So viele Menschen!«, sagt sie, die Mutter von vier erwachsenen Kindern, die dreimal verheiratet war, bevor sie allein in die Wildnis zog. »Und dann noch alles Mormonen! Die tragen doch jetzt bestimmt ihre heilige Unterwäsche.« Ich muss lachen. Annie Proulx schlägt vor, erst einmal in Ruhe durch den Nationalpark zu fahren, um danach zu den Dinosauriern zurückzukehren. Dann seien wir hoffentlich mit ihnen allein.

Wir fahren zu einem Uferstück des tatsächlich grünen Green River. Dahinter erhebt sich eine schroffe Felswand. Eine atemberaubende, einsame Landschaft. Der Wildnis in Wyoming ganz ähnlich, in der sich Annie Proulx ihr Traumhaus gebaut hat. Ein Auto hält neben dem der

Autorin. Sie zieht eine Augenbraue hoch, steigt in ihren Wagen und fährt mit mir zu jenen Felswänden, in die Menschen der sogenannten Fremont-Kultur vor tausend Jahren naive Zeichnungen ritzten: Männer mit einem großen Schild vor der Brust und Tiere. »Da oben, eine Eidechse, und was für eine schöne!«, sagt Annie Proulx. Sie möchte mir nun ihren Lieblingsort im gesamten Schutzgebiet zeigen, einen Canyon, der aus der Vogelperspektive wie ein U aussieht.

Früher stellten dort Cowboys ihre Pferde unter. Einen Zaun mussten sie nur an der offenen Seite errichten. Das sparte Zeit und Geld. Irgendwo in der Ferne ruft ein Kind vor Freude, als wir den Canyon betreten. »Ich weiß nicht, wo früher mal das Gatter war«, sagt Annie Proulx. Dann sieht sie hoch zu den skurril geformten, aber glatt geschmirgelten Felswänden, streicht mit einer Hand über den hellen Stein. »Wasser hat all das einmal geformt«, erklärt sie und staunt genauso wie ich, als wäre auch sie hier zum ersten Mal. »Einfach fantastisch!«, sagt sie leise, fast flüsternd. »Es ist ein wunderbarer Ort, weil es hier so still ist.« Still und menschenleer. Wir sind allein.

Eine Stunde später kehren wir zur Ausstellungshalle zurück. Die Besucherzahl hat sich verdoppelt. Im Innern bestaunt ein Mädchen im Blümchenkleid den Schädel eines Ceratosaurus, ein Junge berührt einen Oberschenkelknochen, der deutlich größer ist als er selbst. Erwachsene erklären, Kinder hören zu oder toben herum und schreien. Annie Proulx sagt kein Wort. Aber ich ahne, wie sie sich fühlt. Sicher hätte sie mir gerne von den Dinosauriern erzählt, die hier vor 150 Millionen Jahren lebten, hätte auf die Gebeine einzelner Tiere gedeutet, hätte an ihr Schicksal erinnert. Daran, wie sich einst Fluten und Dürreperioden in dieser Gegend abwechselten. Wie eine gewaltige Flut die Dinosaurier tötete und sie bis zu einer Sandbank spülte. Wie die nächste Dürre kam und die Kadaver im Sand irgendwann zu Versteinerungen wurden. An dem Ergebnis, diesem Dinosaurierfriedhof in der Felswand, wäre Annie Proulx, wie zuletzt vor Jahren, ein weiteres Mal neugierig und in aller Ruhe entlangspaziert. Wäre. Denn jetzt möchte sie nur noch eins: vor den Menschen fliehen, vor dem Lärm.

So schnell ich kann, fotografiere ich Annie Proulx unter den Schwanzwirbeln eines Diplodocus, eines Kolosses, der bis zu 27 Meter lang und sechzehn Tonnen schwer werden konnte. Dann noch rasch zwei Einstellungen von der Empore der Halle. Von hier aus hat man den besten Blick auf die ganze Felswand und, durch die Fensterfront, hinunter ins Tal des Naturdenkmals. Einige Bergformationen ähneln mit ihren Kämmen aus schwarzen Gesteinsbrocken den Dinosauriern, die wohl noch tief in ihren Bäuchen ruhen. Im Innern der Halle lässt Annie Proulx alles schweigend über sich ergehen. Ich fühle mich schlecht, weil ich sie nicht quälen möchte und es doch tue.

Draußen wirkt sie erschöpft und enttäuscht: »Ich hätte mich für einen anderen Friedhof entscheiden sollen«, sagt sie. Ich sei sehr glücklich mit ihrer Wahl, versichere ich. »Das freut mich für Sie«, sagt sie ohne Freude.

Sie möchte zum Motel fahren. Ich überrede sie aber, für das abschließende Interview noch einmal ans Ufer des Green River zurückzukehren. Wir haben Glück: Wir sind allein mit Felswand, Wasser und Kies. Annie Proulx hat aus dem Kofferraum Tragetaschen aus verstärktem Kunststoff mitgebracht, als Sitzunterlagen. »Diese spitzen Steine sind schlimm, die tun richtig weh«, sagt sie, setzt sich und reicht mir einen Kiesel: »Dieser Stein hier hat das Gesicht eines Aliens. Oder vielleicht ist es auch eine Katze. Haben Sie Katzen?«

Am Ufer des sanft rauschenden Flusses, an diesem Oktobernachmittag, der sich so sommerlich anfühlt, entspannt sich Annie Proulx. Ich weiß nicht, ob sie mich unter der Sonnenbrille ansieht oder nur Augen für das warme Glitzern des Green River hat; denn ihr Gesicht ist dem Fluss zugewandt. Auch, als sie mir erklärt, warum sie die Dinosaurierfelswand als Friedhof gewählt hat: »Weil ich die Vorstellung von einem Menschenfriedhof nicht mag. Auf solch einem Friedhof ist mir auch nicht danach zu sprechen. Ich rede sowieso nicht viel. Haben Sie vielleicht schon bemerkt.« Wir lächeln beide. »Aber ich mag diesen Dinosaurierfriedhof«, fährt sie fort. »Hier bekommt man nämlich ein Gespür für die eigentlich unvorstellbar weit zurückliegenden Zeiten, für diese großen Zeitbrocken.«

Seit Annie Proulx mit Ende sechzig auf die Ranch *Bird Cloud* gezogen ist, hat sich dieses Gespür noch verfeinert. »Durch *Bird Cloud* verläuft ein Teil des Rio-Grande-Grabens«, erzählt sie. »Diese tiefe Spalte bricht jedes Jahr weiter auf.« Die Erde sammle ihre Einzelteile wieder ein, alles werde neu geordnet. »Da sich der geologische Wandel so langsam vollzieht,

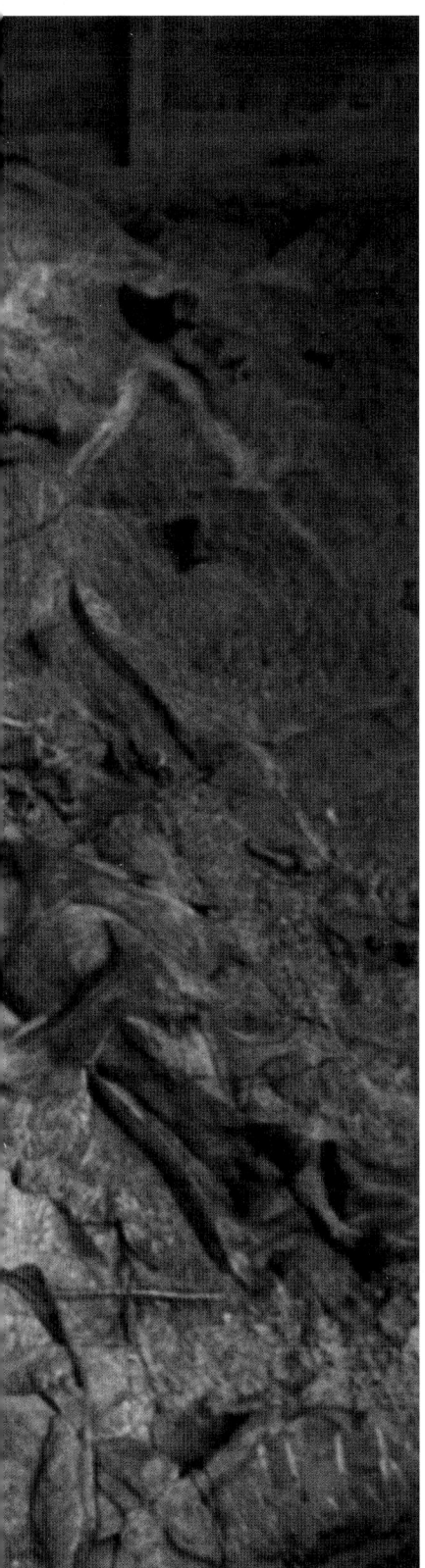

befassen sich die meisten von uns im Alltag nicht damit. Ich aber denke jeden Tag daran.« In Millionen von Jahren würden sich neue Kontinente gebildet haben, schreibt sie in ihrem Buch *Ein Haus in der Wildnis*. Dann werde es wohl keine Menschen mehr geben. »Bedauern Sie das?«, frage ich. »Nein! Möge der Tag endlich kommen!«, sagt sie und lacht. »Mir gefällt die Vorstellung einer Welt ohne Menschen!«

Sie deutet zur Felswand am anderen Ufer des Green River: »Hier irgendwo in den Bergen sind weitere Dinosaurier begraben. Hätten wir jetzt Presslufthammer und Meißel dabei, könnten wir ganz sicher einen Dinosaurier oder auch zwei herausholen.« Ob sie schon wisse, wo sie selbst einmal sterben wolle, frage ich. »Wahrscheinlich in den Bergen oder in *Bird Cloud*«, sagt sie. »Oder einfach in meinem Bett, im Schlaf, in einer kalten Winternacht.« Sie denke nicht viel über diese Dinge nach, auch nicht darüber, was mal mit ihrem toten Körper passiere. Vielmehr beschäftige sie die Frage, was dann aus ihrer Bibliothek, aus den vielen tausend Büchern werde. »Nichts macht mir mehr Sorgen. Sie bedeuten mir sehr viel.«

Mehr noch als die Natur in der kargen Wildnis von Wyoming? Als die Pelikane, Hirsche und Antilopen, die sie so gern von ihrer Veranda aus beobachtet? Vor allem ein Weißkopfadlerpärchen hatte es ihr angetan. Doch dann fand Annie Proulx eines der beiden Tiere tot auf. Und nur noch *ein* Adler kreiste über ihrer Ranch. Am folgenden Tag jedoch hatte er schon wieder einen neuen Partner gefunden, erzählt sie in ihrem Erinnerungsband *Ein Haus in der Wildnis* und zieht die Schlussfolgerung: »Adler vergeuden keine Zeit mit Tränen.«

»Wären Sie gerne ein Adler?«, möchte ich wissen. »Nein, ich vergeude ja jetzt schon keine Zeit mit Tränen«, antwortet sie lachend. »Woran liegt das?« – »Ich weiß es nicht.« Der Tod ihrer Eltern sei ihr schon sehr nahgegangen. Aber sonst? »Ich verbringe viel Zeit allein. Ich habe es nicht so mit Menschen. Deshalb hänge ich an den meisten von ihnen auch nicht besonders.«

Nach einer fast wortlosen Rückfahrt verabschieden wir uns auf dem Parkplatz des *Dinosaur Inn*. »Ich weiß, Sie sind nicht glücklich damit, wie alles gelaufen ist«, sage ich. »Aber ich bin froh über unsere Begegnung.« »Das freut mich für Sie«, sagt sie erneut. Und: »Viel Glück!« Dann nimmt sie die mittlere Außentreppe des Motels und ich die rechte.

»Es gibt eine Distanz zwischen mir und den meisten anderen Menschen«, sagte sie, als wir noch im warmen Licht am Ufer des Green River saßen. Das sei schon immer so gewesen. Sie habe einfach einen sehr nüchternen Blick auf das Leben. Und auf den Tod. »Haben Sie Angst vor Ihrem eigenen Tod?«, fragte ich zum Schluss. Und sie antwortete, wie es eben eine Annie Proulx tut: »Nein, warum sollte ich? Ich habe ja keine Ahnung, was mich da erwartet. Aber ich weiß, dass es schön ist, wenn man nicht zwischen zwei Sattelschleppern zerquetscht wird.« ○

# Wie João Ubaldo Ribeiro mit dem Wort *morgen* Deutsche auf seine tropische Geburtsinsel lockt und in den Wahnsinn treibt und was Friedhöfe mit Pferden gemeinsam haben

*FRIEDHOF AN DER KIRCHENRUINE VON BAIACU, INSEL ITAPARICA, BRASILIEN, 31. JANUAR 2011*

Weh dem Deutschen, der nach Brasilien fährt und glaubt, wenn ein Brasilianer *amanhã* sagt, meine er wirklich *morgen*.

Ich hätte João Ubaldo Ribeiros Warnung ernster nehmen sollen, dachte ich, als ich bei gleißender Hitze vor dessen Haus auf der brasilianischen Insel Itaparica stand und der siebzigjährige Autor mich weder hereinlassen noch selbst vor die Tür treten wollte. In einer Kolumne für die *Frankfurter Rundschau* hatte er sich 1990 – er war gerade Stipendiat in Berlin – über die Verbindlichkeit der Deutschen lustig gemacht, über diese seltsamen Wesen, die Tage im Voraus Termine auf die Minute genau vereinbaren wollen, ja sogar in der festen Absicht, genau dann zu erscheinen. Auch hatte er damals dem deutschen Leser erklärt, in Brasilien könne *amanhã* bedeuten »Ich werde es mir überlegen«, »nächstes Jahr«, »niemals«, »such dir einen anderen« oder »lass uns das Thema wechseln«, aber nur in absoluten Ausnahmen »morgen«. Diese ganzen brasilianischen *amanhãs* würden bei den Deutschen im günstigsten Fall einen Nervenzusammenbruch verursachen.

An jenem Nachmittag Ende Januar war ich dem günstigsten Fall recht nah. Bei 37 Grad, durchgeschwitzt, stand ich, wie am Tag zuvor vereinbart, vor dem Haus Ribeiros in der barocken Kleinstadt Itaparica auf der gleichnamigen Insel, um den Schriftsteller zum Friedhofsgang abzuholen. Einige verwirrende *amanhãs* waren vorausgegangen, eine einstündige Fahrt mit der Fähre von Salvador da Bahia und eine Art Schnitzeljagd: Ribeiro hatte mir seine genaue Adresse nicht verraten wollen und stattdessen die *Bar de Espanha* genannt. Dort werde man mir den Weg weisen. Bestimmt 200 spärlich bekleidete Insulaner hatten vor der rot-gelb angestrichenen Bar schon mal für den anstehenden Karneval probegetrunken und -getanzt. Der Barmann hatte mir einen Zettel in die Hand gedrückt. »Ich suche das Haus von João Ubaldo Ribeiro«, stand da auf Portugiesisch, in krakeliger Schrift. Mit diesem Zettel und der Hilfe von Passanten, die mich von einem Insulaner zum nächsten weiterreichten, hatte ich es bis zur Eingangspforte des gesuchten Hauses geschafft, geklingelt, gewartet und dann mit dem Handy Ribeiro angerufen.

»Ist im Moment schlecht«, sagte eine brummige Männerstimme. »Bin gerade erst wach geworden. Können Sie noch mal wiederkommen? Morgen?« Um jegliches *morgen* zu vermeiden, einigten wir uns auf den folgenden Montag. 15.30 Uhr. »Kann ich mich darauf verlassen, dass Sie mir dann auch die Tür aufmachen?« – »Ich habe sehr gute Gründe anzunehmen, dass ich Sie hier erwarten werde.«

Tatsächlich ist Ribeiro an jenem Montagnachmittag bereit zum Aufbruch. Im Taxi verlassen wir die Stadt Itaparica, um zu unserem Ziel im Innern der Insel zu gelangen: zum ehemaligen Sklavenfriedhof neben der spektakulären Kirchenruine im Dorf Baiacu. Wir passieren eine Kapelle mit der Aufschrift *Jesus kehrt zurück* und einen Supermarkt namens *Jesus lebt*; ein Fahrzeug der Busgesellschaft *Jesus erlöst* kommt uns entgegen. Marco, der Taxifahrer, ist Analphabet. Aber auf dieser Insel der Fläche Osnabrücks kennt er sich so gut aus, dass er keine Straßenschilder lesen muss. Als wäre er allein unterwegs in seinem Taxi, hält Marco manchmal an, um entgegenkommende Freunde zu begrüßen, dann, um an der Straße einen riesigen Fisch zu kaufen. Die Schlaglöcher im Asphalt nehmen plötzlich die Form von Bombenkratern an und zwingen uns, den letzten Kilometer in Schrittgeschwindigkeit zu fahren. Dann halten wir vor einer seltsamen Mischung aus Pflanze und Stein.

Ein Feigenbaum gigantischen Ausmaßes hat die Ruine einer katholischen Kirche überwuchert. Als dritte Kirche Brasiliens überhaupt wurde die Igreja de Nosso Senhor de Vera Cruz 1560 von Jesuiten erbaut. Für viele der geschätzten drei bis vier Millionen Afrikaner, die als Sklaven nach Brasilien kamen, waren Feigenbäume heilig. Die Metaphorik drängt sich geradezu auf: Die Wurzeln des heiligen Baumes haben die christliche Kirchenruine eingenommen. Das Symbol der afrikanischen Religion hält das Symbol der vorherrschenden, einst die Sklaverei duldenden Religion im Klammergriff. Oder ist es doch nur ein symbiotisches Miteinander?

Eher nicht. Denn trotz der Stützwirkung der überirdischen Wurzeln verfällt die Ruine unaufhaltsam. Der Feigenbaum aber wächst und wächst und zieht seine Nährstoffe aus dem Boden des angrenzenden Friedhofs. Nährstoffe und Wasser. Leichenwasser. Regengüsse haben die rötliche Erde im hinteren Teil des einstigen Sklavenfriedhofs abgetragen und terrassenförmige Strukturen hinterlassen. Es ist nur noch eine Frage der Zeit, bis, ganz so wie auf dem verwahrlosten Friedhof der Stadt Itaparica, auch hier die Gebeine zum Vorschein kommen.

In seinem Roman *Brasilien, Brasilien* aus dem Jahr 1988 formuliert Ribeiro den Gedanken, Menschen könnten als Bäume wiedergeboren werden. Darauf spreche ich ihn an, nachdem wir uns über Steinbrocken und durch Gestrüpp einen Weg an der Ruine vorbei zum Friedhof gebahnt haben. João Ubaldo Ribeiro zuckt mit den Schultern. Exotisches Vogelgezwitscher erklingt aus allen Richtungen. Seit etlichen Jahren ist Ribeiro nicht mehr an diesem Ort gewesen. Als Kind kam er oft hierher; seine Großeltern hatten ganz in der Nähe einen Hof, auf dem er regelmäßig seine Ferien verbrachte. Der Friedhof, die Ruine und der Baum, die Metaphorik von Leben und Tod übten wohl eine große Anziehungskraft auf den Jungen aus. Und auf den Schriftsteller im Rentenalter? »Der Tod interessiert mich nicht«, sagt mir Ribeiro halb gelangweilt, halb provozierend. Schnell stelle ich ihm eine andere Frage, zum Friedhof. »Friedhöfe interessieren mich auch nicht.«

Ich bin fassungslos. Einen Monat zuvor erzählte ich Ribeiro – wir waren beide in Rio de Janeiro – von meinen Interviews auf Friedhöfen. Ein tolles Projekt, sagte er damals. Da wolle er sehr gerne mitmachen. Auf einem Friedhof in Rio oder, noch besser, auf seiner Geburtsinsel Itaparica. Da sei er immer Ende Januar. Ob ich dafür noch mal nach Brasilien käme? Das wäre großartig. Nun stehen wir uns auf ebendieser Insel, auf dem Friedhof hinter der Ruine und dem Feigenbaum, nur noch fremd gegenüber. Später, auf der beinahe halbstündigen Taxifahrt zurück zum Haus des bekanntesten Schriftstellers des Bundesstaates Bahia, schweigen wir uns an. Die Sonne ist untergegangen. Eine sparsame Palmenlandschaft zeichnet sich dunkel und betörend schön im Dämmerlicht ab. Ich fasse Mut und stelle eine letzte Frage: Habe er sich für jenes perfekt durchorganisierte Leben, das ihm in Deutschland unangenehm aufgefallen sei und das er in der Kolumnen-Sammlung *Ein Brasilianer in Berlin* beschrieben habe, stellvertretend an mir, dem Berliner in Brasilien, mit einer typisch brasilianischen Parade revanchieren wollen? »Kann schon sein«, antwortet er. Dann schweigen wir endgültig.

Als Ribeiro in seinem Haus verschwunden ist, sieht mich Taxifahrer Marco mitleidig an: »Ist schon ein schwieriger Typ, was?!« Ich bringe nur noch ein leises »ja« hervor. Marco prustet los vor Lachen.

Noch auf dem Friedhof versuchte ich verzweifelt, João Ubaldo Ribeiro wenigstens einen Satz abzutrotzen, mit dem ich mir die 8000 Kilometer lange Reise in die Tropen Brasiliens hätte schönreden können. Aber wonach ich auch fragte, es interessierte Ribeiro nicht. Wenn ich sonst in Interview-Sackgassen stecke oder der Gesprächspartner allzu einsilbig antwortet, rettet mich manchmal das Wörtchen *inwiefern*. Auf einen Versuch kam es auch hier an: »Inwiefern interessieren Sie Friedhöfe nicht?« – »Friedhöfe interessieren mich genauso wenig wie Pferde.«

# Wonach Ingo Schulze mit sechs Jahren auf einem Dresdner Friedhof suchte und wieso er sich heute freut, wenn Flugzeuge über diesen Friedhof fliegen

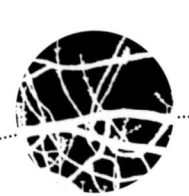

*ALTER FRIEDHOF
DRESDEN-KLOTZSCHE,
DEUTSCHLAND,
20. SEPTEMBER 2009*

Spätsommer 1969. Ein sechsjähriger Junge erkundet den Alten Friedhof im Dresdner Stadtteil Klotzsche. Er läuft von Grab zu Grab, bückt sich immer wieder, um mit den Händen die Blätter der Pflanzen beiseitezuschieben. Zum ersten Mal in seinem Leben ist der Junge auf einem Friedhof. Seine Mutter hat ihn mitgenommen. Die Oma des Kleinen ist gestorben und liegt hier nun begraben. Das Kind ist verwirrt, weil es auf den Gräbern nicht findet, was es sucht: die Nasen der Toten.

»Ich dachte, die Toten müssten ja auch irgendwie Luft bekommen«, erinnert sich Ingo Schulze. Nun, vierzig Jahre später, ist er auf diesen Friedhof zurückgekehrt. »Für mich lagen da Menschen. Und ich konnte mir nicht vorstellen, dass die jetzt plötzlich nicht mehr atmen sollten.« Seine Mutter erklärte, dass sie tief in der Erde ruhten, so tief, dass die Nasen keine Chance hätten, an die Oberfläche zu gelangen, was sie auch nicht müssten, schließlich würden diese Menschen nicht mehr leben – in den Ohren des Kindes klang das alles sehr seltsam und unglaubwürdig: »Tod und Schluss, das gab es für mich nicht.«

Man könnte meinen, Schulze sei auf dem Weg zu einer Beerdigung, wie er da an diesem Sonntag in dunkelgrauem Anzug, weißem Hemd und blank polierten schwarzen Schuhen das über 200 Jahre alte Rundbogentor des evangelisch-lutherischen Friedhofs passiert und, an der weißen Kapelle vorbei, den Hang hoch zum Grab seiner Großeltern schreitet. Aber die feierliche Aufmachung hat einen anderen Grund: Am Abend hat die Theaterfassung von Schulzes Roman *Adam und Evelyn* Uraufführung im Staatsschauspiel Dresden. Ein schöner Anlass für den Wahl-

berliner, in seine Geburtsstadt zurückzukehren und nach Jahren auch einmal wieder auf dem Friedhof vorbeizuschauen: »Dieser Friedhof ist für mich immer der Friedhof schlechthin gewesen. Alles, was anders aussah, war dann ein weniger richtiger Friedhof als dieser.«

500 Meter entfernt steht das Haus, in dem Ingo Schulze von Geburt bis zur Volljährigkeit wohnte. »Gerade in den letzten Schuljahren, als ich mit der Straßenbahn aus Dresden zurück hierher an den Stadtrand kam, bin ich sehr oft am Friedhof vorbeigegangen. Das ist mir schon alles sehr vertraut.« Vom Friedhof aus sieht man den Wasserturm von Klotzsche. Der Wald ist nicht weit, die Schule auch nicht, der Sportplatz gleich auf der anderen Straßenseite. »Dieser Friedhof liegt eingebettet zwischen Natur und Stille und der Zivilisation meiner Kindheitswelt.«

Ingo Schulze hat oben am Hang das Grab seiner Großeltern erreicht. Es liegt unweit der Friedhofsmauer, in der letzten Reihe vor einem mächtigen Nadelbaum. *Klara Fischer, 1899–1969. Friedrich Fischer, 1900–1984.* Die Buchstaben und Ziffern und ein schlankes Kreuz aus Metall sind an einem grob geschlagenen Feldstein angebracht. Kleinere, spitzer gehauene Steine säumen das Beet. Irgendwo da unten liegen zwei Särge. Oder das, was noch von ihnen übrig ist.

»Ich kann auch nicht sagen, was mir lieber wäre: im Sarg zu vermodern oder verbrannt zu werden. Ich finde eigentlich alles schrecklich!« Er lacht kurz auf. Dann wird er wieder ernst.

»Bis zu meinem sechsten Lebensjahr waren wir eine Familie, die mit einem Friedhof nichts zu tun hatte«, erzählt er. Mit dem Tod der Großmutter änderte sich das. »Von da an wurde auch mein Leben härter.« Der Junge wuchs nach der Scheidung seiner Eltern bei seiner Mutter auf. Um die berufstätige Ärztin zu entlasten, kümmerte sich die Großmutter bis zu ihrem Tod intensiv um das Enkelkind. Dann musste plötzlich der Großvater, der selbst die längste Zeit seines Lebens von der Großmutter versorgt worden war, die Betreuung des Kindes übernehmen. In der Zeit wurde Ingo Schulze eingeschult. »Die Bekanntschaft mit dem Friedhof war für mich also ein wichtiger Einschnitt in meinem eigenen Leben.«

Unweit des Grabes seiner Großeltern hat er eine breite, leere Fläche entdeckt. Gräber, die sich in sein Gedächtnis eingegraben haben, sind verschwunden. Sie wurden eingeebnet. »Bisher habe ich mir immer die Grabsteine angeschaut und gedacht: ›Dann und dann gestorben. Jetzt ist dieser Mensch tot. Aber der Stein bleibt.‹ Und hier sehe ich nun: Da verschwindet auch noch irgendwann der Stein, also auch die Erinnerung an den Menschen. Das wird mir eigentlich erst in diesem Moment klar.«

Ein Flugzeug, gestartet vom nahen Flughafen Dresden-Klotzsche, fliegt über den Friedhof hinweg. Gleichsam eine akustische Aufforderung an Ingo Schulze, über Friedrich Fischer zu sprechen: »Mein Großvater war Flugzeugbauer. Deshalb ist die Familie hierher gezogen.« Die Vereinigung Volkseigener Betriebe Flugzeugbau hatte in den fünfziger Jahren Großes in Klotzsche vor: den Bau der 152, des ersten Düsenpassagierflugzeugs Deutschlands. »Ist ihnen auch gelungen. Aber sie wollten zu schnell sein. Und da ist es abgestürzt. Das ist ein richtiges Trauma dieser Gegend. Ein DDR-Trauma.« Er erzählt, wie der Westen das Flugzeug der DDR boykottierte. Also kam nur noch die Sowjetunion als Käufer in Frage. »Da war dann Chruschtschow auf der Leipziger Messe, und über dessen Kopf sollte es einen Kreis drehen.«

Doch bis zu Chruschtschow kam das Flugzeug am 4. März 1959 nicht; es stürzte vorher ab, aus bis heute nicht geklärten Gründen. Die vier Besatzungsmitglieder starben. Ihr Gemeinschaftsgrab liegt seitdem auf dem Neuen Friedhof Klotzsche, einen Kilometer vom Alten Friedhof entfernt. Der einstige Stolz der DDR, das Düsenpassagierflugzeug 152, wurde schnell zur Peinlichkeit und zum Staatsgeheimnis. Da Russland lieber seine eigenen Flugzeuge bauen wollte, rentierte sich das Milliardenprojekt nicht mehr. Einen Monat vor dem Bau der Berliner Mauer beschloss der Ministerrat der DDR, die Luftfahrtindustrie des Landes aufzulösen. Alle produzierten Flugzeuge wurden in einer Blitzaktion verschrottet. In der Flugzeugwerft, in der Schulzes Großvater noch gearbeitet hatte, liefen schließlich Maschinen für die Kartoffelernte vom Band.

Die Nachmittagssonne verströmt ein warmes Licht auf dem Friedhof. Eine Frau füllt Wasser in eine knallgrüne Gießkanne. »Die Ruhe, der Rasen, der Hang, die ganzen Bäume – ich finde das hier einfach einen schönen Ort.« Ingo Schulze ist sichtlich entspannt. »Wenn man in Dresden kein Hotelzimmer hat oder niemanden kennt, könnte man sich hier auf dem Friedhof einfach mal hinlegen und vielleicht auch einschlafen. Und dann geht man wieder.«

Einige Meter entfernt steht Schulzes Ehefrau, angelehnt an ein paar gestapelte Bretter. Im Hintergrund hält sich auch Katja, jene Frau, die einen gewissen Pawel auf einen Friedhof von St. Petersburg begleitet, in Ingo Schulzes literarischem Debüt *33 Augenblicke des Glücks*:

»Hallo – Mama, Papa – ich bin's – Pawel – Mamachen, Papa – bin lang nicht hier gewesen.«

Am Grab seiner Eltern schwärmt Pawel von seinem beruflichen Erfolg und stellt Katja als seine Freundin vor. Später, außer Sichtweite des elterlichen Grabes, bezahlt er die Frau für ihren Dienst und verabschiedet sich von ihr.

Tote, die hören, vielleicht sogar sehen können – Pawels Vorstellung ähnelt doch sehr der Ideenwelt des sechsjährigen Ingo Schulze, der selbst beerdigten Menschen das Atmen nicht

absprechen wollte. Und der 46-jährige Ingo Schulze? Der Atheist, der, wie er selbst sagt, keine großen Erwartungen an die Zeit nach dem Tod hat? »Auf der anderen Seite bin ich auch neugierig. Vielleicht passiert ja doch irgendetwas.«

Man wird sich ja wohl noch ein Hintertürchen offenlassen und, wenigstens für ein paar Sekunden, wieder sechs sein dürfen: »Ich habe gerade gesagt, dass es hier so schön still ist. Aber jetzt hört man ständig ein Flugzeug über den Friedhof fliegen. Das hat auch etwas Schönes. Für meinen Großvater, den Flugzeugbauer. Jetzt kann er sich in aller Ruhe die Flugzeuge angucken, die hier in Dresden-Klotzsche starten. Da ist die Hanglage ein guter Beobachtungsposten.«

# Wie Sara Shilo auf einem Friedhof von einem Raketenangriff überrascht wurde und warum sie das zugleich schrecklich und praktisch fand

*FRIEDHOF VON SCHLOMI, GALILÄA, ISRAEL, 18. AUGUST 2010*

Könnt ich bloß zwanzig Stücke aus mir machen. Jedes Stück würd ich in eine andre Ecke der Stadt tun, dass wenigstens eins sich eine Katjuscha fängt, dann wär ich endlich hin.

Simona Dadon ist wahnsinnig vor Verzweiflung. Ihr Mann ist gestorben, hat sie zurückgelassen mit den sechs gemeinsamen Kindern, im Norden Israels, an der Grenze zum Libanon. Als wieder Raketen aus dem Nachbarland herüberfliegen, sucht Simona nicht den Schutzkeller auf, sondern irrt draußen in der Stadt herum, bis sie ein Fußballfeld erreicht. Dort verbringt sie die Nacht, in der Hoffnung, getötet zu werden. Aber sie überlebt, verlässt den Fußballplatz und geht im Morgengrauen zu dem Friedhof, auf dem ihr Mann begraben liegt. In Sara Shilos Debütroman *Zwerge kommen hier keine*.

»Als ich das Buch schrieb, ist eine Katjuscha-Rakete im Zentrum von Schlomi eingeschlagen und hat einen Jugendlichen getötet«, erzählt die 52-jährige Autorin, als wir den Friedhof ebendieser Kleinstadt im äußersten Norden von Galiläa, drei Kilometer vom Meer entfernt, betreten. »Er unterhielt sich gerade mit seinen Freunden. Mit Nachnamen hieß er Dadon, genauso wie die Familie in meinem Roman. Als ich davon hörte, habe ich mich unsagbar schlecht gefühlt und bin auf diesen Friedhof gekommen, um das Grab des Jungen zu besuchen.«

Sara Shilo möchte mir ein anderes Grab zeigen, das ihr am Herzen liegt, das sie zufällig bei ihrem damaligen Besuch auf diesem Friedhof entdeckte. Sie lächelt verlegen, entschuldigt sich, weil sie es nicht gleich findet. Die Gräber, auf denen die Trauernden Kieselsteine abgelegt haben, leuchten an diesem heißen Augusttag in einem so grellen Weiß, dass die Augen brennen. In einem Bereich der Friedhofsmauer sieht man durch eine große rechteckige Aussparung eine Bank auf dem Fußgängerweg vor der Landstraße. Hier nehmen jene Juden Platz, die den biblischen Nachnamen Cohen tragen, erklärt mir Sara Shilo. Einst übte diese Familie priesterliche Funktionen aus und durfte sich deshalb den als unrein geltenden Toten nicht nähern und also auch keine Friedhöfe betreten. Das gilt auch heute noch für alle mit diesem Familiennamen. Und das sind viele. Es ist, als wenn man in Deutschland allen Menschen, die Müller oder Schmidt heißen, den Gang auf den christlichen Friedhof verwehrte und sie nur durch ein Guckloch die Gräber ihrer Angehörigen betrachten ließe.

»Da ist das Grab!« In eine Metallplatte, die die Form einer Wolke hat, ist ein hebräischer Text gestanzt. »Wenn ich hier auf dem Friedhof die Inschriften lese, kommt es mir so vor, als lägen hier nur Heilige. Alle haben natürlich nur Gutes getan, jeder wurde selbstverständlich bewundert«, sagt Sara Shilo. »Aber auf diesem Grabstein liest man: *Sein Leben war, wie das aller Menschen, viel einfacher als seine Lebensgeschichte.*« Zum dritten Mal steht die Autorin nun vor diesem Grab. »Ich mag es sehr.« Sara Shilo sieht nicht ein, warum man Menschen überhöhen soll. Das gilt auch für sie selbst. Sie konnte nicht damit umgehen, dass sie mit ihrem Roman monatelang auf Platz 1 der Bestsellerlisten ihres Landes stand, dass sie, die als Sozialarbeiterin und Leiterin eines Puppentheaters in Galiläa gearbeitet hatte, sie, die Tochter einfacher arabischer Juden, plötzlich ein Star der israelischen Literaturszene sein sollte.

Ihre Mutter stammt aus dem Irak, ihr Vater kam 1935 in einem Bus aus Syrien. »Er hatte nichts und war ungebildet. Aber in Israel wurde er letztlich ein erfolgreicher Geschäftsmann«, erzählt Sara Shilo. »Er war der cleverste Mann, den ich gekannt habe.« Er ermöglichte seiner Tochter, in einem privilegierten Viertel Jerusalems aufzuwachsen und die beste Schule der Stadt zu besuchen. Aber unter ihren Mitschülern, meist Professoren-Kindern, galt ihr Vater nichts. »Das hat mich als Mädchen tief gekränkt.«

Mit ihrem Roman *Zwerge kommen hier keine* hat Sara Shilo nun ganz bewusst dieser Minderheit der eingewanderten orientalischen Juden eine Stimme gegeben.

Wir setzen uns auf eine Bank im hinteren Teil des Friedhofs und blicken gen Norden auf einen Berg. Gerade einmal 500 Meter ist er von uns entfernt. Hinter dem Berg, der so friedlich in der Sonne schimmert, beginnt der Libanon.

»Der Berg hat für mich auch etwas Bedrohliches. Ein bisschen ist es, als wäre er das Ende der Welt«, sagt Sara Shilo. »Man weiß nicht, was dahinter passiert. Das fühlt sich nicht gut an.« Eineinhalb Jahre zuvor erzählte sie mir auf der Leipziger Buchmesse von diesem Friedhof, der, wie üblich in Israel, außerhalb der Stadt liegt, in sicherem Abstand zu den Lebenden, aber gefährlich nah an der Grenze. »Es kann sein, dass es einen Alarm gibt und Katjuscha-Raketen fliegen, während wir auf dem Friedhof sind«, sagte sie mir damals. »Dann müssen wir das Interview unterbrechen und in den Schutzkeller gehen.« »Damals war die Lage doch noch viel brisanter, oder?«, frage ich nun auf dem Friedhof, in der Hoffnung, Sara Shilo werde mich mit einem Ja beruhigen. »Ich bin mir da nicht so sicher, dass es hier jetzt nicht mehr gefährlich ist«, sagt sie in der für sie so typischen unaufgeregten Art. »Vor einer Woche gab es Tote bei einer Auseinandersetzung an dieser Grenze. Da sind Soldaten gestorben. Und vor zwei Wochen, haben mir Leute erzählt, ist hier in Schlomi wieder eine Katjuscha-Rakete eingeschlagen.«

Die Schaufel und der gelbe Arm eines Baggers tauchen hinter der Friedhofsmauer auf und kurz darauf wieder unter. »Diese Gegend ist etwas gefährlich. Aber ich mag sie«, sagt Sara

Shilo. In den Städten und Dörfern von Galiläa seien die Beziehungen zwischen den Arabern und Juden viel entspannter als in ihrer Geburtsstadt Jerusalem. Deshalb lebe sie, trotz allem, gern in ihrem Dorf unweit von Schlomi, gemeinsam mit ihrer Familie. »Mein Mann hatte Krebs, als er vierzehn war. Und als ich ihn kennenlernte, kam der Krebs gerade zurück. Heute ist er wieder gesund, aber er arbeitet mit Krebspatienten«, erzählt sie. »Wir stehen dem Tod also sowieso sehr nahe.« Fünf Kinder haben die beiden. Das jüngste, eine Tochter, hat Sara Shilos Blick auf den Tod verändert, genauer, auf das, was danach kommen könnte. »Ich glaube ein wenig an Reinkarnation«, sagt sie. »Als meine Tochter zwei war, hat sie uns eine faszinierende Geschichte aus ihrem angeblich vorigen Leben erzählt. Sie sei mit einem Araber verheiratet gewesen, der sie nicht gut behandelt habe. Sie hat über ihr Leben auf dem Land berichtet und über ihre Ängste.« Sara Shilo sieht mich an. »Ich weiß nicht«, sagt sie, lacht verlegen und blickt wieder zum Berg.

Als sie ihren Roman zu schreiben begann, dachte sie noch, die Figur der Simona Dadon würde während des Bombenalarms die ganze Nacht auf dem Friedhof verbringen und dort auf die Raketen warten. Also besuchte Sara Shilo eines Tages gemeinsam mit ihrem Mann einen Friedhof in der Nähe ihres Dorfes. Dort, zwischen den Gräbern, schrieb sie, um ein Gespür für das Umfeld ihrer Figur zu bekommen.

»Da gab es einen Bombenalarm. Und die ersten Katjuschas flogen herüber«, erinnert sie sich. »Da habe ich meinem Mann gesagt: ›Das sind die perfekten Bedingungen, um zu schreiben! Vielleicht bleiben wir einfach hier auf dem Friedhof!‹ Aber mein Mann meinte: ›Wir gehen doch mal besser nach Hause zu den Kindern.‹«

Und so saß die ganze Familie kurz darauf im Schutzkeller. »Jetzt lache ich«, sagt Sara Shilo. »Aber das war natürlich auch beängstigend und schrecklich.« Nichts wünscht sie sich so sehr, als dass endlich Frieden herrscht. »So kann es doch nicht weitergehen: immer nur überleben, anstatt zu leben.«

Doch auch im Frieden würde sie den Tod nicht beiseiteschieben. »Ich lebe mit den Toten«, sagt sie, als wir zum Ausgang des Friedhofs gehen. »Ich denke immer an sie. Sie sind für mich nicht getrennt von den Lebenden.« Das gilt für ihren vor 24 Jahren gestorbenen Vater ebenso wie für ferne Verwandte wie ihren Ururgroßvater mütterlicherseits. Der war Bürgermeister Bagdads, als der Irak noch unter türkischer Herrschaft stand. »Er hatte genaue Vorstellungen, was seine eigene Beerdigung anging: Es sollte gesungen und getanzt werden. Aber ich selbst möchte ganz normal beerdigt werden wie alle anderen, ohne Sonderwünsche. Letztlich sind wir doch alle Menschen«, sagt sie und sieht noch einmal zum Grab mit der bescheidenen Inschrift.

# Wieso der Agnostiker Uwe Timm auf einem katholischen Friedhof beerdigt werden möchte und warum die Toten nicht so tot sind, wie wir meinen

*BOGENHAUSENER FRIEDHOF, MÜNCHEN, DEUTSCHLAND, 23. SEPTEMBER 2010*

»Na, wo ist er, unser Fassbinder?« Uwe Timm ist verwirrt. Gerade eben hat er noch erzählt, wie er jedes Mal auf dem Friedhof von Hamburg-Ohlsdorf herumirrt und das Grab seiner Mutter sucht, und hinzugefügt: So etwas könne einem zum Glück auf dem Bogenhausener Friedhof nicht passieren. Und nun findet er ebendort, auf diesem überschaubaren Kirchhof, das ihm eigentlich vertraute Grab des Regisseurs Rainer Werner Fassbinder nicht mehr. »Komisch. Der muss hier irgendwo liegen.«

»Sieht fast aus wie die Bundesgartenschau«, dachte Timm, als er nach München gezogen war, um hier zu studieren, und im Stadtteil Bogenhausen diesen üppig bepflanzten Friedhof entdeckte und das bunte, wuchernde Grab von Erich Kästner: »Als ob er sich in Blumen verwandelt hätte!« Die alten, schmiedeeisernen Grabkreuze, die er aus seiner Geburtsstadt Hamburg nicht kannte, taten es ihm genauso an wie die spätbarocke, ehemalige Dorfkirche St. Georg. Hier wurde am 28. Juli 1944 Pater Alfred Delp nach der Frühmesse verhaftet und ein halbes Jahr darauf in Berlin erhängt. Zwei Gedenktafeln an der Kirche erinnern an den Jesuiten und andere Münchner, die sich gegen die Nationalsozialisten aufgelehnt hatten und hingerichtet wurden. »Deshalb ist mir dieser Friedhof ganz besonders nah und sympathisch«, sagt Uwe Timm, »weil er etwas Widerständiges hat.« Und dann sind da noch die schreibenden Kollegen, die hier liegen und denen sich der siebzigjährige Autor verbunden fühlt, die Schauspieler und Regisseure. Und eben auch Rainer Werner Fassbinder.

»Ach da!« Uwe Timm hat das Grab an seinem Ahornbäumchen erkannt. Die weinroten Blätter neigen sich über einen rund und glatt geschliffenen Stein am Boden.

»Da hat jemand ein merkwürdiges Küken abgesetzt«, sagt Timm lachend. »So eine Plastikente. Das gehört dazu, dass beim Fassbinder immer irgendwelche komischen Devotionalien liegen.«

[...] ich habe auch schon eine Schlangenlederhandtasche gesehen und Lippenstifte, Herrenslips, Parfümfläschchen, im letzten Herbst lagen sogar hellblaue Strapse auf dem Grab.

Berichtet Thomas Linde, Beerdigungsredner, Jazz-Kritiker und Ich-Erzähler aus Timms Roman *Rot*, über Marlene Dietrichs Grab in Berlin. Linde und Timm, die Figur und ihr Autor, sind nicht nur beide ehemalige Achtundsechziger, sondern auch Friedhofsgänger, die einen scharfen, gar ethnologischen Blick für Gräber entwickelt haben und ein feines Gespür für die Toten. »Diese Toten sind nicht so tot, wie wir denken«, sagt Uwe Timm. »Ich meine das gar nicht gespenstisch oder spökenkiekerisch. Sie sind körperlich tot. Aber ihre Präsenz ist enorm. Sie begleiten uns noch: im Bewusstsein, in der Emotion.« Manchmal merke er auf und denke: »Ach, könnte das nicht meine Mutter sein, so von dem Lachen, von der Stimme her?« Diese Erinnerung an die Toten, die erst mit unserem eigenen Tod erlischt.

»Dem Tod sehe ich ganz gelassen entgegen, da ich zutiefst davon überzeugt bin, dass es kein Nachleben gibt«, erzählt Uwe Timm. Wir stehen vor der efeuberankten Friedhofsmauer, am bescheidenen Grab des von ihm so geschätzten, heute fast vergessenen Dichters Wolfgang Bächler. »Daneben wäre noch ein Platz frei«, sage ich. »Der wär' sehr schön, das ist wahr«, antwortet Timm. Schon lange liebäugelt er mit dem Gedanken, einmal auf diesem katholischen Friedhof beigesetzt zu werden. »Das kann einem als Toter ja ziemlich egal sein«, sagt er. Um die Hinterbliebenen gehe es. Aber seine Familie käme sicher gern an diesen ruhigen, schönen Ort, um ihn als Toten zu besuchen. Es gibt nur ein Problem: Uwe Timm ist nie katholisch gewesen. Er war evangelisch, bis er aus der Kirche austrat: »Ich weiß gar nicht, ob die hier aufgenommen werden, die Nichtgläubigen: die Atheisten und Agnostiker.«

Die Kirchenglocke läutet fünf Mal in einem angenehm warmen Klang. »Ich bin zutiefst neugierig und gespannt darauf, wie das ist, dieser Moment des Erlöschens«, erzählt Uwe Timm, auf einer Holzbank sitzend. »Diese Offenheit,

diese Erwartung darauf ist etwas, was dem Tod auch eine große Würde gibt. So ist er eben nicht nur ein Zufall, versteckt und irgendwie verdrängt.« Jeder, der bewusst lebe, der eine gewisse Sensibilität gegenüber sich selbst habe, müsse sich einfach mit dem Tod beschäftigen. Uwe Timm tut dies allerdings nicht erst seit *Rot* und dem Roman *Halbschatten*, dessen Zentrum der Berliner Invalidenfriedhof und das Leben der Fliegerin Marga von Etzdorf ist, sondern schon seit seiner Kindheit. Seit dem Tod seines Bruders Karl-Heinz, den er in dem Buch *Am Beispiel meines Bruders* porträtiert. Er starb im Krieg, nachdem er sich freiwillig zur SS gemeldet hatte und ihm beide Beine abgeschossen worden waren. »Er ist genau der Tote, der gar nicht tot war«, erinnert sich Timm nun. »Er saß also mit am Tisch bei uns zu Hause, weil immer seiner gedacht wurde, über ihn geredet wurde, der mir auch als Vorbild vorgehalten wurde.«

Seine Mutter habe tief getrauert und so den Tod des ältesten Sohnes bewältigen können. »Aber mein Vater hat ihn irgendwie verklärt. Das war nicht gut und wurde dann auch auf mich in einer merkwürdigen Weise übertragen. Das ist bei vielen Menschen so. Sie fühlen sich geradezu beleidigt, wenn jemand weggeht, den sie eigentlich brauchen. Das kann eine sehr egoistische Haltung sein.« Sein Vater, ein Militär, habe seine eigenen Wünsche und Erwartungen, die oft nicht erfüllt wurden, auf die Kinder projiziert. »Meine Mutter nahm die Kinder so, wie sie waren. Sie ist eine wunderbare Frau gewesen, die immer zu mir stand, auch in ganz prekären, problematischen Situationen.«

Die Sonne ist hinter der Friedhofsmauer verschwunden. Aus der Ferne dringen Kinderstimmen zu uns. »Loslassen muss gelernt sein«, sagt Uwe Timm. »Wer wirklich liebt, kann auch loslassen.«

 WWEDENSKOJE-FRIEDHOF,
MOSKAU, RUSSLAND,
12. MAI 2012

# Warum Ljudmila Ulitzkaja in Moskau regelmäßig Blumen am Grab eines Deutschen ablegt und wie sie einen korrupten Friedhofswärter in die Schranken weist

»Was machen die denn da?!« Ljudmila Ulitzkaja, eine freundlich, aber bestimmt dreinschauende Frau mit modischem Kurzhaarschnitt, steht mit ihrem Auto vor einer Brücke, die den Fluss Jausa überquert. Der Verkehr hat sich an einer Baustelle gestaut. Der Pfeil auf einem provisorisch aufgestellten Straßenschild deutet nach rechts. Doch einige Autos scheren abrupt aus der Schlange aus und sausen links an der Baustelle vorbei, auf der Spur für den entgegenkommenden Verkehr. »Wieso fahren die denn auf der anderen Seite?«, fragt die 69-jährige Autorin ihren Sohn Peter, der mit Kapuzenpullover und Kopfhörern auf der Rückbank sitzt. »Weil sie clever sind«, antwortet er. Seine Mutter schüttelt den Kopf. Egoismus auf der Straße ist ihr genauso zuwider wie auch sonst in der russischen Gesellschaft, wie im Leben überhaupt.

Ljudmila Ulitzkaja möchte mir an diesem Mainachmittag hier im Nordosten Moskaus das Grab eines Deutschen zeigen, den sie für seine Selbstlosigkeit verehrt. Eine Straßenbahn fährt quietschend an uns vorbei, als wir den Wwedenskoje-Friedhof durch das mächtige Seitenportal aus roten Ziegelsteinen betreten. Die Autorin, die renommierteste des Landes, hält einen Strohbesen mit gestutztem Stiel in der Hand und eine kleine Hacke zum Unkrautjäten. Ihr Sohn ist mitgekommen, um zu dolmetschen. Vögel zwitschern tropisch fremd in dieser stillen Oase inmitten der lärmenden Großstadt. Noch heute sprechen viele Moskauer vom »deutschen« Friedhof, weil er 1771, nach der großen Pestepidemie, in der vor allem von Deutschen bewohnten Vorstadt errichtet wurde. Bis ins 20. Jahrhundert war es der Friedhof für jene Menschen, vor allem Ausländer, die einen anderen als den russisch-orthodoxen Glauben hatten. Heute ist es ein Friedhof für alle, egal welcher Nationalität, Konfession und Religion, ob gläubig oder, wie Ljudmila Ulitzkaja, atheistisch.

»Ich mag diesen Friedhof sehr«, sagt sie, als wir den zentralen Hauptweg entlanglaufen. »Seit meiner Kindheit komme ich hierher. Meine Oma, mein Opa, mein Vater und meine Mama liegen hier begraben. Jedes Mal, wenn ich sie besuche, gehe ich vorher beim Grab von Dr. Haass vorbei, um ein paar Blumen abzulegen.« Dieses Mal hat sie die Blumen allerdings vergessen. Aber auch so ist das Grab von Friedrich Joseph Haass bunt geschmückt. »Das ist es«, sagt sie und deutet auf einen tonnenschweren Kieselstein, aus dem ein Metallkreuz ragt. Am schmiedeeisernen Zaun, der das Grab umgibt, sind Blumen befestigt, weiße Rosen aus Kunststoff und echte Nelken. Angeblich kamen 20 000 Menschen zur Beerdigung des deutschen Arztes und Humanisten im Jahr 1863. »Dr. Haass ist ein moderner Heiliger«, sagt Ljudmila Ulitzkaja. »Er war ein wunderbarer Mensch.«

Geöffnete Eisenfesseln sind in den metallenen Zaun eingearbeitet, erinnern an eine Errungenschaft des deutschen Philanthropen. In der ersten Hälfte des 19. Jahrhunderts waren die Gefangenen, die aus Moskau ins Straflager nach Sibirien geschickt wurden, jeweils zu zehnt an eine Eisenstange gekettet. Sie trugen schwere Hand- und Fußfesseln. Haass, einst wohlhabender Arzt der Oberschicht, versorgte in den letzten zwanzig Jahren seines Lebens vor allem Häftlinge medizinisch und seelsorgerisch. »Er hat erfolgreich dafür gekämpft, dass die Eisenstangen entfernt und die Fesseln durch leichtere ersetzt wurden«, erzählt Ljudmila Ulitzkaja, die gerade ein Theaterstück über ihn geschrieben hat. »Er hat die neuen Fesseln sogar an sich selbst ausprobiert, ist damit gelaufen, um zu sehen, ob sie die Haut bis auf die Knochen durchscheuern oder nicht.«

Ljudmila Ulitzkaja möchte am Grab des Arztes fotografiert werden. Ich bitte sie, das auf später zu verschieben. Denn am Vortag verwies mich ein Koloss von Friedhofswärter des Ortes, als ich auf diesem gut einsehbaren Hauptweg Testfotos vom Grab des heilig gesprochenen Arztes machen wollte. »Dann zeige ich Ihnen erst einmal unser Familiengrab«, schlägt Ljudmila Ulitzkaja vor. Wir biegen ab in einen schmalen Seitenweg; dünne Fäden, von Raupen oder Spinnen, hängen von Zweigen herab und kitzeln auf der Haut. Dann stehen wir vor einem unscheinbaren Beet mit einem schlichten schwarzen Stein, der fast so groß ist wie die Autorin und zwei Meter breit. »Diesen Grabstein hat mein zweiter Mann gemacht, ein Bildhauer«, sagt sie. »Früher standen hier drei separate Steine mit eingearbeiteten Bildern der Verstorbenen, im typisch sowjetischen Stil. Die sahen schrecklich aus!« Nun sind die Namen ihrer Großeltern und Eltern in einem Stein vereint. »Da ist auch noch reichlich Platz für mich und meinen Bruder«, sagt sie, lacht, geht vor dem Beet in die Knie und legt die Hacke und den Besen zur Seite: »Meine Großmutter hat diesen Ahornbaum hier gepflanzt. Und jetzt verliert er Samen, um sich zu vermehren«, sagt sie und greift mit einer Hand ins Beet. »Ich ziehe diese Ahorn-Sprösslinge aus der Erde. Der hier hat sich schon richtig eingelebt … Der da auch … Die sehen aus wie kleine Papierblumen, oder?« Sie schaut verschmitzt zu mir herüber. »Jetzt wissen Sie, warum ich bereit war, mich mit Ihnen auf dem Friedhof zu treffen: um mich mal endlich wieder um das Familiengrab zu kümmern.«

Humor und Friedhof – für Ljudmila Ulitzkaja schließen sie sich nicht aus. Im Gegenteil. In ihrem Roman *Ein fröhliches Begräbnis* lässt sie ihre Hauptfigur, den Exil-Russen Alik, einen erfolglosen Maler, zwar in seiner New Yorker Wohnung sterben, allerdings im Trubel, umgeben von Familie, alten Geliebten und Freunden. Ein kunterbunter Abschied in den Tod, ein Zelebrieren des Lebens:

Alik lag im Sessel, und um ihn herum lärmten, lachten und tranken seine Freunde, scheinbar jeder für sich, doch sie alle waren ihm zugewandt, und er spürte das. Er genoss die Alltäglichkeit, und er, der ein Leben lang auf der Jagd nach Phantomen aus Form und Farbe gewesen war, wusste jetzt, dass es in seinem Leben nichts Besseres gegeben hatte als diese sinnlosen Gelage, die alle, die ihn besuchten, durch Wein, Fröhlichkeit und menschliche Wärme vereinten […]

»Natürlich wünsche ich mir für mein eigenes Sterben genau solch eine Atmosphäre, die gerade nicht von Trauer bestimmt ist«, sagt Ljudmila Ulitzkaja, als wir auf einer Bank vor einem verrosteten Mausoleum Platz genommen haben. »Das gilt auch für meine Beerdigung: Scherze sind willkommen.«

Am 5. März 1953 waren in ganz Russland Scherze tabu. Es war der Tag, an dem Stalin starb und damit jener Diktator, der auch Juden verfolgen ließ. »Ich erinnere mich noch gut an Stalins Tod. Ich war damals zehn«, erzählt Ljudmila Ulitzkaja, die von einer jüdischen Familie abstammt. »Sie haben uns an Stalins Grabmal versammelt. Und ich weiß noch genau, wie sich alle die Augen aus dem Kopf geweint haben. Ich stand zwischen den anderen und kam mir unglaublich einsam vor. Irgendwie wollte ich dazugehören und mit ihnen den Augenblick teilen, aber ich habe mich fehl am Platz gefühlt. Meine beiden Großväter saßen unter Stalin in Straflagern ein. In meiner Familie hatte also niemand warme Gefühle für Stalin übrig.« Dafür umso mehr für den exakt hundert Jahre zuvor gestorbenen Arzt und Menschenfreund Haass.

Ein Mitarbeiter des Friedhofs fährt auf einem motorisierten Dreirad laut knatternd an uns vorbei. Ljudmila Ulitzkaja erzählt, dass sie auch Zeugin trauriger Tode war, bei ihrem Vater und ihrem ersten Ehemann. »Aber das Erlebnis, das ich mit meinem Urgroßvater hatte, lässt mich hoffen«, sagt sie und erzählt von jenem Moment, der ihr Verhältnis zum Tod für immer geprägt hat: »Als ich etwas jünger als sieben war, habe ich gesehen, wie mein Urgroßvater gestorben ist. Im Laufe meines Lebens ist diese Erfahrung immer wichtiger und schöner für mich geworden. Damals bin ich von der Straße zu ihm ins Haus gekommen. Vom Bett aus konnte er mich kaum sehen, so klein war ich. Schließlich hat er mich entdeckt und gesagt: ›Was für ein großes Mädchen! Alles wird gut.‹ Er war 93 Jahre alt. Er starb umgeben von seiner Familie, ohne Schmerzen, ganz friedlich.«

Seitdem interessiert sich Ljudmila Ulitzkaja für den Tod, ohne ihn zu fürchten. In der Erzählung *Die Nägel* hilft ein Junge seinem Urgroßvater beim Zimmern einer Kiste. Kurz darauf erfährt das Kind, dass die Kiste ein Sarg ist, bestimmt für den Urgroßvater, der seinen Tod kommen fühlt. Vor kurzem hat Ljudmila Ulitzkaja einen Essay über die erste Begegnung von Kindern mit dem Tod geschrieben. Meistens sei das ein toter Vogel, ein Schmetterling oder irgendein anderes verendetes Tier. Sie plädiert dafür, auch den Tod von Menschen nicht vor Kindern zu verbergen. »Ohne den Tod wäre unsere Wahrnehmung des Lebens doch eine ganz andere. Erst der Tod bringt das Leben richtig zur Geltung«, sagt sie und lässt sich von ihrem Sohn eine Zigarette anzünden. »Franz von Assisi hat gesagt, der Tod sei sein Bruder. Ich denke genauso.«

Auf Franz von Assisi hat sich auch Friedrich Joseph Haass immer wieder berufen. Vor kurzem hat Ljudmila Ulitzkaja ihr Theaterstück über den wohltätigen Arzt einem Moskauer Theaterintendanten übergeben und hofft nun, dass es aufgeführt wird. Drei Jahre hat sie an dem Text gearbeitet, hat nahezu alles gelesen, was über Haass veröffentlicht wurde, biografische Fakten ebenso wie die zahlreichen Anekdoten. »Stellen Sie sich das mal vor: Moskau im eiskalten Winter. Dr. Haass ist auf dem Weg zu einem sterbenden Patienten«, beginnt sie. »Da überfallen ihn zwei oder drei Personen, die es auf seinen Pelzmantel abgesehen haben. Und er sagt: ›Kinder, lasst uns zusammen bis zu dem Haus da hinten gehen. Dann gebe ich euch den Mantel. Denn wenn ich das jetzt schon tue, schaffe ich es vielleicht nicht mehr bis zu dem Sterbenden.‹ Da erkennen ihn die Männer: ›Oh, Sie sind doch der Gefängnis-Arzt!‹ Sie lassen ihm den Mantel, gehen mit ihm zum Haus des Sterbenden, warten draußen, bis Haass wieder herauskommt. ›Wir begleiten Sie besser auch noch auf Ihrem Heimweg‹, sagen sie. ›Nicht dass Sie noch auf Kriminelle stoßen, die Ihnen etwas antun.‹«

Wir gehen in Richtung Ausgang und bleiben am Grab von Friedrich Joseph Haass stehen. Ein Foto hier sei ihr sehr wichtig, sagt Ljudmila Ulitzkaja. So schnell ich kann, baue ich die Kamera auf. Ich habe ein ungutes Gefühl. Und da sehe ich auch schon den dicken Friedhofswärter auf uns zukommen. Ich stelle irgendeine Belichtungszeit ein und drücke den Auslöser. Dann steht der Wachmann auch schon vor uns. Mit seiner tiefen, selbstbewussten Stimme redet er lange auf Ljudmila Ulitzkaja ein. Die antwortet ganz ruhig und knapp. Dann aber werden ihre Sätze bestimmter und die des zwei Köpfe größeren Mannes unsicherer und kürzer. Bis er brummend in sich zusammensackt und kehrtmacht.

»Er hat eine schriftliche Genehmigung verlangt und wollte mit Geld bestochen werden«, erzählt mir Ljudmila Ulitzkaja. »Ich glaube, ich habe ihn recht freundlich in die Schranken gewiesen.« Sie lacht. Ich sage ihr, ich hätte große Angst gehabt, auch weil ich ohne Journalisten-Visum nach Russland eingereist sei. Sei sie denn gar nicht nervös gewesen? »Ich habe nicht mal eine einzige Sekunde Angst vor ihm gehabt«, sagt sie. Was ist schon ein korrupter Wachmann gegen Putin, denke ich. Ihm und anderen pseudodemokratischen Machthabern Russlands hat Ljudmila Ulitzkaja schon so manches Mal mutig die Stirn geboten. Sie hat einen umfangreichen Briefwechsel mit dem aus politischen Gründen inhaftierten Unternehmer Chodorkowski geführt. Sie hat eine Verteidigungsrede für die verhafteten Frauen der Punkband Pussy Riot geschrieben. An jenem Wochenende, an dem wir auf dem Wwedenskoje-Friedhof stehen, hat sie friedlich gegen die Regierung demonstriert. Seit sie als junge Frau heimlich Literatur kopierte und verbreitete und deshalb ihre Arbeit als Genbiologin verlor, hat sich diese Frau nicht einschüchtern lassen. Schon gar nicht von einem aufgeblasenen Friedhofswärter.

Mir geht das Bild nicht aus dem Kopf: diese Schriftstellerin zwischen dem Grab des von ihr verehrten, altruistischen Arztes und dem auf seinen Vorteil bedachten Wachmann.

»Bräuchte das heutige Russland nicht dringend wieder einen Friedrich Joseph Haass?«, frage ich, als wir den Friedhof verlassen. Ljudmila Ulitzkajas Antwort: »Jeder braucht einen solchen Humanisten.«

# Nachwort
# von Tobias Wenzel

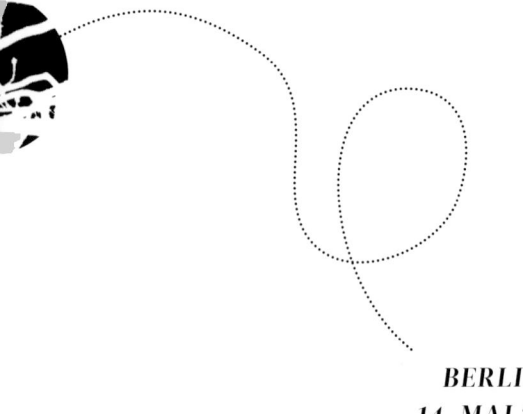

**BERLIN,
14. MAI 2013**

»Wow, das perfekte Friedhofswetter!« Ich stand am Fenster, als ich diesen Satz ins Telefon sagte, irgendwann im Herbst 2011, hatte gerade die Vorhänge zur Seite geschoben und zum ersten Mal an diesem frühen Morgen nach draußen gesehen, zum Himmel, der durchzogen war von Zirruswolken. Nicht zu kühl, nicht zu warm, eben das perfekte Wetter, um mit einem weiteren Schriftsteller über den Friedhof zu spazieren, dachte ich, genau das richtige, klare, aber noch sanfte Licht, um ihn dort zu fotografieren. »Es wird langsam Zeit, dass du dieses Friedhofsprojekt abschließt«, sagte die Stimme am anderen Ende der Leitung, liebevoll, aber auch ernst und etwas besorgt.

Drei Jahre war ich damals schon auf Friedhöfen unterwegs. Es sollte noch ein weiteres Jahr hinzukommen. 72 Schriftsteller habe ich letztlich auf Friedhöfen ihrer Wahl getroffen, in Ländern aller Kontinente, von Island bis Neuseeland, von Marokko bis Chile, von Südkorea bis Kanada. Dieses Buch präsentiert eine Auswahl dieser Begegnungen. Begegnungen, die mir schnell wichtiger wurden als alles andere. Warum genau, weiß ich bis heute nicht.

Vielleicht, weil ich es spannend fand, Friedhöfe, diese, wie ich glaube, verkannten, unterschätzten, zu Unrecht oft verdrängten Orte, mit den Augen anderer zu entdecken und die damit verbundenen Geschichten einzufangen. Weil ich seit frühester Kindheit über den Tod nachdenke und deshalb neugierig anderen zuhöre, wenn sie über ihn sprechen. Weil noch nie jemand gestorben ist, der mir wirklich etwas bedeutet hat, und ich mich auf diesen Tag vorbereiten wollte, indem ich mir von Schriftstellern, reflektierten Menschen also, die schon von Berufs wegen um das Thema nicht herumkommen, gern erzählen lassen wollte, wie *sie* mit dem Tod umgehen. Weil ich es mag, mir schwierige Aufgaben zu stellen, und bei der Umsetzung kein Maß halten kann. Weil der Friedhof ein wunderbarer Ort ist, um einen anderen Menschen kennenzulernen.

Wenn ich sonst Künstler, meist Schriftsteller, interviewe – und das macht einen Großteil meines Berufs aus –, versuche ich, Hotelzimmer und -lobbys, Büros und Messestände zu meiden, bitte stattdessen den Gesprächspartner, irgendeinen Ort zu wählen, zu dem er eine persönliche Beziehung hat: die eigenen vier Wände, das Lieblingscafé, eine kuriose Straßenbahn, einen vertrauten Park. Vielleicht würde sich auch ein Friedhof eignen, dachte ich manchmal, ohne selbst so richtig daran zu glauben. Bis ich im Februar 2008 in einem Berliner Café in der Chausseestraße mit dem isländischen Schriftsteller Sjón verabredet war. Der

Lärm im Café war enorm. Das Stimmengewirr, die Musik, die kreischende Espressomaschine – all das machte ein angenehmes Radiointerview unmöglich. Wir verließen das Café. Ich sah hinüber auf die andere Straßenseite, zum Dorotheenstädtischen Friedhof. »Vielleicht da?«, fragte ich. »Na ja, ein etwas seltsamer Ort für ein Interview«, sagte Sjón, willigte aber ein.

Es wurde, zu unser beider Überraschung, ein besonders schönes Gespräch. Und das, so war uns gleich klar, hatte etwas mit dem Friedhof zu tun. Was wäre, wenn ich Schriftsteller nur noch auf Friedhöfen träfe, und zwar auf solchen, die ihnen etwas bedeuteten, dachte ich damals, als Sjón und ich an den Gräbern von Hegel und Brecht vorbeispazierten.

»Ja, das war bestimmt interessant, wie da die Knochen Brechts zu Ihnen gesprochen haben!«, sagte mir in provozierendem Ton die damals 85-jährige südafrikanische Autorin Nadine Gordimer vor einem Hörfunkstudio in Berlin. »Das heißt, ich darf Sie auf keinem Friedhof treffen? Auch nicht in Johannesburg?« – »Ganz sicher nicht! Darauf können Sie Gift nehmen. Friedhöfe sind widerliche Orte!« Dann sah sie mich halb angeekelt, halb mitleidig an. Zu diesem Zeitpunkt wusste ich allerdings unmissverständliche Absagen schon zu schätzen.

»Vor zehn Jahren: ja. Jetzt: nein. Bitte erlassen Sie mir Erklärungen«, sagte mir Martin Walser. »Nein, ich lasse mich nicht mehr fotografieren, von niemandem«, ließ mir Elfriede Jelinek über einen gemeinsamen Freund ausrichten, »ich will nur verschwinden und nicht einmal auf einem Friedhof wieder auftauchen (obwohl ich mich wirklich noch sehen lassen kann! Damit hat es nichts zu tun).« Herta Müller bedankte sich im November 2008 für meine »Einladung« zu einem Friedhofsgang: »Aber ich kann mir das nicht zumuten.« Auch nach zwei Jahren falle es ihr immer noch schwer, das Grab ihres Kollegen Oskar Pastior zu besuchen. Gleiches gelte für Friedhöfe, auf denen weitere ihrer Freunde lägen. »Der Tod dieser Menschen ist noch zu nahe, und einen anderen Bezug zu Friedhöfen habe ich nicht.«

Nicht alle Reaktionen auf meine Anfragen waren so klar und ehrlich. Viele Schriftsteller sagten ihre Teilnahme zu und verschwiegen, dass sie ein Problem mit Friedhöfen oder dem Tod oder beidem hatten. Manchmal wussten sie es nicht einmal selbst. Ich musste in langen Brief- und E-Mail-Wechseln und in persönlichen Gesprächen herausfinden, ob sie mich nur hinhielten, weil sie gerade mit Arbeit überlastet waren, oder ob sie sich nicht trauten, mir den wahren Grund zu nennen. Zweieinhalb Jahre nach seiner Zusage erklärte mir Javier Marías in seiner Wohnung in Madrid: »Damals hat mich Ihre Anfrage sehr interessiert. Aber dann habe ich meinen Roman *Die sterblich Verliebten* geschrieben. Und darin ist ja der Tod ein großes Thema.

Nun habe ich genug vom Tod und möchte dem nichts mehr hinzufügen, schon gar nicht in einer Grablandschaft.« Stellte er fest, um dann eine Stunde lang über den Tod in allen seinen Variationen zu reflektieren. Dreieinhalb Jahre brauchte ich, um wenigstens ansatzweise nachzuvollziehen, warum der kanadische Autor Michael Ondaatje erst begeistert zusagte, mich auf einem Friedhof in Sri Lanka zu treffen, dies auch in persönlichen Gesprächen bekräftigte, dann aber, als der vereinbarte Monat nahte, meine E-Mails nicht mehr beantwortete, dafür aber weiterhin ungebeten andere Schriftsteller für meine Sache leidenschaftlich zu gewinnen versuchte. »Vielleicht zögere ich«, schrieb er schließlich, »weil mich die Themen dieses Projekts faszinieren, ich aber selbst noch nicht bereit dazu bin. Daran muss ich wohl noch arbeiten. Verstehen Sie das? Es klingt lächerlich, selbst in meinen Ohren, und ich bitte um Entschuldigung. Wenn sich meine Situation ändert, melde ich mich ganz bestimmt.«

Im Laufe der Zeit entwickelte ich ein immer feineres Gespür für diejenigen, die nur zusagten, um mich loszuwerden. Die algerische Schriftstellerin Assia Djebar und der ungarische Autor Péter Esterházy schlugen einen Friedhof vor und gaben mir ihre E-Mail-Adresse. Aber der verschreckte Gesichtsausdruck der beiden sagte mir, dass sie nie antworten würden. Und so war es auch. Ich stellte mir manchmal vor, wie sie und andere meine E-Mails hastig löschten, weil ich für sie wohl vor allem eins war: der Überbringer einer schlechten Nachricht, der Mensch, der sie daran erinnerte, dass auch sie sterblich sind.

Wenn möglich, fragte ich die Autoren im persönlichen Gespräch an. Denn kaum jemand möchte mit einem Fremden über einen Friedhof gehen, gar zum Grab eines Verwandten, um über den Tod und sonstige persönliche Dinge zu sprechen. Auch deshalb erlernte ich den Umgang mit einer Plattenkamera, um nicht auf einen anderen Fotografen angewiesen zu sein, um die intime Atmosphäre auf dem Friedhof nicht durch eine dritte Person zu gefährden.

Manchmal reise ich zweimal in ferne Länder: einmal, um beim Schriftsteller von Angesicht zu Angesicht um Vertrauen zu werben, und dann erneut für das eigentliche Treffen auf dem Friedhof. Wenn ich doch auf dem Postweg Anfragen verschickte, legte ich Fotos von erfolgten Friedhofsgängen mit bekannten Autoren bei. Auch, um gleich die Vermutung im Keim zu ersticken, ich könne ein gefährlicher Irrer sein, der Schriftsteller auf Friedhöfe locke, um sie dort zur Strecke zu bringen.

Dabei sind Friedhöfe manchmal tatsächlich gefährliche Orte. Das musste auch ich, mit meinem deutschen, romantisch verklärten Blick auf den Friedhof, erst einmal lernen. Friedhöfe zeigen wie durch ein Brennglas, wie die Gesellschaft, die sie umgibt, beschaffen ist und wie sie zum Tod und zum Leben steht. Deutsche Friedhöfe, besonders die christlichen, sind oft ruhig gelegen und ordentlich. Auf dem Zentralfriedhof in Sofia herrschen mafiöse Strukturen: Mitarbeiter des Friedhofs knüpfen Touristen Geld ab und verkaufen für horrende Summen die eigentlich geschützten Freiflächen zwischen benachbarten Gräbern. Als ich dort mit einer bulgarischen Autorin war, flüchteten wir vor ausgehungerten, herrenlosen Hunden. In Kolumbien, wo 50 000 Menschen pro Jahr ermordet werden, wurde ich gemeinsam mit einem Schriftsteller Zeuge einer Exhumierung. In Guayaquil in Ecuador brach ich aus Sicherheitsgründen einen Friedhofsgang ab, weil meine einheimische Begleiterin befürchtete, der Friedhofswärter sei gar keiner und locke uns nur in eine Falle, um uns auszurauben und danach vielleicht sogar umzubringen. Auf dem Friedhof im nordisraelischen Schlomi, und nicht nur dort, muss man mit Raketeneinschlägen rechnen.

Der Friedhof ist aber oft auch ein besonders einladender Ort, auf dem es unendlich viel zu entdecken gibt, nicht zuletzt die üppige Flora und Fauna. Auch sonst ist er nicht selten viel belebter, als man denkt: Auf einem Friedhof in Reykjavík sah ich mit einem Autor, wie sich Kinder als Räuber und Gendarm jagten. Auf dem General Cemetery in Sheffield ist auf einer Freifläche das Fußballspielen erlaubt. Jogger haben einen Friedhof im neuseeländischen Wellington für sich entdeckt.

Gerne habe ich mich von Schriftstellern auf Friedhöfe führen lassen, auch auf solche, die ich bis dahin gar nicht für welche gehalten hatte. Ich habe den Gedanken der Autoren zum Tod und Leben gelauscht, habe versucht, sie zu verstehen, ohne sie zu bewerten, habe mir schließlich einige dieser Gedanken zu eigen gemacht. Durch die Begegnungen ist mir klargeworden, dass es ein fatales Unglück ist, wenn man nicht weiß, wo sich die sterblichen Überreste einer geliebten Person befinden, und ein großes Glück, wenn man seine Toten besuchen kann. Letztlich haben mich die Gespräche auf den Friedhöfen mit dem Tod ein wenig versöhnt. Das ist viel mehr, als ich erwarten konnte. Ich hoffe aber, dass diese Sammlung auch einige Leser anregt, vielleicht auch dazu, mal wieder einen Friedhof zu besuchen.

»Ich drücke Ihnen die Daumen, dass Sie bei einem Friedhofsgang tot umfallen«, sagte mir der israelische Autor Meir Shalev in seinem wundervoll schwarzen Humor. »Das wäre ein schöner, runder Abschluss und eine fantastische Werbung für Ihr Buch. Das erscheint dann ja posthum.«

Ich weiß nicht, wie lange ich noch Schriftsteller auf Friedhöfen getroffen hätte, vermutlich etliche Jahre, wenn mir nicht damals am Telefon und auch später meine beste Freundin klargemacht hätte, dass ich es mal wieder übertrieben hatte. Ich arbeitete bis zu siebzig Stunden in der Woche, um die Reisen zu den Friedhöfen finanzieren zu können. Auf dem Boden meiner Wohnung stapelten sich rund 300 Bücher der Friedhofskandidaten in unübersehbare Höhen. Im Kühlschrank war kaum noch Platz für Lebensmittel, weil ich dort die Spezialnegative lagerte, die ich eigens für die Friedhofsgänge in großer Menge gekauft hatte. Irgendwann sah ich nur noch Friedhof. Selbst beim Blick in den Himmel.

Heute Morgen sind wieder Zirruswolken zu sehen. Das perfekte Wetter. Vielleicht gehe ich gleich auf die Straße, einmal um den Block oder in den Park oder – warum nicht? – auf meinen Lieblingsfriedhof.

# Danksagung

Ich danke Michaela, dass sie mich auch noch nach vier Jahren Geschichten vom Friedhof erträgt, ihr und Timea für das genaue Lesen der Texte, Alessandra, Andrea, Carolin, Carolina, Eckhard, Hinnerk, Judith, Karin, Karsten, Leo, Marie, Marie-Rose, Miriam, Nani, Nele, Nora, Peter, Rawi, Regina, Sigrid, Susanna, Susanne, Tomás und Walli für das Zuhören, Cynthia dafür, dass sie mich von meinem gefährlichsten Friedhofsgang abgehalten hat, meiner Schwester Maddie für die Hilfe beim Deuten englischsprachiger Grenzfälle, Peter Jewgenjew, Thomas Frahm, Biljana Kurtascheva und Lee Sang-Wha für das Dolmetschen, den Verwaltern der Friedhöfe für die Kooperation und die Erteilung von Sondergenehmigungen, Florens Eckert, Maria Platte und allen anderen Mitarbeitern des Knesebeck Verlags für das Engagement und Nanna Funke und Birgit Schlegel für die Gestaltung des Buchs.

Ganz besonders bin ich all jenen Schriftstellern dankbar, die sich auf dieses Projekt eingelassen und mir das dafür notwendige Vertrauen geschenkt haben.

# Literatur

**A**

Abad, Héctor: *Brief an einen Schatten. Eine Geschichte aus Kolumbien.* Aus dem Spanischen von Sabine Giersberg. Berlin: Berenberg 2009

Abad, Héctor: *Das Gedicht in der Tasche. Zwei Gedächtniserforschungen.* Aus dem Spanischen von Ulrich Kunzmann. Berlin: Berenberg 2011

Adler-Olsen, Jussi: *Erlösung. Der dritte Fall für Carl Mørck, Sonderdezernat Q.* Thriller. Aus dem Dänischen von Hannes Thiess. München: Deutscher Taschenbuch Verlag 2011

Adler-Olsen, Jussi: *Schändung. Der zweite Fall für Carl Mørck, Sonderdezernat Q.* Thriller. Aus dem Dänischen von Hannes Thiess. München: Deutscher Taschenbuch Verlag 2010

Adoum, Jorge Enrique: *Entre Marx y una mujer desnuda.* Quito: Eskeletra Editorial 2007

Adoum, Jorge Enrique: *mayo de 1968 (¿siglo XXI?)/mai 68 (XXI$^e$ siècle ?).* Quito: Ediciones Archipiélago 2008

Arias, Lola: *Liebe ist ein Heckenschütze.* Aus dem Spanischen von Rike Bolte, Udo Kawasser und Margit Schmohl. Berlin: Blumenbar 2010

Arias, Lola: *Mein Leben danach.* Aus dem Spanischen von Margit Schmohl. Berlin: Verlag der Autoren 2010

Atwood, Margaret: *Das Jahr der Flut.* Roman. Deutsch von Monika Schmalz. Berlin: Berlin Verlag 2009

Atwood, Margaret: *Der blinde Mörder.* Roman. Aus dem Englischen von Brigitte Walitzek. Berlin: Berlin Verlag 2000

Atwood, Margaret: *Katzenauge.* Roman. Deutsch von Charlotte Franke. Frankfurt am Main: S. Fischer 1990

Atwood, Margaret: *Negotiating with the Dead. A Writer on Writing.* Cambridge: Cambridge University Press 2002

## B

Baker, Nicholson: *Eine Schachtel Streichhölzer*. Roman. Deutsch von Eike Schönfeld. Reinbek bei Hamburg: Rowohlt 2004

Beckett, Simon: *Die Chemie des Todes*. Deutsch von Andree Hesse. Reinbek: Wunderlich 2006

Bei Dao: *Das Buch der Niederlage*. Gedichte. Aus dem Chinesischen und mit einer Nachbemerkung von Wolfgang Kubin. München: Hanser 2009

Ben Jelloun, Tahar: *Yemma – meine Mutter, mein Kind*. Aus dem Französischen von Christiane Kayser. Berlin: Berlin Verlag 2007

Boyle, T.C.: *Tod durch Ertrinken*. Erzählungen. Deutsch von Anette Grube. München: Hanser 1995

Bruzzone, Félix: *76*. Aus dem Spanischen von Markus Jakob. Berlin: Berenberg 2010

Bruzzone, Félix: *Los Topos*. Buenos Aires: Editorial Mondadori 2008

Bryce Echenique, Alfredo: *Eine Welt für Julius*. Roman. Aus dem Spanischen von Matthias Strobel. Frankfurt am Main: Suhrkamp 2002

## D

Davis, Lydia: *Fast keine Erinnerung*. Erzählungen. Aus dem Amerikanischen von Klaus Hoffer. Graz, Wien: Droschl 2008

DBC Pierre: *Das Buch Gabriel*. Roman. Aus dem Englischen von Kirsten Riesselmann. Frankfurt am Main: Eichborn 2011

DBC Pierre: *Jesus von Texas*. Roman. Aus dem Englischen von Karsten Kredel. Berlin: Aufbau 2004

## F

Franzen, Jonathan: *Die Unruhezone. Eine Geschichte von mir*. Deutsch von Eike Schönfeld. Reinbek: Rowohlt 2007

Franzen, Jonathan: *Freiheit*. Roman. Deutsch von Bettina Abarbanell und Eike Schönfeld. Reinbek: Rowohlt 2010

Funke, Cornelia: *Der verlorene Engel*. Bilder von Kerstin Meyer. Hamburg: Dressler 2009

Funke, Cornelia: *Tintentod*. Mit Illustrationen der Autorin. Hamburg: Dressler 2007

## G

Gaiman, Neil: *American Gods*. Roman. Aus dem Englischen von Karsten Singelmann. München: Heyne 2003

Gaiman, Neil: *Das Graveyard-Buch*. Aus dem Englischen von Reinhard Tiffert. Würzburg: Arena 2009

Gaiman, Neil: *Niemalsland*. Roman. Aus dem Englischen von Tina Hohl. München: Heyne 1998

Gaiman, Neil: *Sandman*. Volume 1. *Preludes & Nocturnes*. Artists: Sam Keith, Mike Dringenberg, Malcom Jones III. New York: DC Comics 2010

Gospodinov, Georgi: *Gaustín oder Der Mensch mit den vielen Namen*. Erzählungen. Aus dem Bulgarischen von Alexander Sitzmann. Klagenfurt: Wieser Verlag 2004

Gospodinov, Georgi: *Natürlicher Roman*. Aus dem Bulgarischen von Alexander Sitzmann. Graz, Wien: Droschl 2007

Groult, Benoîte: *Meine Befreiung*. Autobiografie. Aus dem Französischen von Barbara Scriba-Sethe und Irène Kuhn. Berlin: Bloomsbury Berlin 2009

Groult, Benoîte: *Salz auf unserer Haut*. Roman. Aus dem Französischen von Irène Kuhn. München: Droemer und Knaur 1988

Gutiérrez, Pedro Juan: *Schmutzige Havanna Trilogie*. Aus dem Spanischen von Harald Riemann. Hamburg: Hoffmann & Campe 2002

**H**

Helgason, Hallgrímur: *101 Reykjavík*. Roman. Aus dem Isländischen von Karl-Ludwig Wetzig. Stuttgart: Klett-Cotta 2002

Helgason, Hallgrímur: *Eine Frau bei 1000°. Aus den Memoiren der Herbjörg María Björnsson*. Roman. Aus dem Isländischen von Karl-Ludwig Wetzig. Stuttgart: Tropen 2011

Hulme, Keri: *Steinfisch*. Geschichten. Aus dem Englischen von Christel Dormagen. Frankfurt am Main: S. Fischer 2012

Hulme, Keri: *Unter dem Tagmond*. Roman. Aus dem Englischen von Joachim A. Frank. Frankfurt am Main: S. Fischer 1987

Hulme, Keri/Morrison, Robin: *Homeplaces. Three Coasts of the South Island of New Zealand*. London: Hodder & Stoughton 1989

Hürlimann, Thomas: *Das Gartenhaus*. Novelle. Zürich: Ammann 1989

Hürlimann, Thomas: *Der große Kater*. Roman. Zürich: Ammann 1998

Hürlimann, Thomas: *Die Tessinerin*. Geschichten. Zürich: Ammann 1981

Hürlimann, Thomas: *Vierzig Rosen*. Roman. Zürich: Ammann 2006

Hustvedt, Siri: *Der Sommer ohne Männer*. Roman. Aus dem Englischen von Uli Aumüller. Reinbek: Rowohlt 2011

Hustvedt, Siri: *Die zitternde Frau. Eine Geschichte meiner Nerven*. Aus dem Englischen von Uli Aumüller und Grete Osterwald. Reinbek: Rowohlt 2010

**K**

Karahasan, Dževad: *Der nächtliche Rat*. Roman. Aus dem Bosnischen von Katharina Wolf-Grießhaber. Frankfurt: Suhrkamp 2006

Ko Un: *Blüten des Augenblicks*. Gedichte. Übersetzung aus dem Koreanischen und Nachwort von Hans-Jürgen Zaborowski. Mit Kalligrafien des Autors. Berlin: Suhrkamp 2011

Ko Un: *Himalaya Poems*. Translated by Brother Anthony of Taizé and Lee Sang-Wha. Los Angeles: Green Integer 2011

Ko Un: *Songs for Tomorrow*. Translated by Brother Anthony of Taizé, Young-Moo Kim and Gary Gach. Los Angeles: Green Integer 2009

Ko Un: *Ten Thousand Lives*. Translated by Brother Anthony of Taizé, Young-Moo Kim and Gary Gach. Los Angeles: Green Integer 2005

Koontz, Dean: *A Big Little Life. A Memoir of a Joyful Dog*. New York: Harper Collins 2009

Koontz, Dean: *Urangst*. Roman. Aus dem Amerikanischen von Ursula Gnade. München: Heyne 2009

**L**

Leon, Donna: *Tiere und Töne. Auf Spurensuche in Händels Opern*. Mit Bildern von Michael Sowa. Aus dem Englischen von Werner Schmitz. Zürich: Diogenes 2010

Leon, Donna: *Venezianisches Finale. Commissario Brunettis erster Fall*. Roman. Aus dem Amerikanischen von Monika Elwenspoek. Zürich: Diogenes 1993

**M**

McCann, Colum: *Der Himmel unter der Stadt*. Roman. Deutsch von Matthias Müller. Reinbek: Rowohlt 1998

McCann, Colum: *Die große Welt*. Roman. Deutsch von Dirk van Gunsteren. Reinbek: Rowohlt 2009

**N**

Nádas, Péter: *Die Bibel*. Erzählung. Aus dem Ungarischen von Ruth Futaky. Berlin: Berlin Verlag 2009

Nádas, Péter: *Etwas Licht*. Aus dem Ungarischen von Zsuzsanna Gahse. Göttingen: Steidl 1999

Nádas, Péter: *Parallelgeschichten*. Roman. Aus dem Ungarischen von Christina Viragh. Reinbek: Rowohlt 2012

Nádas, Péter: *Der eigene Tod*. Aus dem Ungarischen von Heinrich Eisterer. Göttingen: Steidl 2002

Nooteboom, Cees: *Berliner Notizen*. Aus dem Niederländischen von Rosemarie Still. Frankfurt am Main: Suhrkamp 1991

Nooteboom, Cees: *Nachts kommen die Füchse*. Erzählungen. Aus dem Niederländischen von Helga van Beuningen. Frankfurt am Main: Suhrkamp 2009

Nooteboom, Cees: *Tumbas. Gräber von Dichtern und Denkern*. Fotografien von Simone Sassen. Aus dem Niederländischen von Andreas Ecke. München: Schirmer/Mosel 2006

**O**

O'Neill, Joseph: *Niederland*. Roman. Deutsch von Nikolaus Stingl. Reinbek: Rowohlt 2009

Oksanen, Sofi: *Fegefeuer*. Roman. Aus dem Finnischen von Angela Plöger. Köln: Kiepenheuer & Witsch 2010

**P**

Proulx, Annie: *Ein Haus in der Wildnis*. Erinnerungen. Aus dem Amerikanischen von Melanie Walz. München: Luchterhand 2011

Proulx, Annie: *Schiffsmeldungen*. Roman. Aus dem Amerikanischen von Michael Hofmann. München: List 1995

Proulx, Annie: *Weit draußen. Geschichten aus Wyoming*. Aus dem Amerikanischen von Oskar Halbsattel. München: Luchterhand 1999

**R**

Ribeiro, João Ubaldo: *Brasilien, Brasilien*. Aus dem brasilianischen Portugiesisch von Ray-Güde Mertin. Frankfurt am Main: Suhrkamp 1988

Ribeiro, João Ubaldo: *Ein Brasilianer in Berlin*. Aus dem brasilianischen Portugiesisch von Ray-Güde Mertin. Frankfurt am Main: Suhrkamp 1994

**S**

Schulze, Ingo: *33 Augenblicke des Glücks. Aus den abenteuerlichen Aufzeichnungen der Deutschen in Piter*. Berlin: Berlin Verlag 1995

Shilo, Sara: *Zwerge kommen hier keine*. Roman. Aus dem Hebräischen und mit einem Nachwort von Anne Birkenhauer. München: Deutscher Taschenbuch Verlag 2009

**T**

Timm, Uwe: *Am Beispiel meines Bruders*. Köln: Kiepenheuer & Witsch 2003

Timm, Uwe: *Halbschatten*. Roman. Köln: Kiepenheuer & Witsch 2008

Timm, Uwe: *Rot*. Roman. Köln: Kiepenheuer & Witsch 2001

**U**

Ulitzkaja, Ljudmila: *Ein fröhliches Begräbnis*. Roman. Aus dem Russischen von Ganna-Maria Braungardt. Berlin: Verlag Volk und Welt 1998

Ulitzkaja, Ljudmila: *Ein glücklicher Zufall und andere Kindergeschichten*. Aus dem Russischen von Ganna-Maria Braungardt. Mit Illustrationen von Wolf Erlbruch. München: Hanser 2005

© Nicholson Baker

Der Autor hinter der Kamera ist **Tobias Wenzel**.

Nach einem Studium der Romanistik und Philosophie ist er seit 2001 als Journalist und Literaturkritiker für öffentlich-rechtliche Radiosender tätig. 2008 erschien sein Band *77 Schriftsteller im Selbstgespräch*.

FRIEDHOFSG

**Flatey**
Hallgrímur Helgason

**Sheffield**
Simon Beckett

**Glasgow**
Neil Gaiman

**Paris**
Joseph O'Neill

**Clohars-Carnoët**
Benoîte Groult

Zug

**San Michele**
Donna Leon

**Toronto**
Margaret Atwood

**South Berwick** Nicholson Baker
**East Nassau** Lydia Davis

**Dinosaur**
Annie Proulx

**New York**
Colum McCann
Jonathan Franzen
Siri Hustvedt

**Santa Barbara**
T.C. Boyle

**Los Angeles** Cornelia Funke

**Tanger**
Tahar Ben Jelloun

**Newport Coast**
Dean Koontz

**Monterrey**
DBC Pierre

**Havanna**
Pedro Juan Gutiérrez

**Medellín**
Héctor Abad

**Quito**
Jorge Enrique Adoum

**Lima**
Alfredo Bryce Echenique

**Itaparica**
João Ubaldo Ribeiro

**Buenos Aires**
Félix Bruzzone
Lola Arias